50. DEUTSCHER GEOGRAPHENTAG POTSDAM

BAND 2
RAUMENTWICKLUNG UND SOZIALVERTRÄGLICHKEIT

AUFBRUCH IM OSTEN
umweltverträglich – sozialverträglich – wettbewerbsfähig

50. DEUTSCHER GEOGRAPHENTAG POTSDAM
2. bis 5. Oktober 1995

TAGUNGSBERICHT UND WISSENSCHAFTLICHE ABHANDLUNGEN

BAND 2

Franz Steiner Verlag Stuttgart
1996

Raumentwicklung und Sozialverträglichkeit

im Auftrag
der Deutschen Gesellschaft für Geographie
herausgegeben von

GÜNTER HEINRITZ,
JÜRGEN OSSENBRÜGGE
und REINHARD WIESSNER

Franz Steiner Verlag Stuttgart
1996

Die Vorträge des 50. Deutschen Geographentages Potsdam 1995
erscheinen in vier Bänden:

Band 1: Raumentwicklung und Umweltverträglichkeit
(H.-R. Bork, G. Heinritz und R. Wießner, Hg.)
Band 2: Raumentwicklung und Sozialverträglichkeit
(G. Heinritz, J. Oßenbrügge und R. Wießner, Hg.)
Band 3: Raumentwicklung und Wettbewerbsfähigkeit
(G. Heinritz, E. Kulke und R. Wießner, Hg.)
Band 4: Der Weg der deutschen Geographie. Rückblick und
Ausblick (G. Heinritz, G. Sandner und R. Wießner, Hg.)

Die Deutsche Bibliotehk – CIP-Einheitsaufnahme

Aufbruch im Osten : umweltverträglich - sozialverträglich -
wettbewerbsfähig ; Tagungsbericht und wissenschaftliche
Abhandlungen / 50. Deutscher Geographentag Potsdam, 2. bis
5. Oktober 1995. - Stuttgart : Steiner.
 ISBN 3-515-06769-8
NE: Deutscher Geographentag <50, 1995, Potsdam>

Bd. 2. Raumentwicklung und Sozialverträglichkeit. - 1996

Raumentwicklung und Sozialverträglichkeit / [im Auftr. der
Deutschen Gesellschaft für Geographie hrsg. von Günter Heinritz
...]. - Stuttgart : Steiner, 1996
 (Aufbruch im Osten ; Bd. 2)
 ISBN 3-515-06766-3
NE: Heinritz, Günter [Hrsg.]

ISO 9706

Jede Verwertung des Werkes außerhalb der Grenzen des Urheberrechtsgesetzes ist unzuläs-
sig und strafbar. Dies gilt insbesondere für Übersetzung, Nachdruck, Mikroverfilmung oder
vergleichbare Verfahren sowie für die Speicherung in Datenverarbeitungsanlagen. Gedruckt
auf säurefreiem, alterungsbeständigem Papier. © 1996 by Franz Steiner Verlag Wiesbaden
GmbH, Sitz Stuttgart. Druck: Druckerei Peter Proff, Eurasburg.
Printed in Germany

INHALT

Vorwort (G. Heinritz, R. Wießner) 7

Raumentwicklung und Sozialverträglichkeit

Fachsitzung 1:
Transformation und Bevölkerungsprozesse in Deutschland

Einleitung (P. Gans, W. Heller) 9
Der Geburtenrückgang in den neuen Ländern – seine Auswirkungen
    auf die regionale Bevölkerungsdynamik (H. Bucher) 11
Ökonomische Restrukturierung, politische Umbrüche in Europa und internationale Migration in Deutschland (F.-J. Kemper) 21
Einwanderungszyklen und Integrationsprobleme am Beispiel der Stadt
    Berlin (J. Blaschke) 33
Die zukünftige Bevölkerungsentwicklung in Deutschland. Berechnungen
    mit dem DEPOP-Bevölkerungsprognosemodell unter besonderer
    Berücksichtigung der Binnenwanderung zwischen neuen und alten
    Bundesländern (R. Dinkel, U. Lebok) 41

Fachsitzung 2:
Transformationsprozesse im Bereich des Wohnens und der Stadtentwicklung

Einleitung (K. Kost, M. Schulz) 51
Privatisierung von Altwohnungen in den neuen Bundesländern
    (C.G. Rischke) 53
Einstellungen der Mieter zur Wohnungsprivatisierung in den neuen Bundesländern (W. Killisch, E. Holtmann) 63
Rostock – Groß Klein: Transformationsprozesse in einer ostdeutschen
    Großsiedlung (1992–1995) (U. Hohn) 73
Wohnungspolitik in den neuen Bundesländern aus Sicht der Wohnungswirtschaft - Profil und Aktivitäten der GAGFAH (W. Dybowski) 84
Transformationsprozesse in den Stadt-Umland-Beziehungen der Hansestadt
    Stralsund (P. Foißner) 93

Fachsitzung 3:
Handlungsorientierte Ansätze in der Raumplanung:
Sozialverträgliche Entwicklung durch diskursive Strategien?

Einleitung (R. Danielzyk, B. Müller) 103
Industrieregionen im Umbruch – Raumplanung zwischen Machtstrukturen
    und diskursiven Strategien (H. Kilper) 110
CityPlan Vancouver. Versuche zu einer Stadtentwicklungspolitik per
    Bürgerentscheid (I. Helbrecht) 123

Bergbaubedingte Ortsumsiedlungen in Mitteldeutschland – Suche nach
   Sozialverträglichkeit oder unlösbarer sozialer Konflikt? (S. Kabisch,
   A. Berkner) 130
Diskursive Erarbeitung eines Regionalen Entwicklungskonzeptes für die
   Gemeinsame Landesplanung Bremen-Niedersachsen (R. Krüger) 139
Dorf- und Landentwicklung in Bayern und Sachsen. Zur Umsetzung
   von Leitprojekten durch neue soziale Netzwerke und Prozeßmoderation
   (U. Klingshirn, F. Schaffer) 147
Sozialverträgliche Entwicklung in Ostdeutschland: Realität – Vision –
   Utopie? Zusammenfassung der Podiumsdiskussion (B. Müller,
   R. Danielzyk) 157

Inhaltsverzeichnisse der Bände 1, 3 und 4 173
Publikationsnachweise Varia-Fachsitzungen 177
Verzeichnis der Autoren und Herausgeber 179

VORWORT

Zum 50. Deutschen Geographentag 1995 in Potsdam standen zwei inhaltliche Schwerpunkte im Mittelpunkt des wissenschaftlichen Programms. Zum einen sollte der erste Deutsche Geographentag, der nach der Vereinigung Deutschlands in Ostdeutschland stattfand, Prozesse und Probleme der Transformation in den Neuen Bundesländern und den Reformstaaten Mittel- und Osteuropas reflektieren. In diesem Sinne stand der Geographentag in Potsdam unter dem Motto:

„Aufbruch im Osten. Umweltverträglich
– sozialverträglich – wettbewerbsfähig".

Zum anderen wurde mit dem 50. Geographentag ein Jubiläum begangen, das Anlaß bot, einen klärenden Rückblick auf die Entwicklung der Geographie und einen Ausblick auf zukünftige Herausforderungen für das Fach zu werfen. Diese inhaltlichen Schwerpunkte fanden als Leitthemen Eingang in das Geographentagsprogramm.

Darüber hinaus konnte ein breites Spektrum weiterer geographischer Themen, denen ein nationaler Fachkongreß Rechnung tragen muß, in wissenschaftlichen Fachsitzungen, Arbeitskreissitzungen und Sonderveranstaltungen diskutiert werden. Angesichts der Fülle von Themen und Vorträgen kommt man um die Einsicht nicht herum, daß es weder finanziell zu leisten wäre noch verlegerisch Sinn machen würde, die gesamte Tagung in einem „Verhandlungsband" zu dokumentieren.

Wir folgen vielmehr gern dem erstmals zum Bochumer Geographentag 1993 erprobten Weg, indem wir uns auch diesmal auf die Wiedergabe der Vorträge zu den vier Leitthemen in je einem Band beschränken:

Band 1:   Raumentwicklung und Umweltverträglichkeit
Band 2:   Raumentwicklung und Sozialverträglichkeit
Band 3:   Raumentwicklung und Wettbewerbsfähigkeit
Band 4:   Der Weg der deutschen Geographie. Rückblick und Ausblick.

        Der Band 4 enthält außerdem die Festvorträge und Ansprachen der Eröffnungs- und der Abschlußveranstaltung des Kongresses.

Wir hoffen, mit dieser Konzeption nicht nur – was den Umfang betrifft – in einem vertretbaren Rahmen bleiben zu können, sondern auch viel genauer eine den Kreis der geographischen Fachkollegen übergreifende, je unterschiedliche Leserschaft erreichen zu können.

Die Referate der übrigen wissenschaftlichen Fachsitzungen, die nun nicht mehr im offiziellen Tagungsbericht des Geographentages erscheinen, werden damit in ihrem wissenschaftlichen Wert den Vorträgen der Leitthemensitzungen keineswegs nachgeordnet. Da sie aber sehr verschiedene Themenfelder betreffen, erscheint es sinnvoller, sie in dafür jeweils geeigneten Fachzeitschriften oder Schriftenreihen der Geographischen Institute zu publizieren. Der Dokumentationspflicht des Tagungsberichtes soll dadurch Genüge geleistet werden, daß jedem der vier Teilbände ein Verzeichnis der nicht den Leitthemen zugeordneten Fachsitzungen mit Publikationsnachweisen im Anhang beigegeben wird, wie im übrigen auch die Inhaltsverzeichnisse aller vier Teilbände jedem Teilband beigefügt werden.

So wie dies als ein sinnvoller Kompromiß der Dokumentationspflicht einerseits und einer verlegerisch sinnvollen Konzeption andererseits hoffentlich auf Akzeptanz stoßen wird, so wünschen wir uns, daß dies auch gelten möge für das Ergebnis jener Gratwanderung, die die Herausgeber bei ihrer Entscheidung über Aufnahme bzw. Nichtaufnahme eines Beitrages auf sich zu nehmen hatten. Die Hoffnung, daß wir dabei aufgrund der sorgfältigen Auswahl bei der Gestaltung des jeweiligen Sitzungsprogrammes durch die Sitzungsleiter nur einen gut gebahnten Weg nachzuvollziehen hätten, war leider trügerisch. Denn bei der Entscheidung über die Gestaltung der Fachsitzungen lagen deren Leitern nur sehr kurze Angaben über den voraussichtlichen Inhalt, nicht aber das Referat selbst vor. So war nicht auszuschließen, daß in den Sitzungen dann auch einmal Vorträge gehalten wurden, deren wissenschaftliche Substanz den bei einem nationalen Fachkongreß selbstverständlich hohen Qualitätsansprüchen nicht gerecht wird. In diesen – glücklicherweise nicht allzu zahlreichen – Fällen schien uns allein der Dokumentationsauftrag eine Publikation im Tagungsbericht nicht zu rechtfertigen. Sehr wohl gerechtfertigt erscheint es dagegen, Referate, die als Beiträge aus der Praxis eigens von den Sitzungsleitern eingeworben worden waren, im Tagungsbericht auch dann zu dokumentieren, wenn sie in Inhalt und Diktion wissenschaftlichen Standards nicht unbedingt entsprechen. Unerwarteter-, aber erfreulicherweise sind unter den Autoren solcher Berichte aus der Praxis auch Kollegen aus den Hochschulinstituten, die damit unter Beweis stellen, daß sie sich nicht nur in der Welt wissenschaftlicher Theorien, sondern auch auf dem Boden der harten Praxis zu bewegen wissen.

Wir hoffen nun, daß eine gute Resonanz die dargelegte Konzeption bestätigt und das Engagement der Autoren, Sitzungsleiter und Herausgeber belohnt, denen es zu danken ist, daß nunmehr – wenige Monate nach der Schlußsitzung in Potsdam – Tagungsberichte und wissenschaftliche Abhandlungen des 50. Deutschen Geographentages in vier Bänden vorgelegt werden können.

Unser besonderer Dank gilt
- den Mitherausgebern der einzelnen Teilbände, den Kollegen Hans-Rudolf Bork, Jürgen Oßenbrügge, Elmar Kulke und Gerhard Sandner sowie ihren mit der Redaktion der Manuskripte betrauten Mitarbeitern für die kollegiale Zusammenarbeit,
- Frau Anita Baumann, Herrn Oliver Faltlhauser und Frau Evelin Renda für die tatkräftige Unterstützung bei der Endredaktion der Beiträge am Geographischen Institut der TU München
- und, nicht zuletzt, den Mitarbeitern des Steiner-Verlages für die kooperative, zuverlässige und zügige Durchführung der verlegerischen Aufgaben.

G. Heinritz   R. Wießner

FACHSITZUNG 1:
TRANSFORMATION UND BEVÖLKERUNGSPROZESSE IN DEUTSCHLAND

Sitzungsleitung: Paul Gans, Erfurt und Wilfried Heller, Potsdam

EINLEITUNG

Paul Gans, Erfurt und Wilfried Heller, Potsdam

Die Vereinigung der beiden deutschen Staaten im Jahre 1990 und die Umwandlung des sozialistischen Gesellschafts- und Wirtschaftssystems der DDR in eine marktwirtschaftlich orientierte Ordnung mit parlamentarischer Demokratie hat sich wohl kaum jemand als einen leichten und geradlinigen Weg vorgestellt. Daß sich große soziale und ökonomische Probleme einstellen, damit haben wohl auch diejenigen Organisatoren des Geographentags in Potsdam gerechnet, die im Jahre 1993 das Rahmenthema hoffnungsvoll mit „Aufbruch im Osten" umschrieben haben. Die Probleme sind aber anscheinend doch größer als erwartet – zumindest scheint so die Wahrnehmung der Bevölkerung zu sein –, und sie können offenbar nicht so rasch bewältigt werden wie erhofft.

Die Fachsitzung befaßt sich mit einigen der zentralen sozialen und ökonomischen Fragestellungen aus einer besonderen Perspektive – ausgehend von Bevölkerungsprozessen. Folgende Themenbereiche werden behandelt:

1. Die abnehmenden Geburtenzahlen sind in den neuen Ländern besonders auffällig. Damit beschäftigt sich vor allem der Beitrag des Regionalökonomen H. Bucher von der Bundesforschungsanstalt für Landeskunde und Raumordnung in Bonn-Bad Godesberg.
2. Die internationale Migration nach Deutschland ist Gegenstand zweier Beiträge: So befaßt sich der Geograph F.-J. Kemper von der Humboldt-Universität Berlin vor allem mit wirtschaftlichen Ursachen für die Zuzüge aus dem Ausland, während der Politikwissenschaftler J. Blaschke vom Berliner Institut für Vergleichende Sozialforschung am Beispiel der Hauptstadt auf die soziale und ökonomische Integration von Zuwanderungsgruppen eingeht.
3. In einer regional ausgerichteten Prognose berücksichtigen die Demographen R. H. Dinkel und U. Lebok von der Universität Bamberg die zukünftige Dynamik der einzelnen Komponenten wie Fertilität und Mortalität, Binnenwanderungen und internationale Migration.

Alle diese Probleme betreffen den Raum der Bundesrepublik Deutschland nicht in gleichmäßiger Weise. Deshalb werden sie soweit wie möglich in ihrer räumlichen Differenziertheit dargestellt. Mit der Sichtweise verschiedener wissenschaftlicher Disziplinen werden Kenntnisse erarbeitet, die auch eine praktische Bedeutung haben, indem sie für planerische Eingriffe zur Festigung oder Veränderung von Raumstrukturen eingesetzt werden können. Alle Referate weisen untereinander thematische Berührungspunkte und Überschneidungen auf.

Die Beiträge belegen, daß der Zusammenbruch der DDR sowie die Vereinigung der beiden deutschen Staaten mit dem Übertragen des Wirtschafts- und Sozialsystems der früheren Bundesrepublik weitreichende Auswirkungen auf die Bevölkerungsentwicklung in Deutschland hatten und noch haben werden. Vor allem der massive Geburtenrückgang in den neuen Ländern dokumentiert den tiefgreifenden Umbruch in den ökonomischen und sozialen Lebensbedingungen der Menschen. Individualisierung und Pluralisierung ersetzen die weitgehende Determinierung von Lebenszielen und -läufen zu DDR-Zeiten. Die Veränderungen führen aber auch zu Unsicherheit. Unzufriedenheit wird vor allem durch die vor 1989 offiziell nicht existierende Arbeitslosigkeit hervorgerufen. Zwar kommt der relativen Immobilität der Ostdeutschen entgegen, daß der Arbeitsmarkt in den neuen Ländern seine Beschäftigten weitgehend aus der ortsansässigen Bevölkerung rekrutiert, doch ist nicht auszuschließen, daß fehlende oder zu schwache weiche Standortfaktoren eine durchgreifende und nachhaltige Verbesserung der Arbeitsmarktsituation verhindern.

Exogene Rahmenbedingungen tragen ebenfalls zur Bevölkerungsentwicklung bei. Der Zusammenbruch des Warschauer Paktes, die fortschreitende Globalisierung der Wirtschaft, die erheblichen Unterschiede in der Lebensqualität in Europa, verknüpft mit der günstigen Konjunktur in den 80er Jahren, beschleunigte eine massive Zuwanderung aus dem östlichen und südöstlichen Europa, die nicht nur eine wachsende soziale und kulturelle Differenzierung der Gesellschaft fördert, sondern auch eine zunehmende Fragmentierung des Arbeitsmarktes sowie das Entstehen neuer, je nach Herkunftsland der Zuwanderer definierter Netze zur Folge hat. Die positive Bilanz bei den Außenwanderungen jüngerer Migranten ist aber auch notwendig, um die negativen sozialen und wirtschaftlichen Konsequenzen einer demographischen Alterung in Deutschland abzumildern.

DER GEBURTENRÜCKGANG IN DEN NEUEN LÄNDERN – SEINE AUSWIRKUNGEN AUF DIE REGIONALE BEVÖLKERUNGSDYNAMIK

Hansjörg Bucher, Bonn

1. Einleitung

Die politischen Umwälzungen seit 1989 hatten tiefgreifende Konsequenzen für die Lebensbedingungen der Menschen diesseits und jenseits des ehemaligen Eisernen Vorhangs. Reaktionen waren im demographischen Bereich eine gestiegene internationale Mobilität, in Deutschland eine hohe Ost-West-Mobilität und in den neuen Ländern eine drastisch gesunkene Fertilität. Der politische Einigungsprozeß führte in Deutschland zu einem demographischen Teilungsprozeß: Noch nie bestanden größere Ost-West-Unterschiede in den demographisch relevanten Verhaltensweisen der natürlichen und der räumlichen Bevölkerungsbewegungen.

Der Rückgang der Fertilität in den neuen Ländern wird als Resultat materieller Veränderungen wie auch gewandelter Orientierungen der Menschen gesehen. Die geringere Arbeitsplatzsicherheit und die schwierigere Vereinbarkeit von Beruf und Familie (durch den Abbau von kinderspezifischer Infrastruktur) waren sicherlich gewichtige Ursachen des Geburtenrückgangs. Daneben hat bei vielen Menschen zugleich ein Wandel von Lebenszielen stattgefunden, die sich in einer Individualisierung und Pluralisierung von Lebensformen niederschlägt. Diese Veränderungen im sozialen Verhalten der Individuen führen für die Bevölkerung in ihrer Gesamtheit zu einer geringeren Geburtenzahl.

2. Die Bevölkerungsentwicklung in den Regionen seit der Einigung

Ausgangspunkt der regionalen Bevölkerungsdynamik ist die räumliche Bevölkerungsverteilung. Die Siedlungsstrukturen der alten und der neuen Länder wiesen 1990 großräumig starke Ähnlichkeiten, kleinräumig jedoch erhebliche Unterschiede auf (vgl. Tab. 1). Ursache hierfür ist der Umstand, daß in der DDR so gut wie kein Suburbanisierungsprozeß stattfand. Im Westen dagegen entstand um die großen Städte herum ein hochverdichtetes Umland mit ganz spezifischen Bevölkerungs- und Familienstrukturen.

Durch natürliche (Geburten, Sterbefälle) und räumliche Bewegungen (Zuzüge, Fortzüge) wird die regionale Bevölkerungsverteilung langfristigen Änderungen unterworfen. Die drei Strukturbrüche (vgl. Abb. 1) führten zu einer Umgewichtung der Bedeutung der Bevölkerungsbewegungen. Für die Bevölkerungsentwicklung sind – auf nationaler Ebene – in noch höherem Maße als bisher die Wanderungen verantwortlich. Dies gilt jedoch nicht für alle Regionen gleichermaßen. Denn die natürlichen und die räumlichen Bewegungen zeigen beide für sich ganz spezifische räumliche Muster, so daß die Bevölkerungsdynamik als kombinierter Effekt sehr

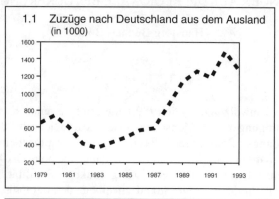

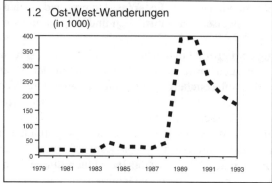

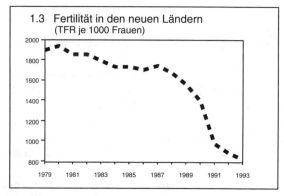

Quelle: Laufende Raumbeobachtung der BfLR

Abbildung 1: Die demographischen Strukturbrüche in der Folge des Jahres 1989

Tabelle 1: Bevölkerungsverteilung 1990 – Ein Ost-West-Vergleich

Regions-/Kreistyp	Bevölkerungsbestand in 1 000 zum Jahresende 1990			Regionale Anteile* der Bevölkerung in %	
	neue Länder**	alte Länder		neue Länder	alte Länder
Regionen mit großen Verdichtungsräumen	9 355	33 260		51,4	54,0
Kernstädte	5 366	14 893		57,4	44,8
hochverdichtete Kreise	879	11 759		9,4	35,4
verdichtete Kreise	1 574	4 818		16,8	14,5
ländliche Kreise	1 536	1 790		16,4	5,4
Regionen mit Verdichtungsansätzen	5 438	18 243		29,9	29,6
Kernstädte	1 190	3 367		21,9	18,5
verdichtete Kreise	2 413	10 533		44,4	57,7
ländliche Kreise	1 835	4 343		33,7	23,8
Ländliche geprägte Regionen (darunter gering besiedelte periphere Regionen)	3 392 (2 449)	10 065 (4 725)		18,7 (13,5)	16,4 (7,7)
verdichtete Kreise	1 285	5 305		37,9	52,7
ländliche Kreise	2 107	4 760		62,1	47,3
Insgesamt	18 185	61 568		22,8	77,2

*) Die Anteile der Regionstypen beziehen sich auf die Spaltensummen (= neue Länder oder alte Länder). Die Anteile der Kreistypen beziehen sich auf den zugehörigen Regionstyp. Die Anteile der neuen bzw. alten Länder beziehen sich auf die Bundesrepublik Deutschland.
**) Berlin ist komplett den neuen Ländern zugerechnet.
Quelle: Laufende Raumbeobachtung der BfLR

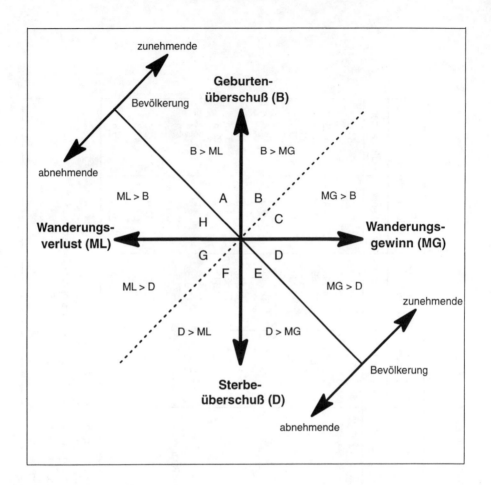

Abbildung 2: Die acht Konstellationen von Bevölkerungsbewegungen

unterschiedlich sein kann. Als Grundtendenzen ergaben sich in den ersten Jahren nach der Einigung eine Ost-West-Verlagerung der Bevölkerung sowie eine Verstärkung des siedlungsstrukturellen Gefälles. Dies geschah im Westen durch überproportionale Zunahmen der Agglomerationen und im Osten durch die starken Abnahmen in den ländlich geprägten, bereits dünn besiedelten Regionen.

Die Bevölkerungsdynamik läßt sich anhand ihrer Ursachen systematisieren. Unterscheidet man die Salden der natürlichen und der Wanderungsbewegungen nach ihrem Vorzeichen sowie nach ihrem Größenverhältnis untereinander, dann lassen sich acht mögliche Konstellationen vorstellen (vgl. Abb. 2). In den ersten drei Jahren nach der Einigung bildeten sich lediglich fünf dieser Kategorien heraus, die sich eindeutig dem Westen oder dem Osten zuordnen lassen.

Charakteristisch für den Osten sind Bevölkerungsabnahmen bei gleichzeitigem Geburtendefizit und Wanderungsverlusten. Im Westen hatten alle Regionen

Der Geburtenrückgang in den neuen Ländern 15

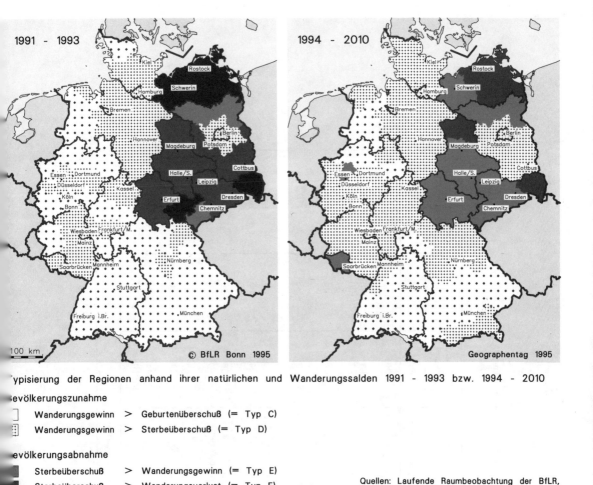

Typisierung der Regionen anhand ihrer natürlichen und Wanderungssalden 1991 - 1993 bzw. 1994 - 2010

Bevölkerungszunahme

- Wanderungsgewinn > Geburtenüberschuß (= Typ C)
- Wanderungsgewinn > Sterbeüberschuß (= Typ D)

Bevölkerungsabnahme

- Sterbeüberschuß > Wanderungsgewinn (= Typ E)
- Sterbeüberschuß > Wanderungsverlust (= Typ F)
- Wanderungsverlust > Sterbeüberschuß (= Typ G)

Quellen: Laufende Raumbeobachtung der BfLR, BfLR-Bevölkerungsprognose 1991-2010/ROP - Raumordnungsregionen

Abbildung 3: Räumliche Bevölkerungsdynamik 1991 bis 2010: Eine Typisierung

Bevölkerungszuwächse durch Wanderungsgewinne. In einem Regionstyp wurden diese noch durch Geburtenüberschüsse vergrößert, in einem anderen liegen bereits Sterbeüberschüsse vor, die die Wachstumsdynamik jedoch lediglich abschwächen (vgl. Abb. 3). Regionen, die ein doppelt gespeistes Wachstum erlebten, liegen vor allem im Süden und im Nordwesten der alten Länder. In den neuen Ländern zeigt sich ebenfalls eine Nord-Süd-Trennung. Sie ergibt sich – bei jeweils identischen Ursachen des Bevölkerungsrückgangs – aus deren relativer Bedeutung. In Mecklenburg-Vorpommern waren die Abwanderungen noch größer als die Sterbeüberschüsse, in den meisten übrigen Regionen waren dagegen die Sterbeüberschüsse die wichtigste Determinante der Bevölkerungsentwicklung.

Tabelle 2: Räumliche Muster der Fertilität in den neuen Ländern

Regions-/Kreistyp	Fertilitätsniveau neue Länder = 100		Veränderung 1989-1993
	1989	1993	neue Länder = 100
Regionen mit großen Verdichtungsräumen	**96**	**107**	**87**
Kernstädte	91	115	70
hochverdichtete Kreise	97	100	97
verdichtete Kreise	104	94	111
ländliche Kreise	106	93	114
Regionen mit Verdichtungsansätzen	**101**	**93**	**110**
Kernstädte	97	84	116
verdichtete Kreise	102	94	108
ländliche Kreise	104	96	108
Ländliche geprägte Regionen (darunter gering besiedelte periphere Regionen)	**106** (111)	**96** (93)	**111** (119)
verdichtete Kreise	107	91	118
ländliche Kreise	111	96	116
Neue Länder	1 544 (TFR)	824 (TFR)	–47 %

Quelle: Laufende Raumbeobachtung der BfLR

3. Der Geburtenrückgang seit 1989

Verantwortlich für die starken Sterbeüberschüsse in den neuen Ländern war der Rückgang der Geburten um ca. 60 % gegenüber 1989. Davon entfallen rund 50 % auf das veränderte Fertilitätsverhalten und etwa 10 % auf die Abwanderung von Frauen im gebärfähigen Alter. Altersstrukturveränderungen der Frauen können hier als Ursache vernachlässigt werden. Die aktuelle Struktur (unterschiedliche Besetzung der Altersjahrgänge) wird – zur Messung der Verhaltenskomponente – eliminiert durch die Ermittlung gruppenspezifischer Fertilitätsraten. Diese können aggregiert werden zur Zusammengefaßten Geburtenziffer als Meßgröße für das gesamte Fertilitätsniveau. Die Größe gibt an, wieviele Kinder von 1000 Frauen während deren Lebensabschnitt zwischen 15 und 45 Jahren geboren würden, wenn während dieser gesamten dreißig Jahre das aktuell beobachtete Niveau gelten würde. Die Zusammengefaßte Geburtenziffer liegt – völlig einmalig in der Welt – zur Zeit zwischen 750 und 800.

Verbunden mit dieser Niveauverschiebung war eine drastische Veränderung der räumlichen Muster des Fertilitätsverhaltens. Bis 1989 verlief der Gradient der Fertilität – ähnlich wie im Westen – entlang dem siedlungsstrukturellen Gefälle mit hohen Raten in dünn besiedelten Räumen und niedrigen Raten in den hochverdichteten Regionen. In den zuletztgenannten Regionen verlief zudem ein Gefälle von den Randbereichen zu den Kernstädten. Die zwischenzeitliche Abnahme der Fertilität war dort besonders stark, wo sie bisher ein hohes Niveau hatte. Dadurch verringerte sich nicht nur das regionale Gefälle, es veränderte auch dessen Richtung. Nunmehr haben die ländlich geprägten Regionen eine unterdurchschnittliche und die hochverdichteten Regionen eine überdurchschnittliche Fertilität. In den Agglomerationen haben die Kernstädte – im Gegensatz zu den Umlandkategorien – eine höhere Fertilität.

Diese für siedlungsstrukturelle Kategorien beobachteten Befunde lassen sich auf der Ebene der Raumordnungsregionen bestätigen. Die Zusammengefaßte Geburtenziffer 1989 zeigte in den Regionen eine hohe negative Korrelation mit der Siedlungsflächendichte, im Jahr 1993 dagegen eine – noch stärkere – positive Korrelation. Die regionalen Unterschiede der Fertilität sind zwar mit deren Rückgang absolut ebenfalls kleiner geworden. Doch relativiert man sie am Wert des Gesamtraums, so zeigt der Variationskoeffizient eine Zunahme der relativen Streuung. Die kartographische Darstellung (Abb. 4, rechte Karte) macht dies allerdings kaum deutlich, da das zwischenzeitlich entstandene Ost-West-Gefälle vielfach stärker ist als die Fertilitätsunterschiede innerhalb der neuen Länder.

Die Ursachen des Fertilitätsrückgangs sind vielfältig. Der Transformationsprozeß mit seiner Verlagerung von Risiken in den privaten Bereich, der Abbau von solcher Infrastruktur, welche die Vereinbarkeit von Familie und Beruf ermöglicht, dies sind sicherlich die bedeutsamsten Gründe für den Geburtenrückgang. Daneben führen aber auch – jedoch nur vorübergehend – Altersstruktureffekte der Gebärenden zu einer geringeren periodenspezifischen Fertilitätsrate. Die Verlagerung von Geburten auf einen späteren Zeitpunkt im Lebenslauf bedeutet für die Übergangszeit der Altersstrukturverschiebung ein Auseinanderklaffen der Perioden- und der Kohortenfertilität.

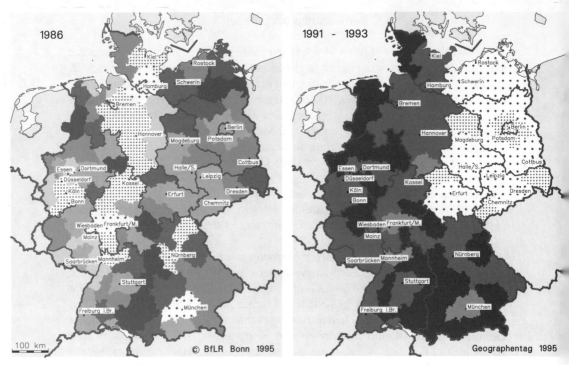

Summe der altersgruppenspezifischen Fruchtbarkeitsraten je Frau 1986 bzw. im Durchschnitt der Jahre 1991 bis 1993

•	bis unter 1.4	•.•	bis unter 0.9
⸪	1.4 bis unter 1.5	⸪	0.9 bis unter 1.1
	1.5 bis unter 1.6		1.1 bis unter 1.3
	1.6 bis unter 1.7		1.3 bis unter 1.5
	1.7 bis unter 1.8		1.5 und mehr
	1.8 bis unter 1.9		
	1.9 und mehr		

Quelle: Laufende Raumbeobachtung der BfL - Raumordnungsregion

Abbildung 4: Räumliche Muster des Fertilitätsverhaltens 1986 und 1991–1993

Im Vordergrund unserer Erklärungsversuche des Fertilitätsrückgangs stand dessen räumliches Muster. Methodischer Ansatz war eine Korrelationsanalyse, bei der statistische Zusammenhänge mit der räumlichen Verteilung anderer Merkmale auf Signifikanz geprüft werden. Gewählt werden Merkmale zur ökonomischen Situation (Arbeitsmarkt, Einkommenserzielung), zur Infrastrukturausstattung, zur Siedlungsstruktur, zur demographischen Situation. Die Ergebnisse bestätigen (vgl. Tab. 3), daß das Fertilitätsverhalten dort am stärksten gesunken ist, wo eine schlechtere Infrastrukturausstattung vorliegt, wo die Einkommensdynamik geringer ist, wo das Arbeitsplatzrisiko höher ist. Regionen, die bisher stark agrarisch strukturiert waren, sind von diesen Risiken eher betroffen gewesen. Dort reagierten die Menschen mit Wegzug oder Geburtenverzicht. Dies erklärt das Kippen des bisherigen räumlichen Gradienten der Fertilität.

Tabelle 3: Korrelationen des Fertilitätsrückgangs 1989–1993 mit ausgewählten regionsspezifischen Eigenschaften der Raumordnungsregionen

Merkmale	Korrelationskoeffizient
I. Arbeitsmarkt	
–Arbeitslosenquote 1993	0,707
–Beschäftigtenanteil im primären Sektor	0,748
–Lohn- und Gehaltsniveau	–0,879
–Arbeitsplatzentwicklung 1989–1994	–0,862
II. Infrastruktur	
–Wohnflächenversorgung 1992	–0,905
–Infrastrukturausstattung insgesamt	–0,818
–haushaltsnahe Infrastruktur	–0,843
III. Siedlungsstruktur	
–Siedlungsflächendichte	–0,959
IV. Demographisches Verhalten	
–Ausgangsniveau 1989 der Fertilität	0,829
–Binnenwanderungssaldo 1991	–0,857

Anmerkung: Die verwendeten Indikatoren sind mit Definition, Algorithmus und Ausprägung in den Materialien zur Raumentwicklung, Heft 67 und Heft 69, beschrieben.

4. Einschätzungen zur künftigen Entwicklung

Der Ausblick auf die regionale Bevölkerungsdynamik der nächsten 15 Jahre geschieht mit Hilfe von Ergebnissen aus der Raumordnungsprognose 2010. Dort wird – eher optimistisch – ein Wiederanstieg der Fertilität angenommen. Gleichwohl ergibt sich weiterhin eine Ost-West-Teilung der Bevölkerungsdynamik, jedoch nicht mehr so streng. Innerhalb des Ostens wächst zwar die Regionsgruppe mit Wanderungsgewinnen, doch nimmt die Bedeutung der Sterbeüberschüsse für die Gesamttendenz eher noch zu (vgl. Abb. 3, rechte Karte). Eine Kategorie, bei der die Wanderungsverluste die Sterbeüberschüsse übertreffen, wird dann nicht mehr vorkommen. Der Verlust der Jugend mit seinen negativen Konsequenzen für die langfristige räumliche Entwicklung droht für die neuen Länder zu einem nachhaltigen Problem zu werden.

Literatur:

Bucher, H., M. Kocks u. M. Siedhoff (1994): Die künftige Bevölkerungsentwicklung in den Regionen Deutschlands bis 2010. In: Informationen zur Raumentwicklung, H.12, S.815–852.

Bundesforschungsanstalt für Landeskunde und Raumordnung (Hg.) (1995): Laufende Raumbeobachtung – Aktuelle Daten zur Entwicklung der Städte, Kreise und Gemeinden 1992/93. = Materialien zur Raumentwicklung 67. Bonn.

Dies. (Hg.) (1995): Regionalbarometer neue Länder – Zweiter zusammenfassender Bericht. = Materialien zur Raumentwicklung 69. Bonn.

ÖKONOMISCHE RESTRUKTURIERUNG, POLITISCHE UMBRÜCHE
IN EUROPA UND INTERNATIONALE MIGRATION IN DEUTSCHLAND

Franz-Josef Kemper, Berlin

1. Einführung

Der Übergang von den achtziger zu den neunziger Jahren unseres Jahrhunderts war für Deutschland nicht nur mit der unerwarteten Vereinigung der beiden deutschen Staaten verbunden, sondern auch mit bedeutsamen demographischen Ereignissen, die vor allem Folge der dramatischen politischen Umbrüche in Europa gewesen sind. Dazu zählen in erster Linie die Migrationen aus dem Ausland, die seit Mitte der achtziger Jahre nach vorherigem Rückgang wieder anstiegen, in den Jahren zwischen 1989 und 1993 Spitzenwerte erreichten, die in der Nachkriegszeit unübertroffen sind, und seit 1994 – auf hohem Niveau – wieder deutlich zurückgehen. Faßt man die Bevölkerungsentwicklungen der beiden deutschen Staaten zusammen, so kommt man für die Zeit zwischen 1950 und 1993 zu Außenwanderungsgewinnen von 8,1 Mio. Menschen. Davon entfällt auf die Jahre seit 1985 mit 4 Mio. fast die Hälfte (Bucher 1995)! Diese „neuen Wanderungen" unterscheiden sich nun deutlich von den Migrationen der vorhergehenden Periode, die durch die Zuwanderung der Gastarbeiter (bis zum Anwerbestopp von 1973) und ihrer Familienangehörigen (frühe achtziger Jahre) gekennzeichnet war. Dagegen sind nun Aussiedler, Asylbewerber, Flüchtlinge, Migranten aus Ost- und Ostmitteleuropa und aus zahlreichen Ländern der Dritten Welt charakteristisch, aber auch – wenngleich in geringerem Ausmaß – hochqualifizierte Zuwanderer aus Industrieländern. Sieht man von der Sondersituation der Aussiedler ab, die in mancherlei Hinsicht eine privilegierte Stellung unter den Zuwanderern haben, so sind auch andere Staaten der westlichen Welt von der „neuen" Migration betroffen, haben eine begrenzte Zahl aus dem großen Migrationspotential zugelassen oder ihre Pforten zu schließen versucht.

Inzwischen gibt es eine breite Literatur über die Migration und die dahinter stehenden ökonomischen, sozialen und politischen Prozesse, vor allem aus dem angelsächsischen Raum. Ziel dieses Beitrags soll es sein, einige ausgewählte Thesen aus dieser Literatur in aller Kürze vorzustellen, hinsichtlich ihrer Anwendbarkeit für deutsche Verhältnisse zu diskutieren und ansatzweise empirisch zu überprüfen. Bei den Migranten nach Deutschland beschränke ich mich dabei auf Ausländer, lasse also vor allem die Aussiedler beiseite.

Bedenkt man die allgemeinen gesellschaftlichen Hintergründe, die den neuen Migrationsprozessen zugrunde liegen, so sollte man vor allem zwei Faktoren berücksichtigen. Auf der Hand liegt die Bedeutung der politischen Umbrüche, des Zusammenbruchs der Vielvölkerstaaten Sowjetunion und Jugoslawien, der Transformation der Zweiten Welt. Daraus resultieren große Flüchtlingsbewegungen auf der einen, Arbeitsmigrationen im Rahmen einer Ost-West-Wanderung auf der anderen Seite. Nicht ganz so offensichtlich ist die Bedeutung des zweiten Faktors, der weltweiten ökonomischen Restrukturierung. Hierunter soll die Globalisierung der Wirtschaft, die neue internationale Arbeitsteilung, die Deindustrialisierung und Tertiärisierung in den Industriestaaten verstanden werden, allgemeiner, der Übergang vom fordistischen Produktionssystem zu einer neuen, flexiblen Akkumulation (vgl. Bathelt 1994). Besonders der mit der Globalisierung verbundene Ausbau der internationalen Verkehrs- und Kommunikationsnetze hat stark verbesserte Rahmenbedingungen für weitdistanzielle internationale Migrationen geschaffen, die von vielen genutzt werden. Ich möchte hier vor allem auf die Folgen der ökonomischen Restrukturierung für die neuen Migrationen wie für die im Lande lebenden Migranten eingehen und dann kurz die Flüchtlingsbewegungen und andere Folgen der politischen Umbrüche behandeln. Allerdings sind auch diese mit ökonomischen Transformationen verbunden, die häufig zu kurz- oder längerfristigen Arbeitsmigrationen Anlaß geben.

2. Internationale ökonomische Restrukturierung und Migration

Die ökonomische Restrukturierung ist ein langandauernder Prozeß, der in den meisten Industriestaaten in den 70er Jahren beginnt und noch keineswegs abgeschlossen ist. Als Ereignis, das den Wandel nicht ausgelöst, aber deutlich beschleunigt hat, wird oft die Ölkrise von 1974 genannt. Es ist bemerkenswert, daß damit auch ein Wechsel des Migrationsregimes in Westeuropa verbunden war, denn in den meisten westeuropäischen Ländern waren Ölkrise, Wirtschaftskrise und Anwerbestopp, der die Phase der Gastarbeiterzuwanderung beendete, unmittelbar verbunden. Überlagert wird der tiefgreifende ökonomische Wandel von kurzfristigeren konjunkturellen Schwankungen, und gerade die hier besonders interessierende Periode ab 1984 war in der Bundesrepublik Deutschland durch Wirtschaftswachstum und eine relativ lange positive Konjunktur gekennzeichnet, bevor in den letzten Jahren wieder ein Abschwung einsetzte. Diese Periode müßte daher relativ günstige Bedingungen für die Beschäftigung von Migranten bringen, wobei man allerdings den hohen Sockel der Arbeitslosigkeit berücksichtigen muß.

Eine erste Folge der Globalisierung der Wirtschaft und der weltweiten Vernetzung durch Kommunikation und Verkehr besteht offensichtlich darin, daß Migranten aus immer mehr Ländern die Industrieländer erreichen, so daß sich die Vielfalt der Zuwanderungsgruppen erhöht. Dies gilt auch für Deutschland. Betrachtet man die ausländischen Nationalitäten, von denen über 10.000 Personen in der Bundesrepublik leben, so ist deren Zahl von 23 im Jahr 1973 auf 31 in 1983 und 49 (1993) deutlich angestiegen (1973 und 1983 nur alte Bundesländer). Dabei wurden die neuen Staaten, die durch den Zerfall Jugoslawiens, der Sowjetunion u.a. entstanden sind, nicht mitgezählt. Beschränkt man sich auf die Nationalitäten mit über 30.000 Mitgliedern in der Bundesrepublik, so hat sich die Anzahl zwischen 1973 mit 12 und 1993 mit 27 mehr als verdoppelt.

Besonders intensiv hat sich die amerikanische Sozialwissenschaftlerin Saskia Sassen mit den Folgen der ökonomischen Restrukturierung für die Migration befaßt (vgl. Sassen 1994). Für die neue Migration in die USA, deren Herkunftsländer die Karibik, Ost- und Südostasien umfassen, hat sie konstatiert, daß konventionelle Erklärungen für die Abwanderung wie Übervölkerung, Armut und ökonomische Stagnation nicht greifen, daß die Emigranten vielmehr eher aus Ländern mit einem mittleren Einkommensniveau und einem gewissen Wirtschaftswachstum kommen. Sassen vertritt die These, daß es wirtschaftliche Verbindungen und politisch-militärisches Engagement waren, die gleichsam „Brücken" für die Migration in die USA geschaffen haben, welche dann durch den Aufbau von Migranten-Netzwerken im Sinne einer Selbstverstärkung von immer mehr Menschen beschritten wurden. Was die ökonomischen Verflechtungen betrifft, so müsse in erster Linie an amerikanische Direktinvestitionen in anderen Ländern gedacht werden, die dort zum Aufbau von Exportindustrien unter Ausnutzung des niedrigeren Lohnniveaus geführt haben. Studien über Arbeitsbeziehungen in solchen Fabriken, in denen häufig jüngere Frauen beschäftigt sind, haben gezeigt, daß eine relativ hohe Fluktuation der Arbeitskräfte vorherrscht. Diejenigen, die arbeitslos geworden sind und sich während der Fabrikarbeit ihren traditionellen Lebens- und Arbeitsverhältnissen entfremdeten, ergriffen schließlich Gelegenheiten zur Emigration in die USA. Darüber hinaus haben auch einzelne Angehörige der Mittelschicht Kontakte, die durch die ökonomischen Verflechtungen entstanden, zur Migration in die USA benutzt und zum Aufbau von Migrantennetzen beigetragen. Die These, daß Direktinvestitionen im Ausland Migration als unbeabsichtigte Folge ermöglicht haben, sieht Sassen (1993) auch für Japan bestätigt, das sich lange jeder Immigration widersetzt hat.

Ein Zusammenhang zwischen Investitionen in einem potentiellen Abwanderungsland und Migration kann aber auch in ganz anderer Richtung vermutet werden, denn durch die Schaffung von Arbeitsplätzen sollte der Migrationsdruck reduziert werden. Eine solche Argumentation hat kürzlich W. Böhning (1994) vertreten, am Beispiel der Abwanderungsländer Türkei und Algerien aber darauf hingewiesen, daß die ausländischen Investitionen dort bei weitem nicht zureichend sind, um einen Effekt auf die Reduzierung von Migration hervorzurufen.

Was nun die Zuwanderungen nach Deutschland betrifft, so läßt sich ähnlich wie in Amerika festhalten, daß die ganz überwiegende Mehrzahl der Migranten aus Ländern mit mittlerem Einkommen kommt, und daß Migrationen aus den ärmsten Staaten nur eine geringe Rolle spielen. Zwar hat sich zwischen 1981/82 und 1991/92 die Zahl der Zuwanderer aus Afrika, von denen viele aus sehr armen Ländern fortgezogen sind, absolut mehr als verdreifacht und ist auch relativ auf 5,5% der ausländischen Immigranten angestiegen, doch kommt noch zu Beginn der neunziger Jahre die Zuwandererzahl allein aus Italien und Griechenland der entsprechenden Zahl aus allen afrikanischen Ländern gleich. Die vier größten Herkunftsgruppen aus dem ehemaligen Jugoslawien, Polen, Rumänien und der Türkei machen zusammen über 56% der Immigranten aus. Abgesehen von den Flüchtlingen spielen ökonomische Motive hier sicherlich eine entscheidende Rolle, von einer „Armutsmigration" kann man aber nur in einigen Fällen wie bei den Roma aus Rumänien sprechen.

Die Kernthese von Sassen bezüglich eines Zusammenhangs mit den Investitionen im Ausland läßt sich für Deutschland nicht bestätigen. Der ganz überwiegende Anteil deutscher Direktinvestitionen geht in andere westliche Industrieländer, nur gut 10% in Entwicklungsländer (1992 waren es 11% laut Statistischem Jahrbuch der Bundesrepublik Deutschland 1994). Bei letzteren steht Lateinamerika im Vordergrund, daneben einzelne Schwellenländer Südostasiens, alles Länder, die nur recht kleine Migrantenkolonien in Deutschland besitzen. Allerdings könnte man einen Zusammenhang bei Irland vermuten, das 1992 immerhin 5% der deutschen Direktinvestitionen erhielt, und dessen Migrantenzahlen in Deutschland zwischen 1983 und 1993 um das 2,5fache auf fast 15.000 angestiegen sind. Es zeigt sich aber, daß es sich bei diesen Migranten um gut ausgebildete jüngere Personen handelt, weit weniger um Arbeiter (King/Shuttleworth 1995).

3. Migranten auf Arbeitsmärkten der Industrieländer

Die bisher vorgestellten Thesen bezogen sich auf die Globalisierung und internationale wirtschaftliche Verflechtungen in ihrem Einfluß auf die Migration. Was sind nun die Folgen der ökonomischen Restrukturierung in den Industrieländern selbst, welche Chancen und Probleme auf dem Arbeitsmarkt ergeben sich für Migranten? Zu dieser Frage gibt es eine breite, sowohl theoretisch wie empirisch orientierte Literatur für die USA, wobei nicht nur Migranten, sondern auch autochthone ethnische Minoritäten behandelt werden, daneben eine Reihe von Arbeiten über Großbritannien, das schon eher mit Deutschland zu vergleichen ist (vgl. auch Heller/Bürkner 1995).

Hinsichtlich des Beschäftigungswandels haben sich viele Autoren der von Malcolm Cross (1992c) als „soziale Polarisationstheorie" bezeichneten These angeschlossen, daß neue Arbeitsplätze sowohl für hoch- wie für gering-qualifizierte Beschäftigte entstanden sind, während der Mittelbereich große Einbrüche erlitten hat (vgl. Castles/Miller 1993). Gerade bei letzterem macht sich der Einfluß der Deindustrialisierung bemerkbar, der zu einem starken Rückgang geschützter und relativ gut bezahlter Jobs für Arbeiter geführt hat. Durch den Übergang von der auf materieller Warenproduktion basierenden Industrie- zur Informationsgesellschaft haben sich die Qualifikationserfordernisse im Beschäftigungssystem zugunsten hoher Qualifikationen deutlich verändert. In diesem Beschäftigungssegment gibt es eine relativ kleine, aber in letzter Zeit zunehmende Minorität von hochqualifizierten Migranten, von denen der geringere Teil im Rahmen eines brain drain aus Entwicklungsländern kommt, der größere Teil jedoch aus anderen Industrieländern, für den eine zeitweise Migration, z.B. im Rahmen multinationaler Industrie- und Dienstleistungsunternehmen, in den Karriereverlauf integriert ist. Gerade in der deregulierten Wirtschaft der USA hat es daneben aber auch ein deutliches Wachstum schlechtbezahlter, unsicherer Arbeitsplätze gegeben, für die nur eine geringe formelle Qualifikation notwendig ist. Dies betrifft vor allem den Sektor der persönlichen Dienstleistungen, daneben Dienstleistungen und andere Tätigkeiten, die im Rahmen der „Verschlankung" und des outsourcing aus großen Unternehmen ausgelagert werden. In all diesen Bereichen haben viele Migranten Beschäftigung gefunden, nicht zuletzt, weil sie bereit waren, schlechtbezahlte und durch Gewerkschaften wie den Wohlfahrtsstaat ungeschützte Jobs zu übernehmen.

Diese knapp skizzierte soziale Polarisationstheorie muß nun aber, wie Cross (1992b) und andere betonen, durch eine „räumliche Polarisation" ergänzt werden, denn der Beschäftigungswandel verläuft räumlich nicht homogen. Er betrifft, sowohl was die positive wie die negative Seite des Wachstums betrifft, vor allem die Städte und innerhalb des Städtesystems ganz besonders eine Kategorie, die als „global cities" bezeichnet wird (vgl. Sassen 1991). Es ist unmittelbar einsichtig, daß in Städten wie New York, London oder Tokyo, in denen sich Leitungsfunktionen von Unternehmen und international vernetzte Finanz- und Beratungsdienstleistungen konzentrieren, zahlreiche hochqualifizierte Beschäftigte arbeiten. Nicht zuletzt aufgrund des Lebensstils vieler solcher Beschäftigter entsteht hier ein erheblicher Bedarf an persönlichen Diensten in Bereichen wie Gastronomie, Unterhaltung, Reinigung usw. Ein weiteres kommt hinzu. In global cities wie in anderen Städten mit quantitativ stark besetzten ethnischen Kolonien haben Migranten versucht, durch Gründung eigener Unternehmen und Beschäftigung von Mitgliedern der eigenen Gruppe Nischen auf dem Arbeitsmarkt zu besetzen, auch und gerade im sekundären Wirtschaftssektor (ethnic business). Ein vielzitiertes Beispiel sind kleine und mittlere Betriebe der Bekleidungsindustrie, die Näh- und Zuschneidearbeiten häufig im Auftrag großer Unternehmen durchführen und sehr flexibel auf Veränderungen der Mode reagieren können – allerdings auf dem Hintergrund schlechtbezahlter und unsicherer Arbeitsverhältnisse, in der Mehrzahl für Frauen. In Europa sind solche Betriebe bekannt geworden z.B. in London und anderen britischen Städten (Phizacklea 1992) oder in der Region Paris, wo sie von türkischen und jugoslawischen Migranten geführt werden (Morokvasic 1991). Die These der besonderen sozialen Polarisation in global cities ist allerdings nicht unumstritten. So ist C. Hamnett (1994) der Auffassung, daß man die Verhältnisse in amerikanischen Städten wie New York oder Los Angeles nicht auf europäische Metropolen übertragen könne, wo der Immigrantenanteil wesentlich geringer sei und daher ebenso das Arbeitsplatzwachstum für Beschäftigte geringer Qualifikation.

Der Ausdruck „räumliche Polarisation" wird im Hinblick auf die Frage nach dem Zusammenhang zwischen Restrukturierung und Minoritäten noch in einer anderen Sichtweise benutzt, die sich mehr auf intraregionale Unterschiede bezieht. Für viele amerikanische Städte hat John Kasarda (1988) ein wachsendes Mißverhältnis zwischen Arbeitsplatzangebot und Qualifikation der Bewohner festgestellt. Aufgrund der Deindustrialisierung sind viele Jobs in der Industrie verschwunden und neue Industriebetriebe werden in Suburbia in weiter Entfernung von den Innenstädten errichtet, während in den Städten selber nur noch die Arbeitsplätze mit hohen Qualifikationserfordernissen wachsen. Vor allem schwarze Bewohner von innerstädtischen Ghettos haben unter diesem mismatch zu leiden und werden arbeitslos (vgl. dazu die underclass-Debatte, Wilson 1987, und die

Übertragung auf die Verhältnisse in westdeutschen Städten durch Kasarda, Friedrichs und Ehlers 1992).

4. Ausländische Beschäftigte in Deutschland

Wie sieht nun die Entwicklung der ausländischen Beschäftigten in Deutschland aus? Hier sollte man zwischen neuen und alten Bundesländern unterscheiden. In den neuen Ländern ist die Beschäftigung von Ausländern weiterhin von sehr geringer Bedeutung. Die gesamte ausländische Bevölkerungszahl hat sich seit dem Ende der DDR bis heute kaum verändert und beträgt gut 1% der Bevölkerung. Ich werde mich daher im weiteren auf die alten Länder beschränken. Dort hat sich im Zeitraum 1984–94 die Zahl der sozialversicherungspflichtigen Beschäftigten, für die genaue Angaben vorliegen, um gut 2,5 Mio. erhöht, wovon immerhin 19% auf Ausländer entfallen, also sowohl auf Migranten als auch auf die oft in Deutschland geborene zweite Generation der Gastarbeiter. Trotz hoher Arbeitslosigkeit wurden an Ausländer zahlreiche Arbeitserlaubnisse erteilt, davon die meisten für Arbeitsplätze, für die kein deutscher oder ihm gleichgestellter Arbeitnehmer aus der EU zur Verfügung stand. Solche „allgemeinen Arbeitserlaubnisse" stiegen 1992 auf fast 1 Mio. an (Meier-Braun 1995). Dazu kommen die ausländischen Erwerbstätigen, die keine sozialversicherungspflichtige Beschäftigung haben, und ausländische Werkvertragsarbeitnehmer. Bei einer Aufgliederung der Beschäftigtenentwicklung zwischen 1984 und 1994 nach Nationalität und Geschlecht ergibt sich, daß Ausländer höhere Wachstumsraten als Deutsche aufweisen und Frauen ein stärkeres Wachstum als männliche Beschäftigte zu verzeichnen haben. Während das Gesamtwachstum bei 14% lag, betrug der Wert für die Ausländer 30%, und zwar 23% für ausländische Männer gegenüber 45% für ausländische Frauen. Die vergleichbaren Raten für die deutschen Beschäftigten lagen bei 6% (Männer) bzw. 22% (Frauen). Diese hohen Wachstumsraten für Ausländer sind allerdings auch vor dem Hintergrund zu sehen, daß ihre Beschäftigungszahlen in der Wirtschaftskrise zu Beginn der achtziger Jahre deutlich gesunken waren. Legt man den Zeitraum 1980–90 zugrunde, wie es Jones (1994) getan hat, so kommt man zu ganz anderen Entwicklungen als sie hier dargestellt werden. Nach Jones lag die Wachstumsrate der deutschen sozialversicherungspflichtigen Beschäftigten während dieser Zeit bei +9%, diejenige der Ausländer aber bei –14%!

Differenziert man die Beschäftigten nach den einzelnen Wirtschaftszweigen, so ergeben sich entsprechend der allgemeinen Tendenz zur Tertiärisierung die höchsten Wachstumsraten im tertiären Sektor. Der sekundäre Sektor, in dem ein guter Teil des Deindustrialisierungsprozesses schon vor 1984 abgelaufen ist, hat jedoch nur relativ geringe Verluste zu verzeichnen und kann so weiterhin seine im Vergleich mit anderen westlichen Industrieländern überaus hohe Stellung im Beschäftigungssystem erhalten. So ist im verarbeitenden Gewerbe zwischen 1984 und 1994 ein Beschäftigungsrückgang von nur 2% zu konstatieren, der allerdings Frauen stärker als Männer betrifft. Besonders deutlich sind die

Beschäftigungseinbrüche bei den ausländischen Frauen mit -10%, während für die ausländischen Männer sogar ein leichter Anstieg um +2% hervorzuheben ist.

Innerhalb des tertiären Sektors sind die ausländischen Beschäftigten im Vergleich zu den deutschen am stärksten gewachsen in den Bereichen Handel, Verkehr, Gaststätten und Beherbergung sowie Reinigung und Körperpflege. Durch die Verlagerung vor allem zu den persönlichen Dienstleistungen stehen 1994 von allen Wirtschaftszweigen hinsichtlich des Anteils der ausländischen Beschäftigten die Zweige Gastronomie mit 31% und Reinigung mit 23,5% an der Spitze vor einzelnen Sparten des produzierenden Gewerbes, besonders Gießereien (23%) und Textilverarbeitung (17%), die bei den Gastarbeitern der ersten Generation ganz im Vordergrund standen. Ähnlich wie in anderen westlichen Industrieländern haben daher Migranten und Angehörige ausländischer Minoritäten häufig Arbeitsplätze in den persönlichen Dienstleistungen gefunden, für die deutsche Erwerbspersonen nicht zur Verfügung standen.

Eine andere Entwicklung in den USA, Großbritannien und Frankreich läßt sich für Deutschland aber nicht nachvollziehen, nämlich der Anstieg von Beschäftigungsmöglichkeiten in einzelnen Zweigen des verarbeitenden Gewerbes, vor allem in der Bekleidungsindustrie, wobei die Beschäftigung von Frauen eine besondere Rolle spielt. Gerade in den Wirtschaftszweigen Textilverarbeitung und Bekleidungsgewerbe ist die Zahl der weiblichen Beschäftigten zwischen 1984 und 1994 stark zurückgegangen, bei den ausländischen Frauen um 36% und bei den deutschen um 40%. Dies gilt nun nicht nur für die Gesamtheit der alten Bundesländer, sondern auch für die Entwicklung in einzelnen Großstädten. Bei einem Vergleich des Bekleidungsgewerbes zwischen Paris und Berlin hat M. Morokvasic (1991) gezeigt, daß im Unterschied zu Paris, wo viele Türken Unternehmen der Bekleidungsindustrie gründeten, dies in Berlin kaum der Fall war. Stattdessen sind dort über 500 einfache Änderungsschneidereien von Türken geführt worden (1990). Im übrigen hat seit der Wende der Textilsektor in Berlin durch den Wegfall von Subventionen einen besonders starken Einbruch erlebt.

Morokvasic hat die fehlende unternehmerische Tätigkeit in Berlin mit schwieriger zu überwindenden Zugangsbarrieren und einer stärkeen Regulierung in Deutschland begründet. Mit den Zugangsregeln zum Arbeitsmarkt, insbesondere zur Gründung von Unternehmen, sind nun wichtige Merkmale der ökonomischen und gesellschaftlichen Regulierung angesprochen, die sich durchaus in den einzelnen Industrieländern unterscheiden. Inzwischen recht bekannt geworden ist eine Kategorisierung von Esping-Andersen (1990), der drei Typen von kapitalistischen Wohlfahrtsstaaten voneinander abhebt, die verschiedene Wege zu einer post-industriellen Gesellschaft beschreiten. Danach gehört die Bundesrepublik Deutschland zu den korporatistischen Wohlfahrtsstaaten, die sich durch ein hohes Ausmaß an staatlicher und gesellschaftlicher Regulierung von den neo-liberalen Wohlfahrtsstaaten unterscheiden, deren Prototyp die USA darstellen und zu denen in den letzten Jahrzehnten auch Großbritannien zählt. Wichtige Differenzen zu den sozialdemokratisch-universalistischen Wohlfahrtsstaaten Skandinaviens liegen in der Betonung von Subsidiarität und Hierarchie, von Ehe und Familie, die auf dem Arbeitsmarkt zu einer relativ geringen weiblichen

Erwerbsbeteiligung geführt und das Wachstum haushalts-bezogener Dienstleistungen verlangsamt hätten. Was nun die Folgerungen für Immigranten angeht, so haben kürzlich Lash und Urry (1994) in ihrem anregenden Buch über den sozial-räumlichen Wandel zur post-industriellen Gesellschaft betont, daß die Chancen für Immigranten auf dem Arbeitsmarkt in den neo-liberalen Staaten am günstigsten, in den korporatistischen am schlechtesten sind, wenn man an die Quantität, weniger an die Qualität der Beschäftigungsverhältnisse denkt. Dafür kann der Textilbereich ein gutes Beispiel abgeben. Gleichwohl sollte man aber nicht übersehen, daß allgemeine ökonomische und soziale Trends wie die Tertiärisierung, die Polarisierung von Beschäftigung, der Anstieg der weiblichen Erwerbstätigkeit auch für (West-)Deutschland gelten, wenngleich sie in charakteristischer Weise modifiziert und gebrochen werden.

Kommen wir nun zu den räumlichen Unterschieden der ausländischen Beschäftigung. Nach wie vor sind Großstädte Schwerpunkte der ausländischen Wohnbevölkerung wie der Ausländerbeschäftigung. Hinsichtlich des Ausländeranteils an der Bevölkerung steht Frankfurt mit 28,9% (Ende 1993) an der Spitze, gefolgt von Offenbach (26,9%), Stuttgart (22,7%) und München (21,9%). Zwar besitzt Deutschland keine global city ersten Ranges, doch wird man aufgrund seiner internationalen Verbindungen vor allem Frankfurt zur Kategorie der global cities zählen müssen, weiterhin Städte wie München und Hamburg, in Zukunft Berlin. Betrachtet man die zu den Großstädten über 500.000 Einwohner gehörenden Arbeitsamtsbezirke in Westdeutschland und die Entwicklung der Beschäftigtenzahlen zwischen 1984 und 1994, so ist bei den Deutschen in aller Regel ein unterdurchschnittliches Wachstum festzustellen. Die einzige Ausnahme ist der Bezirk Frankfurt mit einem Anstieg von 13%. Gemäß den bundesweiten Trends sind die Wachstumsraten der ausländischen Beschäftigten deutlich höher, es zeigt sich jedoch ein klarer Nord-Süd-Unterschied mit im Norden eher unter-, im Süden eher überdurchschnittlichen Werten. Entsprechend der allgemeinen Entwicklung in global cities übersteigt das Wachstum in Frankfurt mit 36% den Bundeswert von 30% für die Ausländer. Auch der Wert für den Bezirk München liegt mit 32% leicht darüber, während der höchste Anstieg der ausländischen Beschäftigung im Arbeitsamtsbezirk Nürnberg mit 43% zu konstatieren ist.

Somit haben einige Großstadtbereiche, vor allem in Süddeutschland, einen überproportionalen Anstieg der ausländischen Beschäftigten zu verzeichnen, doch war in der Mehrzahl der Verdichtungsräume das Wachstum keineswegs besonders hoch. Ganz im Gegenteil gibt es im betrachteten Zeitraum einen bemerkenswerten Trend zur Verlagerung der Beschäftigung in gering verdichtete Regionen und in den ländlichen Raum. Dies betrifft nun nicht nur die deutschen Arbeitskräfte, sondern auch die ausländischen. Zur Darstellung des Trends wurden die Arbeitsamtsbezirke in vier Kategorien nach dem Verdichtungsgrad (Bevölkerungsdichte) unterteilt (vgl. Tab.1). Die erste Kategorie wurde in Anlehnung an die Bestimmung der hochverdichteten Regionen durch die BfLR abgegrenzt. Aus den Werten der Tabelle erkennt man einen durchgehenden negativen Zusammenhang zwischen Verdichtungsgrad und Wachstumsrate der Beschäftigung. Entgegen dem Trend haben allerdings die ausländischen Frauen in den

Verdichtungsräumen überdurchschnittlich an Bedeutung gewonnen. Für weibliche wie männliche ausländische Beschäftigte gilt jedoch, daß ihre Wachstumsrate im peripheren ländlichen Raum mit Abstand am höchsten war. Durch diesen Wandel der letzten zehn Jahre ist zwar weiterhin der Anteil der Ausländer an den Beschäftigten in den Großstädten deutlich überproportional, die regionalen Unterschiede nach dem Verdichtungsgrad haben sich aber klar verringert. Im Gegensatz zu den räumlichen Entwicklungen, wie sie aus anderen westlichen Industrieländern berichtet werden, hat der Desurbanisierungsprozeß der Beschäftigung in den alten Bundesländern nicht nur Deutsche, sondern auch und vor allem ausländische Migranten betroffen.

Tabelle 1: Wachstumsraten der sozialversicherungspflichtigen Beschäftigten 1984 – 1994 nach Geschlecht, Staatsangehörigkeit und Verdichtungsgrad des Arbeitsamtsbezirkes (Westdeutschland) (1984≙1,00)

Verdichtungsgrad (D= Einw. je qkm Ende 1992)	Männer		Frauen	
	dt.	ausl.	dt.	ausl.
Verdichtungsraum	1,00	1,16	1,16	1,48
Sonstige Bezirke mit D über 300	1,05	1,19	1,23	1,40
Bezirke zwischen D=120 und 300	1,09	1,34	1,24	1,46
Bezirke mit D unter 120	1,13	1,79	1,29	1,76
Gesamt	1,10	1,24	1,21	1,47

Quelle: Berechnet nach Angaben der Bundesanstalt für Arbeit

5. Flüchtlinge und Asylbewerber in Deutschland

Diese räumliche Dekonzentration der Beschäftigung verläuft parallel mit einer entsprechenden Dekonzentration der ausländischen Bevölkerung. Letztere ist vor allem darauf zurückzuführen, daß ein erheblicher Teil der Zuwanderer, nämlich Flüchtlinge und Asylbewerber, nach Quoten auf das Bundesgebiet verteilt werden, um zu einer relativ gleichmäßigen Belastung der regionalen Infrastruktur zu gelangen. Mit den Flüchtlingen und den Asylbewerbern, denen ja lange die Aufnahme eines Arbeitsverhältnisses verwehrt war, sind nun Gruppen angesprochen, die aufgrund des politischen Wandels in der Zweiten Welt und einigen Ländern der Dritten Welt nach Deutschland gekommen sind. An dieser Stelle sollen nur noch einige wenige Bemerkungen zu dieser Gruppe erfolgen, deren zahlenmäßige Entwicklung ja allgemein bekannt ist.

Der starke jüngere Zustrom aus Ostmittel-, Ost- und Südosteuropa hängt sicherlich mit der geographischen Lage Deutschlands und mit seiner relativ guten Erreichbarkeit zusammen. Aufgrund der kriegerischen Auseinandersetzungen in Teilen des ehemaligen Jugoslawiens nehmen die Zuwanderungen aus diesem Land die erste Stelle ein. Daß Deutschland, abgesehen von den Nachfolgeländern des einstigen Gesamtstaates, mit Abstand die meisten jugoslawischen Flüchtlinge aufgenommen hat, ist auch bedingt durch die große Zahl von Jugoslawen, die im Rahmen der Gastarbeitermigration schon früher hierher gekommen sind, und die vielfältigen sozialen Beziehungen zwischen Herkunfts- und Aufnahmeregionen. Viele Zuwanderer sind in die Haushalte oder in die Nähe von Verwandten und Bekannten gezogen, so daß die Schwerpunkte der regionalen Verteilung im Bundesgebiet mit überdurchschnittlichen Anteilen in Baden-Württemberg, Hessen und Bayern erhalten geblieben sind.

Dieses Wanderungsverhalten der Jugoslawen kann als Beispiel für einen Tatbestand gesehen werden, der in der jüngeren Migrationsforschung empirisch wie theoretisch breite Beachtung gefunden hat (vgl. Massey u.a. 1993), nämlich die Bedeutung bestehender ethnischer Kolonien und sozialer Netzwerke für die weitere Zuwanderung. Wenn sich an den Wanderungsursachen nichts wesentliches ändert, tendieren dadurch Migrationsströme zur Selbstverstärkung. Die Informationen und Migrationshilfen, die durch soziale Netzwerke vermittelt werden, können sogar dazu führen, daß Wanderungsströme bestehen bleiben, auch wenn die ursprünglichen Bedingungsfaktoren der Migration nicht mehr gelten. Viele Zuwanderungen erfolgen dann im Rahmen des Familiennachzugs, den die Aufnahmeländer nur bedingt regulieren und beschränken können. Diese Migranten-Netzwerke spielen auch bei anderen Gruppen von Flüchtlingen und Asylbewerbern eine beachtliche Rolle. Trotz der Abschottung, die durch das neue Asylgesetz erreicht werden sollte, ist der Zustrom ja nicht zum Erliegen gekommen, erreichten 1994 doch noch 127.000 Asylbewerber Deutschland. Sieht man sich die Veränderungen der Asylbewerber-Zahlen zwischen 1992 und 1994 nach Nationalitäten an, so fällt auf, daß für bestimmte Herkunftsländer der allgemein stark rückläufige Trend nicht zutrifft. Dies gilt schon für die größte Ausländergruppe in der Bundesrepublik, die Türken. Während die Gesamtzahl der Asylbewerber in diesen zwei Jahren insgesamt um 71% gesunken ist, beträgt der Rückgang für die Türken nur 23%. Vor allem sind hierbei Kurden beteiligt, zu denen nach Schätzungen 300–400.000 der 1,9 Mio. türkischen Staatsbürger in Deutschland gehören.

Bei den außereuropäischen Nationalitäten ergibt sich, daß die Herkunftsländer Iran mit einem Rückgang von 10%, Afghanistan mit 11% und Sri Lanka mit 9% relativ stabile Asylbewerber-Zahlen aufweisen, mit insgesamt 14.000 Personen im Jahre 1994. Dagegen sind die Asylbewerber aus Schwarzafrika, einem Kontinent mit sehr hohen Flüchtlingszahlen, aber nur kleinen ethnischen Minoritäten in der Bundesrepublik, überdurchschnittlich um 81% gesunken. Gerade die drei genannten asiatischen Staaten zählen zu denjenigen unter den nicht-europäischen Ländern, deren Bürger in Deutschland am stärksten repräsentiert sind, die Iraner mit über 100.000, die Afghanen und die Zuwanderer aus Sri Lanka mit jeweils knapp 50.000. Für die Iraner, die um Asyl in den Niederlanden nachgesucht haben, hat im übrigen Koser (1995) aufgrund von Befragungen die erhebliche Bedeutung sozialer Netzwerke detailliert aufgezeigt.

6. Schluß

Die weltweite ökonomische Restrukturierung und die politischen Umbrüche unserer Tage sind verbunden mit einer zunehmenden Bedeutung internationaler Migrationen, denen sich auch Deutschland, das sich offiziell weiterhin als Nicht-Einwanderungsland versteht, nicht hat entziehen können. An dieser Stelle konnten nur einige Aspekte des Zusammenspiels zwischen globalem Wandel und Migration behandelt werden, eine weitergehende Differenzierung nach Migrantengruppen, ihrer sektoralen Beschäftigungsstruktur und ihrer regionalen Verteilung mußte unterbleiben. Derartige sektoral-regionale Differenzierungen, die bislang nur recht unzureichend durchgeführt wurden, sind aber wichtig, nicht zuletzt, um einer grob einseitigen Sichtweise der Migrations-„Problematik", wie sie in der Öffentlichkeit nicht selten vorherrscht, entgegentreten zu können.

Literatur:

Bathelt, H. (1994): Die Bedeutung der Regulationstheorie in der wirtschaftsgeographischen Forschung. In: Geographische Zeitschrift 82, S. 63–90.

Böhning, W.R. (1994): Helping migrants to stay at home. In: Annals American Academy of Political and Social Science 534, S. 165–177.

Bucher, H. (1995): Außenwanderungen und künftige Bevölkerungsentwicklung in regionaler Sicht. In: Erfurter Geographische Studien 3, S. 229–238. Erfurt.

Bundesanstalt für Arbeit (Hg.): Amtliche Nachrichten der BfA, Nr. 12, 1984 und Nr. 12, 1994.

Castles, S. u. M.J. Miller (1993): The age of migration: international population movements in the modern world. London.

Cross, M. (Hg.) (1992a): Ethnic minorities and industrial change in Europe and North America. Cambridge.

Ders. (1992b): Black workers, recession and economic restructuring in the West Midlands. In: Cross 1992a, S. 77–93.

Ders. (1992c): Race and ethnicity. In: Thornley, A. (Hg.): The Crisis of London. S. 103–118. London.

Esping-Anderson, G. (1990): The three worlds of welfare capitalism. Cambridge.

Hamnett, C. (1994): Social polarisation in global cities: theory and evidence. In: Urban Studies 31, S.401–424.

Heller, W. u. H.-J. Bürkner (1995): Bislang vernachlässigte theoretische Ansätze zur Erklärung der internationalen Arbeitsmigration. In: Erfurter Geographische Studien 3, S.175–196. Erfurt.

Jones, P.N. (1994): Economic restructuring and the role of foreign workers in the 1980s: the case of Germany. In: Environment and Planning A 26, S. 1435–1458.

Kasarda, J.D. (1988): Jobs, migration and emerging urban mismatches. In: McGeary, M.G.H. u. L. Lynn (Hg.): Urban Change and Poverty. S. 148–198. Washington.

Kasarda, J., J. Friedrichs u. K.E. Ehlers (1992): Urban industrial restructuring and minority problems in the US and Germany. In: Cross 1992a, S. 250–275.

King, R. u. I. Shuttleworth (1995): The emigration and employment of Irish graduates: the export of high-quality labour from the periphery of Europe. In: European Urban and Regional Studies 2, S. 21–40.

Koser, K. (1995): Refugees or economic migrants? A social networks approach to the migration of asylum seekers. Paper presented to the International Conference on Population Geography in Dundee, Schottland, Sept. 1995.

Lash, S. u. J. Urry (1994): Economies of signs and space. London, Thousand Oaks u. New Delhi.
Massey, D.S. u.a. (1993): Theories of international migration: a review and appraisal. In: Population and Development Review 19, S. 431–466.
Meier-Braun, K.-H. (1995): 40 Jahre "Gastarbeiter" und Ausländerpolitik in Deutschland. In: Aus Politik und Zeitgeschichte B35/95, S. 14–22.
Morokvasic, M. (1991): Die Kehrseite der Mode: Migranten als Flexibilisierungsquelle in der Pariser Bekleidungsproduktion. Ein Vergleich mit Berlin. In: Prokla 83, S. 264–284.
Phizacklea, A. (1992): Jobs for the girls: the productions of women's outerwear in the UK. In: Cross 1992a, S. 94–110.
Sassen, S. (1991): The global city: New York, London, Tokyo. Princeton.
Dies. (1993): Economic internationalization: the new migration in Japan and the United States. In: International Migration 31, S. 73–101.
Dies. (1994): America's immigration "problem". In: Pincus, F.L. u. H.J. Ehrlich (Hg.): Race and Ethnic conflict. S. 176–185. Boulder u.a.
Wilson, W. J. (1987): The truly disadvantaged: the inner city, the underclass, and public policy. Chicago.

EINWANDERUNGSZYKLEN UND INTEGRATIONSPROBLEME AM BEISPIEL DER STADT BERLIN

Jochen Blaschke, Berlin

1. Einwanderungszyklen und Integration

Die Integration von Zuwanderern wurde in der Vergangenheit als einheitliches Problem verstanden. Im Rahmen von assimilationstheoretischen Betrachtungsweisen wurden Zuwanderer als Individuen verstanden, die sich in einem komplizierten Geflecht von Entscheidungen zunehmend auf das Aufnahmeland hin orientieren und sich letztlich dessen Lebenswelt voll anpassen. Akkulturationstheoretiker betonten kulturelle Symbole in diesen Anpassungsprozessen. Communityforscher dagegen sahen im Aufbau von eigenständigen und intermediären Institutionen sowie besonderen Weltbildern eine erste Stufe zur industriegesellschaftlichen Integration. Immigranten-Communities sind soziale Institutionen, die als Organisationen oder Weltbilder die jeweiligen Immigrantenbevölkerungen vergesellschaften, nämlich untereinander handeln lassen.

Diese Bilder sozialer Welt sind im Kontext der US-amerikanischen Zuwanderung entwickelt worden und haben folgenden Ablauf zur Grundlage: Erstens kommen Immigranten mit der Vorstellung in das Land, dort zu bleiben, um für das Glück ihrer Nachkommen hart zu arbeiten; wohlfahrtsstaatliche Abfederungen gibt es nicht. Der Neuankömmling springt als *homo oeconomicus* ohne Absicherungen in die Risiken der Industriegesellschaft. Die erste Generation versucht, sich um jeden Preis anzupassen. Die zweite und dritte Generation rebellieren dagegen und es kommt zu Revitalisierungen der Herkunftskultur. Die Durchsetzungskraft des Assimilationsprozesses nimmt jedoch weiterhin zu. Letztlich würde er im *american life* der Vorstädte sein Ende nehmen.

Nach einer weitgehenden, historischen und gegenwartsorientierten Komparatistik wurde dieses Modell revidiert. Erstens wurde das soziale Gepäck der Zuwanderer stärker berücksichtigt. Mittelständische protestantische Einwanderer mit guter Bildung, empathischem Vermögen und etwas Geld waren eher in der Lage, sich schon frühzeitig zu amerikanisieren, als zum Beispiel mexikanische Bauern. Damit standen die Tore für eine breite Literatur über die Chancen einzelner Immigrationsethnien offen. Zweitens wurde die Fähigkeit zur institutionellen Mediation im Zuwanderungsland betont, nämlich zur Entwicklung eigenständiger Organisationen und Weltbilder für den Übergang von diskriminierten und sich wehrenden *outsidern* zu voll integrierten Bürgern. Drittens wurde die Rolle ethnischer Ökonomien als Basisinstitutionen dieses Wandels hervorgehoben. Hier wurde Eigenständigkeit materialisiert: Ethnische Unternehmer stellen politische Eliten oder finanzieren diese und tragen als Familienbetriebe zur Ausbildung der nächsten Generationen bei.

2. Soziale Ausgrenzung und ökonomischer Wandel

Berlin ist durch markante polyethnische Strukturen gekennzeichnet. Ethnische Grenzziehungen bestimmen das städtische Zusammenleben, obwohl die deutschen Mittelschichten weiterhin an der Illusion eines Nichteinwanderungsstaates festhalten, womit nicht nur auf die Weigerung juristischer Einwanderungsregelungen verwiesen ist, sondern auch auf die Kontinuität national homogener Geschichte. Auch wenn dies nur eine Imagination ist, bleibt sie strukturbestimmend. Ethnizitätsfragen werden als Probleme von Ausländerpolitik oder von patronageartigen Unterstützungsversuchen für kulturell unbeholfenere Gruppen verstanden.

Im Bereich der Migration zeigt sich die Geschichte als wichtiger Erklärungshintergrund. Die frühen Immigranten bildeten durchaus andere soziale Lagen als Flüchtlingsmigranten oder Vertriebene, Illegale oder Werkvertragsarbeiter der neunziger Jahre. Wichtig erscheint auch der Staatsbürgerschaftsstatus. Ist bis heute die Differenzierung zwischen Inländern und Ausländern ein Element deutscher Einwanderungspolitik gewesen, so kommt eine neue Differenzierung in unterschiedliche Ränge von Bürgerschaften hinzu. Die fast hierarchische Gliederung von Bürgerschaften unterscheidet zwischen denjenigen, die in Berlin verwurzelt sind, Zuwanderern aus Westdeutschland und Zuwanderern aus den Ländern der DDR, West- und Ostberlinern, Zuwanderern aus der deutschen Diaspora in Osteuropa, Türken mit festem Aufenthaltsstatus etc. Am Ende dieser Skala befinden sich diejenigen, die sich illegal hier aufhalten und die Pariabevölkerung der Zigeuner[1] (Sinti und Roma).

Der Aufenthaltsstatus ist das wichtigste Kriterium für den Zugang zum Arbeits- und Wohnungsmarkt. In Einzelfällen kann dieser durch Vertrauen und Geld ersetzt werden. So bietet ein Netzwerk der jüdischen Emigranten aus der Sowjetunion neuen Zuwanderern Wohnraum an, das gleiche gilt für die türkische Community, die neu hinzukommende Emigranten mit unterschiedlichem Bürgerstatus eingliedern kann. Trotzdem bleiben die Sicherheit und Unsicherheit des Aufenthaltsstatus eine deutliche Orientierung, die sich sowohl im Binnenverhalten der ethnischen Communities gegenüber anderen als auch in Diskriminierungsverfahren von außen äußert.

Neben Differenzierungen über die Migrationsgeschichte sind alle Bevölkerungsgruppen Ethnisierungsprozessen ausgesetzt. Unter Ethnisierung sind soziale Abgrenzungsstrategien unter Zuhilfenahme kultureller Symbolformationen zu verstehen.

Dazu gehören der stark verwurzelte Nationalismus und die Orientierung auf den Nationalstaat mit seiner Vergabe von Aufenthaltsstatus und Bürgerschaft. Wichtig ist jedoch auch die Differenzierung nach Sprache und Habitus. Ausgrenzungen auf dem Arbeits- und Wohnungsmarkt finden in der Regel durch

---

1 Ich benutze hier das Wort Zigeuner, da ich trotz zwanghafter Versuche der political correctness-Bewegung, dieses Wort als nur diskriminierend darzustellen, es zumindest zur Zeit für relativ neutral halte.

schichtenspezifische Mechanismen statt. Sprachkompetenz ist hier eines der entscheidenden Instrumente, um Eingangstore zu öffnen. Hier äußert sich das Phänomen, das in den siebziger Jahren in der sogenannten Unterklassendebatte angesprochen worden ist.

Zuwanderer und seit den achtziger Jahren auch marginalisierte Armutsbevölkerungen entwickeln eine besondere Sprache oder erreichen nicht das Sprachniveau der Durchschnittsbevölkerung. Sie grenzen sich vielmehr durch eigene Idiome ab und lassen einen eigenständigen Habitus entstehen. Einerseits entscheidet die nichtkonforme Gestik, Kleidung und Bewegung über den Nicht-Zugang zu gesellschaftlichen Positionen. Diese werden in der Regel wieder ethnisch definiert, so daß die Diskriminierung, nämlich die Schließung der Arbeits- und Wohnungsmärkte andererseits im Kontext ethnischer Milieus durch die Forderung nach dem Ausbau eigenständiger ethnischer Institutionen konterkariert wird. Es besteht so etwas wie ein Zwang zum Korporatismus über ethnische Einrichtungen und ethnische Organisationen.

Dieser wird auch durch offenen Rassismus intensiviert. Rassismus als Phänomen der Grenzziehung von seiten der Regierung, als populistisch-parteiliches Element in Wahlkämpfen und als Abgrenzungsphänomen von ethnisierten Unterklassen führt zu Angstphänomenen und Traumata bei den ethnisierten Bevölkerungsgruppen. Hier kann es zu einer Radikalisierung ethnischer Milieus kommen, wie wir es zur Zeit in Deutschland mit der kurdischen Bevölkerung erleben.

3. Fragmentierung des Berliner Arbeitsmarktes

Der dominante ökonomische Bereich Berlins ist durch hochbezahlte Arbeitskräfte und durch Kapitalkonzentration gekennzeichnet. Auch er fächert an seinen Rändern aus. Hier sind immer noch die alten Industrien zu finden, in denen viele Arbeitsimmigranten beschäftigt sind. In Berlin sind dies neben Maschinen- und Anlagenbau die Zigaretten-, Textil-, Feinmechanik-, Fahrzeug- und Nahrungsmittelindustrien. Diese befinden sich zur Zeit in einer Krise.

Die anderen Arbeitsmarktfragmente sind für Immigrationsprozesse in unterschiedlicher Weise von Bedeutung. Einige Fragmente sind im Zuge des neuen Konsumtionsverhalten seit den achtziger Jahren entstanden. Deutlich ist dies bei einer Querschnittbetrachtung des Berliner Einzelhandels. Der Bedarf an Konsumgütern ist vielfältig geworden und hat die Tendenz zur Massenkonfektion überwunden. Konsumenten verdienen genügend, um sich mehr als die Grundbedürfnisse zu sichern, und sie haben Geschmack an einem spezifischen Stil. Soziale Gruppen zeichnen sich geradezu durch ihre Art des Konsums aus. Sie tragen eine spezifische Kleidung, haben besondere Möbel, eine spezifische Eßkultur, einen Hang zu Restaurantbesuchen und Einladungen sowie zu Kraftfahrzeugen. Dazu werden kleine Mengen nachgefragt, die unter Umständen in Massenproduktion vorproduziert wurden, jedoch dann entweder besonders zugeschnitten werden oder Veränderungen kunstgewerblicher Art aufweisen.

Für diese Veränderungen sind Gewerbebereiche entstanden. Dazu gehören Änderungsschneidereien und in neuester Zeit sogar Sweat-Shops, die in Deutschland bislang aufgrund des Heimarbeitgesetzes stark eingeschränkt waren und wenig Chancen auf Wachstum hatten. Zu ihnen zählt eine Vielzahl von Boutiquen mit angeschlossenem Arbeitsraum in verschiedenen Teilen der Stadt mit jeweils quartiertypischen Konsumangeboten. Entstanden sind kleine Möbelmanufakturen, in denen der Geschmack des Publikums getroffen werden soll. Diese ergänzen den Import solcher Produkte aus den Distriktökonomien der südlichen Peripherie Europas.

Neben den ethnischen und auf Spezialitäten ausgerichteten Restaurants sind Dienstleistungsbetriebe entstanden, die Parties ausrichten oder Nahrungsmittel nach Hause liefern. Daneben florieren Importbetriebe für Nahrungsmittel und kleine Manufakturen, in denen ethnische Spezialitäten hergestellt werden. Auf dem Kraftfahrzeugsektor sind Malerei- und Blechschlosserbetriebe, aber auch andere Handwerksfirmen entstanden, die Serienautos verändern oder sogar Kraftfahrzeuge in Sonderanfertigung herstellen. Ein weiteres für den Einsatz von Migranten zentrales Fragment des Arbeitsmarktes ist das Baunebengewerbe. Renovierungen, Umbauten, Ausstattung von Wohnungen, aber zunehmend auch der Ausbau von Läden und Boutiquen werden von Immigranten übernommen, die in der Regel billiger sind als die etablierten Handwerksbetriebe.

Diesen Nachfragestrukturen steht ein wachsendes Arbeitskräfteangebot gegenüber. Die hohen Personalkosten in diesem Bereich werden durch billige, teilweise illegal eingewanderte und arbeitende Zuwanderer aufgefangen. In Polen, aber auch in anderen Ländern Osteuropas existiert ein Reservoir von Fachkräften, die Maler-, Tischler- und Stukkateurarbeiten übernehmen können.

Das zentrale Problem der Arbeitsmarktfragmente ist die geringe Anpassung von ungelernten und angelernten Arbeitern, die es gewohnt waren, im Rahmen eines strukturierten Arbeitsmarktes langfristig routineartige Jobs zu übernehmen. Die durch die Fragmentierung des Arbeitsmarktes und die kurzen Konjunkturzyklen hervorgerufenen Zwänge zur Flexibilisierung können von den wohlfahrtsstaatlich-industriell geprägten autochthonen Arbeiterschaften nicht übernommen werden. Nicht zuletzt darum sind es zunehmend Ausländer, die hier tätig sind.

Die Aufnahmeregelungen für Arbeitskräfte aus Polen und Tschechien, aber auch die weitgehende Toleranz gegenüber illegalen Arbeitnehmern legten insbesondere in Berlin die Grundlagen für ein breites industriell-ökonomisches Wachstum. Dieses ist jedoch durch die Intervention zur Regulierung von Arbeitsmärkten gefährdet. Ob diese Regulierungsversuche erfolgreich sein werden, scheint zumindest zweifelhaft, da das Auftauchen von Sweat-Shops die Resistenz deregulierter Arbeitsmarktfragmente offenlegt. Neben der technologisch und konjunkturell bedingten Deregulierung des Arbeitsmarktes spielt die Internationalisierung des Kleingewerbes eine entscheidende Rolle. Die kleinen Importmengen und die direkte Orientierung auf den Einzelhandel machen es möglich, daß Kleinhandwerk, Marktfragmentorientierung und ethnische Netzwerke einander ergänzen.

In den sechziger und frühen siebziger Jahren starben die kleingewerblichen Betriebe weitgehend aus. Dies galt insbesondere für den Einzelhandel, aber auch für einen Großteil der Handwerksbetriebe und handwerksähnliche Einrichtungen. Im Zuge des Wandels zur postindustriellen Gesellschaft entanden neue Kleinbetriebe durch die Vergabe von Vertriebsbereichen als *Franchise* und die Privatisierung eines Teils der internen Dienstleistungen und Zulieferungen in den Großbetrieben. Das galt für die Versorgung mit Nahrungsmitteln wie für Reinigungsbetriebe. Die sogenannte *lean production* wurde durch eine *extended production* ergänzt. Außerdem wuchs die Zahl der neuen Dienstleistungen aufgrund der veränderten Konsumbedürfnisse.

Die zunehmende Globalisierung von Stildefinitionen ließ das Franchise-Gewerbe florieren. Diese Franchise-Betriebe sind unterschiedlich organisiert, sie reichen von Firmen wie *McDonalds,* die im Grunde verkappte Großbetriebe sind, bis zu Boutiquen, die vollkommen selbständig arbeiten, jedoch die Ausstattung und das Design des Betriebes sowie den Warenbetrieb in standardisierter Form abwickeln müssen.

Seit den achtziger Jahren wirkt auch die zunehmende Arbeitslosigkeit als Entwicklungsmotor für das Kleingewerbe. Hier sind Revitalisierungen von Wirtschaftsstrukturen sichtbar, die erst wenige Jahrzehnte vorher abgestorben waren. Dazu gehört eine Vielzahl von Einzelhandelsbetrieben und Dienstleistungseinrichtungen.

4. Ausgrenzungsprozesse auf dem Arbeitsmarkt

Das Berliner Wirtschaftssystem ist einem tiefgreifenden Wandel unterworfen, in dem einerseits Fragmentierungen des Arbeitsmarkts von Bedeutung sind, andererseits aber auch weitreichende Automatisierungs- und Technologisierungsprozesse. In diesem Zusammenhang sind besonders die alten Gastarbeiterbevölkerungen von ökonomischer Ausgrenzung betroffen. Mit den Veränderungen des Subventionssystems sind ihre Arbeitsbereiche weitgehend untergegangen.

Die alten Immigrantenbevölkerungen waren außerdem in wenig qualifizierten Berufen tätig. Hier war schon seit Ende der siebziger Jahre ein Trend zur Qualifizierung feststellbar. Vielen Immigranten gelang es, Facharbeiter zu werden und in Schlüsselfunktionen aufzusteigen. Der Großteil der Bevölkerungen aber konnte dies aufgrund fehlender Sprachkompetenz und falschem Habitus nicht erreichen. Qualifizierungsstrategien für alte Immigrantenbevölkerungen, insbesondere für die Türken sind weiterhin im Versuchsstadium. Das gilt für die letzten zwanzig Jahre. Eine grundlegende Veränderung der Situation ist nicht in Sicht. Das hängt mit verschiedenen Faktoren zusammen. Nur die selbstorganisierte Qualifikation, nämlich das Engagement im ethnischen Kleingewerbe, scheint einigen Erfolg zu haben.

Die alten Immigranten hatten in der ersten Generation in der Regel keine sprachlichen Barrieren zu überwinden. Vielmehr wurden sie als Fremdsprachler akzeptiert. Bei lang angesiedelten Türken ist Deutsch in der Zwischenzeit Umgangssprache geworden. Diese Sprache ist jedoch weitgehend kreolisiert und kann kaum entwickelt werden, weil in der Familie noch weitgehend Türkisch gesprochen wird. Die dritte Generation, die in der Zwischenzeit heranwächst, ist sprachlich weitaus kompetenter.

Die erste, aber auch ein Großteil der zweiten Generation hat nur wenig technologische und sonstige berufliche Lernerfahrung. Sie kommen aus dem bäuerlichen Milieu türkischer Dörfer oder Geçekondus. Die zweite Generation der alten Zuwanderer konnte sich zum Großteil anpassen, eine große Zahl von Immigranten war jedoch nicht in Lage, aus der ethnischen Isolierung auszubrechen. Viele von ihnen konnten durch das Engagement ihrer Eltern im ethnischen Gewerbe unterkommen. Andere sind marginalisierte Arbeiter. Auch hier ist die Blockade des Qualifikationssystems zu spüren. Die Berufsverteilung läßt für die zweite und dritte Generation zwar bessere Chancen zu, viele bleiben jedoch auf den untersten Ebenen der sozialen Schichtung Berlins hängen.

Die ethnischen Communities geben ihnen allerdings soviel Absicherung, daß sie nur in kleinen Gruppen als Obdachlose oder Drogenabhängige auffallen. Viele von ihnen entwickeln jedoch anomische Verhaltensweisen, die sich in Gewalt und Rassismus umsetzen. Die alte Immigrantenbevölkerung hat somit einen differenzierten Platz in der Stadt. Sie hat die ethnischen Communities als Sprecher und räumlichen Rückhalt. Für sie sind viele soziale Einrichtungen in Berlin tätig.

Flüchtlingsbevölkerungen waren in den achtziger Jahren von Arbeitsverbot und willkürlicher Ansiedlung betroffen. Diese rechtlich kodierten Lebensbedingungen sind heute zwar noch die Regel, aber juristisch nicht mehr so strikt niedergelegt. Die Flüchtlingsbevölkerung ist in ihrer ethnischen Zusammensetzung unübersichtlich und besteht aus einer Vielzahl kleiner Gruppen. In den achtziger Jahren bekamen Flüchtlinge, soweit sie Kontingentflüchtlinge waren oder als Individuen unternehmerische Qualitäten entwickelten, Existenzgründerdarlehen aus dem europäischen Marshall-Fond. Außerdem hatten Flüchtlinge im Gegensatz zu den alten Einwanderern im Durchschnitt eine höhere Qualifizierung. Diese variierte zwar von Gruppe zu Gruppe, stellte jedoch einen guten Start für spätere Berufskarrieren dar. Vielen Flüchtlingen gelang es, in Qualifizierungsprogrammen unterzukommen und hier akademische, sozialarbeiterische und betriebliche Positionen einzunehmen.

Die zweite Flüchtlingsgeneration hat dagegen mit schwerwiegenden Problemen zu kämpfen, die nur langfristig zu lösen sind, denn sie hat zum Teil eine sehr niedrige Schulbildung. Konkrete Daten über diese Bevölkerungsgruppen haben wir zur Zeit nicht. Wir wissen nur, daß sie sehr schwer in die Berufsbildung einzugliedern sind.

Die neuen Einwanderungsgruppen der frühen neunziger Jahre haben sich in den Berliner Arbeits- und Wohnungsmarkt auf sehr unterschiedliche Weise eingegliedert. Ein Ergebnis unseres Forschungsprojekts zu Werkvertragsarbeitern ist die große Flexibilität dieser Bevölkerungsgruppen. Zusammen mit den illegalen Bauarbeitern, die nach Berlin kommen, werden sie auf den Baustellen flexibel eingesetzt. Die Arbeitsvertragslage erlaubt ihnen, solange die mit ihnen verbundene Heimatfirma das reguliert, zwischen Baustellen zu pendeln. Außerdem sind sie hinsichtlich ihrer Aufenthaltsdauer flexibel. Die Wohnsituation dieser Gruppen ist schwierig, da sie meist in Unterkünften untergebracht sind, die von den Arbeitgebern gestellt werden. Viele Bauarbeiter bewohnen kleine Wohnungen, in denen Zimmerbelegungen bis zu zehn Personen keine Seltenheit sind.

Die offenen Grenzen zu Polen machen es möglich, daß Berlin seine Arbeitskräfte direkt auf dem polnischen Arbeitsmarkt rekrutiert. Das hat Tradition. Sowohl im alten Reich als auch in der Deutschen Demokratischen Republik gab es eine flexible polnische Arbeiterreserve. Auf diese wird auch heute wieder zurückgegriffen. Diese Arbeitsreserve paßt sich mühelos den unterschiedlichen Arbeitsmarktfragmenten und -nischen an. Sie ist stark in ihrer Heimat verwurzelt und betrachtet den Aufenthalt in Berlin als vorübergehend.

Diese neuen Arbeitseinwanderer trennen sich strikt von den alten polnischen Zuwanderergruppen. Das einzig verbindende Glied für einen Teil dieser neuen Einwanderer ist die katholische Kirche. So arbeiten viele Polen in den neuen Dienstleistungsbereichen, in Sweat-Shops, in Boutiquen, liefern zu, kommen als Gewerbemigranten oder bieten private Dienstleistungen in privaten Haushalten an. In der Unterhaltungsindustrie haben Polen die Migranten aus der Dritten Welt verdrängt. Wichtig sind auch Gewerbemigranten. Dazu gehören Verkäufer geschmuggelter Zigaretten und Reste von Gewerben, die in der Übergangszeit auf einem „Polenmarkt" Handel trieben, ebenso wie international agierende kriminelle Banden, die Autos schmuggeln und Einbrüche inszenieren, sowie Investoren in Immobilien und Gewerbebetrieben. Aufgrund der Vielfältigkeit der polnischen Immigration haben sich in den letzten Jahren große polnische Communities herausgebildet, die aus einer Vielzahl sozialer Schichten bestehen und sich in ihrer Organisationsstruktur zwischenzeitlich komplettiert haben.

Auf dem Wohnungsmarkt füllen sie unterschiedliche Nischen aus, die wissenschaftlich noch nicht erforscht worden sind. Sie wohnen in Privatwohnungen, Pensionen und Arbeitgeberunterkünften, belegen aber aufgrund ihrer häufig kurzfristigen Zureise auch slumähnliche Behausungen in Gewerbegebieten, Garagen etc.

Illegale und Pariagruppen spielen eine wichtige Rolle unter den neuen Einwanderern. Auch sie füllen ökonomische Nischen und ergänzen Arbeitsmarktfragmente. Zigeunergruppen wandern in die neuen Gewerbegebiete und suchen Arbeit als Fensterputzer und Gelegenheitshandwerker. Illegale Zuwanderer bieten ihre Dienste in jedem möglichen Arbeitsbereich an. Sie betätigen sich als Kellner, Handlanger auf dem Bau, Gärtner, private Dienstleister etc. Über ihre Wohnungssituation wissen wir wenig. Sie ergänzen teilweise alte Flüchtlings- und Arbeitsmigrantenmilieus, in denen sie Unterkunft finden. Sie entwickeln jedoch auch neue Slumgebiete.

5. Ausblick

Sicherlich werden alle Migrantengruppen, seien es nun Nachwanderer aus den alten Zuwanderergruppen, Werkvertrags- und neue Gastarbeiter, Illegale und Pariagruppen etc., zu Einwanderern werden. Wie sich diese in das gesellschaftliche Gefüge Berlins einpassen, ist bislang noch nicht deutlich. Es ist jedoch anzunehmen, daß es nicht in Form der alten polyethnischen Strukturen mehrerer Großgruppen sein wird, die sich selbst als Communities komplettieren.

Vielmehr wird der Communitybildungsprozeß unübersichtlich sein. Eine mit polyethnischen Strukturen im nationalen Kontext umgehende Multikulturalismuspolitik[2] kann also nicht nur Gruppenförderungspolitik sein, sondern muß der Anarchie der vielen Gruppen Rechnung tragen. Vielfalt bedeutet auch Privatisierung.

Die Fragmentierung des Arbeitsmarktes erfordert differenzierte Instrumente des Umgangs mit den neuen Arbeitnehmern und Kleingewerbetreibenden. Gewerkschaften, Arbeitgeberverbände, Kammern und andere Einrichtungen, die bislang den Puffer zwischen Staat und Arbeitsmarkt darstellen, werden nicht mehr ausreichend sein. Ob die besonders in Deutschland vorhandenen korporativen Strukturen der Wohlfahrtsverbände den Wohlfahrtsstaat gegenüber den neuen und den alten marginalisierten Einwanderern aufrechterhalten können, ist die Frage.

Literatur:

Barth, F. (1969): Introduction. In: Barth, F. (Hg.): Ethnic Groups and Boundaries. The Social Organization of Culture Difference. S. 9–38. London u. Oslo.

Blaschke, J. (1994): Berlin und die neuen Migrationsbewegungen: Soziale Ausgrenzung und ökonomischer Wandel. Utrecht. Manuskript.

Breton, R. (1991): The governance of ethnic communities: political structures and processes in Canada. New York, West Port u. London.

---

[2] Wir differenzieren hier deutlich zwischen dem Prozeß der Ethnisierung und den damit entstehenden oder sich wieder formierenden polyethnischen Gesellschaftstrukturen. Diese schaffen Probleme, die mit den assimilativen Vorgaben der Nationalismus- und Nationalstaatstradition nicht ohne weiteres lösbar sind. Es geht in der Multikulturalismus-Diskussion also nicht, wie in der deutschen sozialwissenschaftlichen Literatur regelmäßig mißinterpretiert wird, um die Zulassung von Ethnisierung, sondern vielmehr um den Umgang mit deren Folgen. Die Kernfrage der Multikulturalismusdebatte heißt: Ist es, und wenn ja, wie, im Rahmen von Nationalstaaten möglich, mit polyethnischen Gesellschaftsstrukturen demokratisch, zivil und gewaltfrei umzugehen?

DIE ZUKÜNFTIGE BEVÖLKERUNGSENTWICKLUNG IN DEUTSCHLAND.
Berechnungen mit dem DEPOP-Bevölkerungsprognosemodell unter besonderer Berücksichtigung der Binnenwanderung zwischen neuen und alten Bundesländern.

Reiner H. Dinkel und Uwe Lebok, Bamberg

1. Einführung

In vielen Bereichen von Politik und Planung werden nationale oder regionale Bevölkerungsprognosen benötigt. Neben den Statistischen Ämtern werden solche Berechnungen von Forschungseinrichtungen durchgeführt, die sich im Ergebnis (insbesondere für die neuen Bundesländer) teilweise ganz erheblich unterscheiden (Buslei 1995, S.46). Entscheidend für die Prognosequalität sind vor allem die mehr oder weniger plausiblen Annahmen über die Entwicklung der demographischen Parameter Mortalität, Fertilität und Migration (Außen- und Binnenwanderung). Leider sind die Annahmen der verschiedenen Prognosen nur zum Teil dokumentiert und deshalb selbst für Fachleute nur bedingt nachvollziehbar.

Wichtigste Ursache für das Zustandekommen unterschiedlicher Endbevölkerungsbestände sind dabei die deutlichen Abweichungen in den Annahmen über zukünftige Zu- und Abwanderung bzw. die zukünftigen Binnenwanderungsbewegungen zwischen den neuen und alten Bundesländern (Bucher 1993, S.259). Der folgende Beitrag konzentriert sich deshalb darauf, die Auswirkung von unterschiedlichen Binnen- und Außenwanderungsannahmen auf die zukünftige Bevölkerungsentwicklung in Deutschland aufzuzeigen. Grundlage der Berechnung ist ein flexibles, von den Autoren erstelltes Prognosemodell (DEPOP). Anders als bei typischen Prognosen soll dabei nicht ein ganz bestimmter zukünftiger Bevölkerungsbestand ermittelt werden. Es soll vielmehr nach der Art von „Wenn-Dann-Aussagen" das Spektrum möglicher Entwicklungen veranschaulicht werden.

2. Szenarien der demographischen Entwicklung in Deutschland bis 2030

A. Die „Nullvariante"

Würden die zu Beginn des Prognosezeitraumes am 1.1.1992 gemessenen Fertilitätsraten und Sterbewahrscheinlichkeiten in den alten und neuen Ländern für jedes Geschlecht und auf allen Altersstufen dauerhaft konstant bleiben, würden gleichzeitig bis zum Jahr 2030 weder Zu- noch Abwanderungen stattfinden, so erbrächten diese selbstverständlich nicht realistischen Annahmen einen Bestand der im Jahr 2030 in Deutschland lebenden Bevölkerung, der nur noch rund 77 Prozent

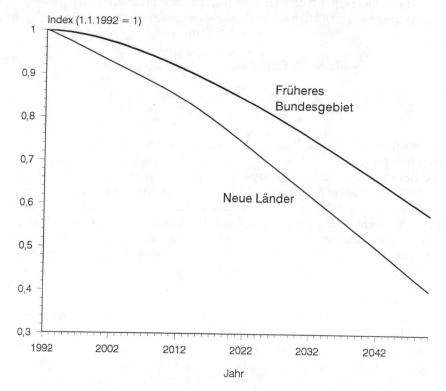

Abbildung 1: Bevölkerungsentwicklung ab 1992 nach der Nullvariante

der Bevölkerung des Startjahres 1992 entspricht. Dieses Szenario solch einer „Nullvariante" (konstante Mortalität und Fertilität, Null-Wanderung) resultiert dabei ausschließlich aus den niedrigen Fertilitätsraten im Jahr 1992, die bereits in den alten Ländern deutlich unterhalb des Bestandserhaltungsniveaus liegen, in den neuen Ländern mit nur 0,7 Lebendgeburten pro Frau im gebärfähigen Alter einen historisch einmaligen Tiefstwert zustrebten (der dann 1994 tatsächlich erreicht wurde).

In Abb. 1 wird erkennbar, daß bei Konstanz der Parameter des Jahres 1992 die neuen Länder noch weitaus schneller im Bestand schrumpfen würden als die alten Länder. In den Jahren nach 2030 würde sich diese Bevölkerungsabnahme sogar noch verschärfen, und schwerwiegende Anpassungsprobleme würden zwangsläufig ausgelöst werden.

Zukünftige Veränderungen in der Fertilität (vor allem in den neuen Ländern), ein weiterer Sterblichkeitsrückgang und insbesondere die (Netto)Zuwanderung werden sicherlich eine ganz andere Bevölkerungsentwicklung erbringen. Im weiteren wird für die zukünftigen Änderungen von Fertilität und Mortalität nur jeweils ein einziges Szenarium betrachtet (die sog. „Normalvariante"), während für Binnen- und Außenwanderung drei Alternativszenarien betrachtet werden, die ein Spektrum von möglichst realistischen Entwicklungen abdecken.

B. Entwicklung der Mortalität bis zum Jahr 2030

1992 besaßen Frauen des früheren Bundesgebietes eine Lebenserwartung von knapp 80 Jahren, Männer dagegen nur von 73 Jahren. Eine deutlich niedrigere Lebenserwartung bei Geburt hatten Männer und Frauen der neuen Bundesländer (77 Jahre bei Frauen, 70 Jahre bei Männern). Auch wenn die Lebenserwartung ein relativ leicht interpretierbares Maß zur Einschätzung von Sterblichkeitsverhältnissen ist, muß an dieser Stelle betont werden, daß sich dieser Wert im Grunde genommen als Restgröße aus der Berechnung von altersspezifischen Sterbewahrscheinlichkeiten ergibt.

Der für unsere Berechnungen verwendeten Mortalitätsvariante liegen Angaben über die Sterblichkeit für jeden Geburtsjahrgang bis zum Jahr 1993 zugrunde, die bis zum Ende des Beobachtungszeitraumes im Jahr 2030 fortgeschrieben wurden. Dabei wird von einem moderaten Anstieg der Lebenserwartung bei Männern und Frauen der alten Bundesländer auf knapp 77 bzw. 83 Lebensjahre ausgegangen, was vor allem auf die angenommene geringe Mortalität in den oberen Altersgruppen zurückgeht. Außerdem wurde die Annahme getroffen, daß ab dem Jahr 2025 keine Mortalitätsunterschiede mehr zwischen den alten und neuen Bundesländer bestehen werden. Diese Annahmen dürften insgesamt eher einer leichten Unterschätzung der Anpassungsgeschwindigkeit entsprechen, da sich die ostdeutschen Mortalitätsraten seit 1991 den Werten im Westen annähern.

C. Fertilitätsentwicklung in den neuen und alten Bundesländern

Auch die Annahmen über die Entwicklung der altersspezifischen Fertilitätsraten wurde aus einer Kohortenbetrachtung gewonnen. Für die alten Länder wird in der verwendeten DEPOP-Fertilitätsvariante 1 von einem leichten Anstieg der Gesamtfertilität auf eine Total Fertility Rate (TFR) von 1,54 bis 2015 ausgegangen (vgl. Abb. 2). Diese Variante entspricht in etwa dem Mittel anderer Varianten und liegt aber deutlich unter der Eurostat-Fertilitätsvariante des Statistischen Büros der Europäischen Union, die von einer Übernahme des skandinavischen Fertilitätsverhaltens und einem Anstieg auf eine TFR von 1,7 ausgeht (vgl. EUROSTAT 1992). Ein leichter Anstieg dürfte aber dennoch gerechtfertigt sein, da die niedrigen Fertilitätsraten nach wie vor zu einem großen Teil auf Altersstruktureffekte der Geburtsjahrgänge (Rückverschiebung der Geburten in höhere Altersstufen) zurückzuführen sind.

Für die Fertilitätsentwicklung der neuen Bundesländer ab 1992 wurde der sich bis 1994 fortsetzende Rückgang auf eine TFR < 0,7 berücksichtigt. Da die

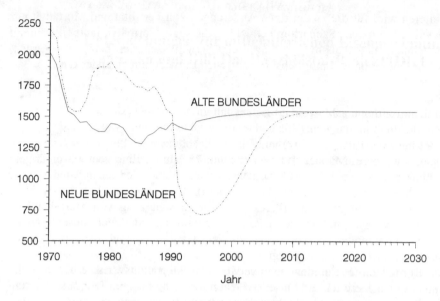

Abbildung 2: Fertilitätsentwicklung in den neuen und alten Bundesländern 1992 bis 2030 (Fertilitätsvariante 1)

monatlichen Geburtenzahlen im Jahr 1995 wieder über den Vergleichswerten des Vorjahres liegen, ist davon auszugehen, daß das Geburtentief der neuen Länder im Jahr 1994 erreicht wurde und in der Zukunft ein allmählicher Fertilitätsanstieg zu erwarten ist. Aus demographischer Sicht ist es darüber hinaus nicht plausibel, auch über das Jahr 2015 hinaus deutliche Unterschiede in der Geburtenentwicklung zwischen Ost und West anzunehmen, da spätestens dann alle Geburtsjahrgänge von Frauen, die unmittelbar von der Umbruchphase im Rahmen der deutschen Einheit betroffen waren, dem gebärfähigen Alter entwachsen sind.

D. Annahmen zu zukünftigen Außenwanderungszahlen

Für die Prognose der Außenwanderung nach Deutschland und ihre Verteilung auf alte und neue Länder werden eine ganze Reihe von Daten benötigt. Neben den absoluten Zahlen der jährlich zu erwartenden grenzüberschreitenden Zu- und Fortzüge müssen Angaben über die Alters- und Geschlechtsstrukturen der Zu- und Abwanderer, über deren Fertilität und Mortalität sowie über deren zahlenmäßige Verteilung auf Ost und West berücksichtigt werden. In der Demographie sind für langfristige Bevölkerungsvorausberechnungen die Annahmen zur Alters- und Geschlechterverteilung besonders wichtig. Wandern beispielsweise mehr Frauen und mehr jüngere Menschen zu, so verursacht dies einen völlig anderen bevölkerungsdynamischen Effekt, als wenn überwiegend Männer, vielleicht noch mit einem Durchschnittsalter von mehr als 40 Jahren, zuwandern würden (vgl. Dinkel/Lebok 1993).

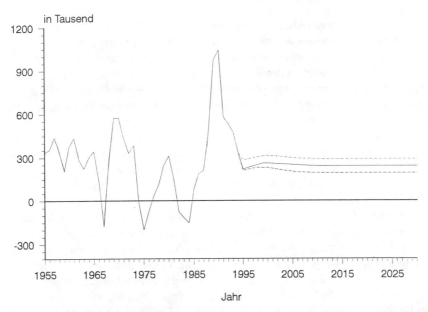

Abbildung 3: Entwicklung des Außenwanderungssaldos der Bundesrepublik – jeweiliger Gebietsstand

Die Bundesrepublik ist seit ihrer Gründung faktisch ein Zuwanderungsland. Jährlich ist im Durchschnitt netto eine Bevölkerung etwa der Größe Karlsruhes (rund 290.000 Personen) zugewandert, und es ist nicht davon auszugehen, daß nicht auch in Zukunft mehr Zu- als Fortzüge stattfinden sollten. Für die nächsten zehn bis zwanzig Jahre ist von einer jährlichen Zuwanderung von rund 220.000 deutschstämmigen Personen aus der GUS auszugehen, in der nach neuesten Schätzungen heute noch zwischen 2,5 und 4 Mio. Menschen dieser Bevölkerungsgruppe leben sollen (in manchen Schätzungen wird das Potential bis zu 10 Mio. beschrieben). Zudem ist mit einer Zuwanderung von durchschnittlich 30-50.000 vertraglich geregelten Kontingentflüchtlingen zu rechnen. Darüberhinaus ist aufgrund der für Männer immer ungünstiger werdenden Heiratschancen auf dem Partnerschaftsmarkt anzunehmen, daß es anhaltende familienbedingte Zuwanderung vor allem von Frauen geben wird. Allein diese Zahlenangaben führen zu einer fortgesetzten Nettozuwanderung von mindestens 300.000 Personen pro Jahr bis zum Jahr 2010.

Dennoch wollen wir an dieser Stelle mit relativ vorsichtigen Annahmen zur zukünftigen Außenwanderung bis zum Jahr 2030 rechnen. In einer unteren Variante wurde ein jährlicher Nettowanderungssaldo von durchschnittlich 200.000 Menschen angenommen, in einer mittleren Variante ein jährlicher Saldo von durchschnittlich 250.000 Personen und in einer oberen Außenwanderungsvariante schließlich der beschriebene „Minimalsaldo" von 300.000 Personen (Abb. 3), der im Grunde genommen deutlich höher ausfallen könnte, sollte beispielsweise jenseits der Jahrtausendwende wieder ein stärkerer Zuzug von Arbeitsmigranten stattfinden.

Die angenommene Altersstruktur der Zu- und Abwanderer entspricht den beobachteten Werten des Jahres 1992 und wurde in den Bevölkerungsvorausberechnungen konstant gehalten. Grundsätzlich ist die Annahme einer allmählichen Verjüngung besonders der Zuwanderer plausibel. Die hieraus zusätzlich zu erwartenden positiven demographischen Effekte wurden in der oberen Variante berücksichtigt, da hier ein um etwa zwei Jahre niedrigeres Durchschnittsalter bei zuwandernden Männern und Frauen unterstellt wurde. Zwischen 2000 und 2010 wurde von einer deutlich stärkeren Männerzuwanderung ausgegangen wegen des erwarteten hohen Anteils der Arbeitsmigranten. Danach wurde wieder mit ausgeglichenem Geschlechterverhältnis bei Zu- und Abwanderern gerechnet. In abgeschwächter Form finden die beschriebenen Trendannahmen auch in der unteren und mittleren Variante statt.

Besonders für die kleinere Teilpopulation, die neuen Länder, sind Aussagen darüber wichtig, wie sich die Außenwanderung auf die alten und neuen Länder verteilt. In Übereinstimmung mit allen ökonomischen Prognosen wird mit einem schnellen Wirtschaftswachstum in den neuen Ländern gerechnet. In allen drei Varianten wird deshalb ein Anstieg des Anteils der neuen Länder bei den Zuzügen von 8% (1992) auf 18% bis zum Jahr 2015 angenommen, was dann ungefähr dem Bevölkerungsanteil der neuen Länder an der Gesamtbevölkerung entspricht. Bei den Fortzügen ins Ausland, bei denen der Anteil der neuen Länder im Moment besonders niedrig ist (4% im Jahr 1992), wird ebenfalls ein Anstieg auf 18 % bis zum Jahr 2015 angenommen.

3. Die Bevölkerungsentwicklung in den neuen Ländern in Abhängigkeit von der Ost-West-Binnenwanderung

A. Auswirkungen der Ost-West-Binnenwanderung in der Vergangenheit

Seit dem Zweiten Weltkrieg waren Wanderungen zwischen der einstigen DDR und dem früheren Bundesgebiet ein bedeutender Faktor für die Entwicklung der Bevölkerungszahlen in den jeweiligen Gebieten. Bis zum Bau der Berliner Mauer im Jahre 1961 profitierte ausschließlich das frühere Bundesgebiet von den Ost-West-Wanderungen, da nicht nur ein zahlenmäßig großer Bevölkerungstransfer stattfand (vgl. Abb. 4), sondern darüber hinaus hauptsächlich junge Kernfamilien mit relativ ausgeglichenem Geschlechterverhältnis in den Westen übersiedelten. Danach konnte sich aber die ehemalige DDR bis in die Mitte der 1980er Jahre trotz des negativen Wanderungssaldos mit dem früheren Bundesgebiet auf eher positive bevölkerungsdynamische Folgen dieser Wanderungsbewegungen einstellen, da der Großteil der Abwanderer ein sehr hohes Durchschnittsalter besaß.

Vor allem die Massenübersiedlung bis 1961 hinterließ in der DDR gravierende Altersstruktureffekte, da in der Folgezeit zahlreiche Geburtsjahrgänge deut-

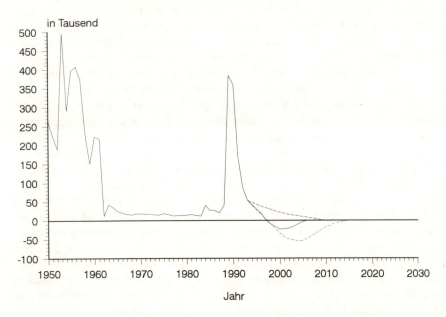

Abbildung 4: Entwicklung des Ost-West-Binnenwanderungssaldos im westlichen Bundesgebiet

lich reduziert wurden. Wegen der aktiven Familienpolitik in der DDR und des daraus resultierenden Fertilitätsanstiegs konnten aber die Konsequenzen der Übersiedlung bis 1989 abgemildert werden. Dennoch konnte der Bevölkerungsstand der unmittelbaren Nachkriegszeit in der Folgezeit nicht mehr erreicht werden (vgl. Dinkel/Meinl 1991).

Mit der Nachkriegszeit vergleichbar ist für die Bevölkerungsentwicklung der neuen Bundesländer die Situation während bzw. unmittelbar nach der politischen Wende. In dieser Phase stiegen nicht nur die Übersiedlerzahlen schlagartig an, sondern fast gleichzeitig brachen Fertilitätsraten, Heirats- und Scheidungsraten sowie die Außenwanderungszahlen ein. Ein Andauern dieser sozialen, ökonomischen und damit auch demographischen Umbruchphase würde zu einer völligen Entleerung der neuen Länder führen. In dünn besiedelten Regionen der neuen Länder (Mecklenburg-Vorpommern, NO-Brandenburg) sind bereits heute die Folgen der jüngsten Entwicklungen spürbar, so etwa bei der Reduktion von Kindergartenplätzen und Schulklassen.

B. Szenarien zukünftiger Ost-West-Binnenwanderungsbewegungen

Bei jährlichen Wachstumsraten von zur Zeit 7 bis 8 Prozent steigt in den neuen Ländern auch die Beschäftigtenzahl seit 1993 (6,19 Mio. im Juni) auf inzwischen wieder 6,44 Mio. im Juni 1995. Auch die Arbeitslosenzahlen sanken im gleichen Zeitraum von 1,16 Mio. auf 1,03 Millionen. Unter anderem die positiven Entwicklungen auf dem Arbeitsmarkt kehren auch die demographischen Parameter zusehends in Richtung „Normalität" um. So steigen derzeit nicht nur die Heirats- und Geburtenzahlen langsam wieder an, sondern – was für die Bevölkerungsentwicklung der neuen Länder noch viel wichtiger ist – auch die Abwanderungsverluste gegenüber dem früheren Bundesgebiet gehen deutlich zurück.

Sicherlich besteht ein nicht unbedeutender Anteil der in die neuen Länder wandernden Personen aus dem früheren Bundesgebiet aus sog. „Remigranten". Dennoch kündigen bereits einige Trendumbrüche an, daß die Annahme einer dauerhaften Nettoabwanderung aus den neuen Ländern wenig wahrscheinlich ist.

Wie bei den Außenwanderungen unterscheiden wir für die Binnenwanderung drei Berechnungsvarianten, von denen die mittlere Variante als die plausibelste angesehen wird. In dieser Variante wird bereits ab dem Jahr 1997 der 1994 noch bei rund 27.000 Personen liegende Abwanderungssaldo zu Null und sich für die Jahre des wirtschaftlichen Aufschwungs sogar in einen Zuwanderungssaldo zumindest für einige Jahre wandeln (durchgezogene Linie in Abb. 4). In einer oberen Variante wird mit einem größeren und längere Zeit anhaltenden Nettozuwanderungsgewinn der neuen Länder gerechnet. Auch in der unteren Variante wird aber zumindest ab 2010 mit einem ausgeglichenen Saldo gerechnet, der auf lange Sicht für alle Varianten angenommen wird (vgl. Abb. 4).

4. Binnenwanderungseffekte der Bevölkerungsentwicklung in den neuen Ländern

Wie wichtig für die neuen Länder vor allem die Annahmen über die Binnenwanderungen (und die Annahmen über den steigenden Anteil an den grenzüberschreitenden Zuwanderungen) sind, soll abschließend gezeigt werden. In Abbildung 5 ist für die drei Binnenwanderungsszenarien und die mittlere Variante für die Außenwanderungen die Entwicklung der Bevölkerungszahl der neuen Länder relativ zum Jahr 1992 dargestellt. Während die Nullvariante (ohne Außen- und Binnenwanderung) noch eine zunehmende Schrumpfung vorhersagt, würden durchaus realistische Wanderungsannahmen einen Bevölkerungsrückgang ganz erheblich abmildern und im Grenzfall völlig verhindern. Da die Bevölkerung in den neuen Ländern mit rund 20 Prozent an der Gesamtbevölkerung relativ klein ist, wirken sich hier Änderungen bei Außen- und Binnenwanderung sehr viel stärker aus als bei den alten Ländern.

5. Zusammenfassung

Selbstverständlich wissen wir nicht, ob unsere Annahmen in der Zukunft auch wirklich zutreffen. Wichtiger ist deshalb eine ganz andere Erkenntnis: Mit der Zuwanderung steht praktisch das einzig wirklich realistische Instrument zur

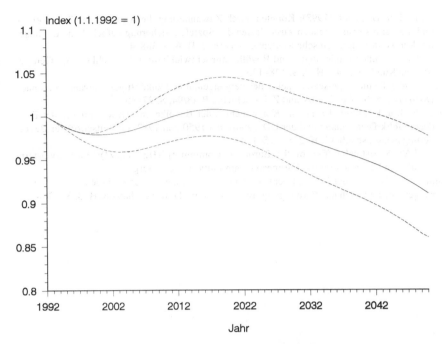

Quelle: Eigene Berechnungen mit DEPOP 2.0

Abbildung 5: Bevölkerungsentwicklung in den neuen Bundesländern bei alternativen Binnenwanderungsannahmen

Verfügung, zukünftige Verwerfungen der Altersstruktur abzumildern oder ganz zu verhindern.

Bereits in der Vergangenheit hat eine andauernde Nettozuwanderung eine ansonsten stattfindende noch stärkere demographische Alterung abgemildert. Wir müssen deshalb politisch von einer mehr passiven und duldenden Position wegkommen und Zuwanderung als positive Chance auch im Sinne unserer eigenen Interessen verstehen. Auch oder gerade wenn dieser Tatbestand erkannt wird, ist eine politische Lenkung der Zuwanderungsströme im Sinne unserer eigenen Zielsetzungen sinnvoll und möglich.

Literatur:

Bucher, H. (1993): Die Außenwanderungsbeziehungen der Bundesrepublik Deutschland. In: Raumforschung und Raumordnung 51, H. 5, S. 254–264.

Buslei, H. (1995): Vergleich langfristiger Bevölkerungsvorausberechnungen in Deutschland. In: ZEW-Dokumentation 95/01. Mannheim.

Dinkel, R.H. (1994): Beeinflußt Arbeitslosigkeit die Fertilität? Eine empirische Untersuchung. In: Sozialer Fortschritt, H. 2, S. 67–68.

Dinkel, R.H. u. U. Lebok (1993): Könnten durch Zuwanderung die Alterung der Bevölkerung und die daraus resultierenden Zusatzlasten der Sozialen Sicherung aufgehalten oder abgemildert werden? In: Deutsche Rentenversicherung, H. 6, S. 388–400.

Dies. (1994a): Außenwanderungen und Bevölkerungsentwicklung in Deutschland. In: Geographische Rundschau 46, H. 3, S. 128–135.

Dies. (1994b): Demographische Aspekte der vergangenen und zukünftigen Zuwanderung nach Deutschland. In: Aus Politik und Zeitgeschichte B 48/94, S. 27–36.

Dinkel, R.H. u. E. Meinl (1991): Die Komponenten der Bevölkerungsentwicklung in der Bundesrepublik Deutschland und der DDR zwischen 1950 und 1987. In: Zeitschrift für Bevölkerungswissenschaft 17, H. 2, S. 115–134.

EUROSTAT Statistical Office of the European Community (Hg.) (1992): Two Long-term Population Scenarios for the European Community. Luxembourg.

Wendt, H. (1994): Von der Massenflucht zur Binnenwanderung. Die deutsch-deutschen Wanderungen vor und nach der Vereinigung. In: Geographische Rundschau 46, H. 3, S. 136–140.

FACHSITZUNG 2:
TRANSFORMATIONSPROZESSE IM BEREICH DES WOHNENS UND DER STADTENTWICKLUNG
Sitzungsleitung: Klaus Kost und Marlies Schulz

EINLEITUNG

Klaus Kost, Essen und Marlies Schulz, Berlin

Seit 1989 laufen in den neuen Bundesländern Transformationsprozesse ab, die auch im Wohnbereich zu grundlegenden Veränderungen geführt haben. Durch diese Veränderungen werden sozialökonomische Konflikte sichtbar, deren Lösung noch nicht absehbar ist. Die Vorträge dieser Fachsitzung sollen sowohl die politischen und sozialökonomischen Rahmenbedingungen analysieren als auch an unterschiedlichen Fallstudien Tendenzen und Probleme aufzeigen. Dabei wurden drei Fragestellungen ausgewählt, die grundlegende Veränderungen im Bereich des Wohnens in den neuen Bundesländern betreffen.

Die Großwohnsiedlungen bilden eine wesentliche Wohnform in den neuen Bundesländern. Deren strukturelle Veränderungen und deren Anpassungsnotwendigkeiten an die aktuellen Wohnbedürfnisse ihrer Bewohner werden in einer empirischen Untersuchung am Beispiel einer Großwohnsiedlung in Rostock vorgestellt (Beitrag U. Hohn). Aktuelle Probleme und Lösungsansätze werden aufgezeigt.

Die Privatisierung der Altwohnungen, gesetzliche Grundlagen sowie Umsetzungsschwierigkeiten und -möglichkeiten bei der Privatisierung werden sowohl am Beispiel einer kommunalen Wohnungsbaugesellschaft in Halle-Neustadt mit einem hohen Bestand an Wohnungen in Plattenbauweise (Beitrag W. Killisch und E. Holtmann) als auch insgesamt für die neuen Bundesländer (Beitrag C. G. Rischke) dargestellt.

Den dritten Themenkomplex bilden die Veränderungen des räumlichen Verhaltens der Bevölkerung innerhalb der Städte und innerhalb von Stadtregionen. Den Wandel in den Beziehungen zwischen der Stadt und ihrem Umland seit der Wiederherstellung der Einheit Deutschlands belegt der Beitrag von P. Foißner zur Stadt Stralsund.

Einen wesentlichen Ausgangspunkt für die Auswahl der Beiträge bildet der Ansatz, einerseits durch die Ergebnisse empirischer Untersuchungen die Meinungen der betroffenen Mieter und andererseits Wohnungswirtschaft, Bausparkassen, Banken u. ä. zu Wort kommen zu lassen. In diese Zielstellung ordnet sich u. a. der Beitrag von W. Dybowski zur Wohnungspolitik in den neuen Bundesländern aus Sicht der Wohnungswirtschaft ein.

Das große Interesse und die lebhafte Diskussion zeigten den hohen Grad der Aktualität und belegten die soziale Brisanz der Thematik. Deutliche Defizite in der Forschung wurden sowohl an empirischen Studien als auch in der theoretischen

Aufarbeitung sichtbar, die eine Zusammenarbeit zwischen Wissenschaft und Wohnungswirtschaft erfordern.

Die Vorträge und die Diskussion zeigten weiterhin, daß durch das zeitliche Nebeneinander von kurzfristig zu lösenden Aufgaben und nur langfristig zu erreichenden Veränderungen im Bereich des Wohnens ein umfangreiches Konfliktpotential existiert. Diese Tatsache erfordert ein langfristiges politisches Konzept, dessen Umsetzung durch entsprechende rechtliche und finanzielle Maßnahmen gesichert sein muß.

PRIVATISIERUNG VON ALTWOHNUNGEN IN DEN NEUEN BUNDESLÄNDERN

Carl Gottfried Rischke, Potsdam

1. Wohnungspolitik und Wohnraumversorgung in der ehemaligen DDR

Die Wohnungspolitik in der ehemaligen DDR wurde vorrangig unter sozialpolitischen Gesichtspunkten gestaltet. Die ideologisch motivierte Zielstellung, die kapitalistische Ware Wohnung durch das sozialistische Konsumgut Wohnung zu ersetzen, führte zur bewußten Vernachlässigung ökonomischer Grundsätze. Das willkürliche Einfrieren der Mietpreise auf dem Stand von 1936 ermöglichte einerseits eine als kostenlos empfundene Nutzung von Mietwohnungen, andererseits entstand ein gewaltiger Zuschußbedarf aus dem Staatshaushalt. Als erwünschter Nebeneffekt erübrigte sich die gesetzliche Enteignung von privatem Wohnungseigentum durch die faktische ökonomische Enteignung. Der gesamte Wohnungsbestand wurde unabhängig von der Eigentumsstruktur staatlichen Belegungsrechten unterworfen. Obwohl die Wohnungspolitik das Ziel der Nivellierung sozialer Unterschiede verfolgte, entstanden dennoch bemerkenswerte Differenzierungen. Diese resultierten z.T. aus politischen Privilegien, aber auch aus sozialpolitischen Entwicklungen, die über die Wohnungspolitik nicht steuerbar waren.

Wie alle anderen Bereiche der Volkswirtschaft waren auch das Bauwesen und die Wohnungswirtschaft in das System der hierarchisch gegliederten staatlichen Planung und Lenkung integriert. Bedingt durch politische Prämissen und die demographische Entwicklung wurde der Wohnungsbau von quantitativen Aspekten dominiert. Die unzureichende Baukapazität (ihr Anteil an der gesamten Volkswirtschaft betrug nur 10 %) und der Mangel an Bauhandwerksbetrieben führten zur industriellen Plattenbauweise und zur Vernachlässigung der Bestandserhaltung. Es erschien effizienter, neue Wohnungen zu errichten als vorhandene zu modernisieren. Die erzielten Zuwächse reichten jedoch nicht aus, die Zahl der Wohnungssuchenden zu reduzieren, zumal Leerstände wegen Unbewohnbarkeit zunahmen. Man sah sich deshalb gezwungen, den privaten Bau von Eigenheimen durch Eigenleistungen der Bauherren in die staatliche Planung einzubringen. Das Scheitern der sozialistischen Wohnungspolitik konnten aber auch solche zaghaften Versuche des Umsteuerns nicht verdecken. Das verfassungsmäßig postulierte Recht auf Wohnen konnte letztendlich nicht eingelöst werden.

Formen des Wohneigentums

Die offizielle Kategorisierung unterschied zwischen sozialistischem Eigentum und individuellem Eigentum. Das sozialistische Eigentum gliederte sich entsprechend dem Grad der Vergesellschaftung in Volkseigentum, genossenschaftliches

Eigentum und Eigentum gesellschaftlicher Organisationen. Zum individuellen Eigentum zählten selbstgenutztes Wohneigentum und privates Eigentum, das der Vermietung diente.

Finanzierung des Wohnungsbaus

Der Umfang des Wohnungsneubaus orientierte sich nicht an der Verfügbarkeit finanzieller Mittel, sondern an der für den Wohnungsbau zur Verfügung stehenden Baukapazität. Entsprechend den staatlich vorgegebenen Kennziffern wurden die Bauvorhaben materiell und finanziell einheitlich geplant. Die Finanzierung erfolgte ohne nachvollziehbare Systematik z.T. direkt aus dem Staatshaushalt, zum anderen Teil durch Kredite der Staatsbank. Die Zins- und Tilgungsleistungen wurden wiederum mittelbar durch den Staatshaushalt getragen, da die Mieten objektiv nicht die Kapitalkosten decken konnten. Auch bei Genossenschaften und privaten Bauherren spielten Eigenmittel nur eine untergeordnete Rolle.

Wohnungsbestand

Um Aufschluß über die aktuelle Situation des Wohnungswesens in den neuen Bundesländern zu gewinnen, wird derzeit (Herbst 1995) eine Wohnraum- und Gebäudezählung durchgeführt.

Die folgenden Angaben basieren auf der Fortschreibung von Bestandsanalysen der Zentralverwaltung für Statistik der ehemaligen DDR und Ergänzungsberechnungen. Danach existierten 1989 rund 7 Mio. Wohnungen (davon 2,3 Mio. in Ein- und Zweifamilienhäusern und 4,7 Mio. in Mehrfamilienhäusern). Etwa 0,5 Mio. Wohneinheiten standen wegen Unbewohnbarkeit leer, weitere 1 Mio. Wohneinheiten waren nach westlichen Kriterien unbewohnbar. Die Einwohnerzahl betrug 16,7 Mio., die Anzahl der Haushalte belief sich auf 6,9 Mio. Die bestehende Versorgungslücke spiegelte sich in einer entsprechend hohen Zahl von Wohnungssuchenden, die mit 780.000 registriert war.

Eigentumsstruktur

41% der Wohnungen befanden sich in privatem Eigentum – davon jedoch nur 20% selbst genutzt –, weitere 41% in staatlichem Eigentum und 18% in genossenschaftlichem Eigentum. Dieses Bild findet seine Ursachen in historischen, siedlungsgeographischen und vor allem politischen Entwicklungen der Nachkriegszeit. Bei der Unterscheidung nach Ein- und Zweifamilienhäusern und Mehrfamilienhäusern wird deutlich, wie das Eigentum verteilt war.

Ein- und Zweifamilienhäuser:
　　　　83 % privates Eigentum
　　　　14 % staatliches Eigentum
　　　　 3 % genossenschaftliches Eigentum

Mehrfamilienhäuser:
　　　　55 % staatliches Eigentum
　　　　24 % genossenschaftliches Eigentum
　　　　21 % privates Eigentum

Zustand der Bausubstanz

Für den Erhaltungszustand der Wohngebäude ist deren Altersstruktur aufschlußreich:

Baujahr	Ein- und Zweifamilienhäuser	Mehrfamilienhäuser
bis 1918	47 %	32 %
1919 bis 1945	30 %	14 %
1946 bis 1960	10 %	8 %
1961 bis 1970	3 %	12 %
1971 bis 1980	4 %	18 %
1981 bis 1989	6 %	16 %

Bauzustandsstufe	Ein- und Zweifamilienhäuser	Mehrfamilienhäuser
I	30 %	9 %
II	50 %	40 %
III	17 %	40 %
IV	3 %	11 %

(zur Erläuterung: Stufe I – sehr gut erhalten, Stufe II – keine Schäden, nur Instandhaltung erforderlich, Stufe III – umfangreiche Schäden, komplette Instandsetzung erforderlich, Stufe IV – unbewohnbar)

Der Bauzustand zeigt deutliche Parallelen, aber auch Abweichungen von der jeweiligen Altersstruktur. Trotz des hohen Durchschnittsalters der Ein- und Zweifamilienhäuser, von denen drei Viertel vor 1946 entstanden sind, fällt auf, daß der Erhaltungszustand besser als bei Mehrfamilienhäusern ist. Diese Tatsache erklärt sich aus der überwiegend privaten Nutzung und kontinuierlichen Instandhaltung. Bei Mehrfamilienhäusern ist der Zusammenhang zwischen Alter und Zustand offensichtlich. Von den bis 1945 errichteten Gebäuden waren 11 % unbewohnbar, weitere 75 % wiesen umfangreiche Schäden auf. Die nach 1970 errichteten Gebäude waren durchweg den Zustandsstufen I und II zugeordnet. Aus heutiger Sicht kann diese Wertung allerdings nicht aufrechterhalten werden, da der inzwischen festgestellte Sanierungsbedarf – zum größeren Teil konstruktionsbedingt – sehr hoch ist.

Anteil der Wohnungen in Fertigteilbauweise

Nach 1958 wurden Wohngebäude hauptsächlich in Fertigteilbauweise errichtet, um größere Mengenfortschritte zu erreichen. Fast die Hälfte der 4,7 Mio. Wohnungen in Mehrfamilienhäusern, nämlich 2,2 Mio. Wohnungen, sind dieser Bauart zuzurechnen. Zwei Drittel davon (1,5 Mio. Wohnungen) sind Plattenbauten, die übrigen sind in Blockbauweise (669.000 Wohnungen) bzw. Streifenbauweise (43.000 Wohnungen) entstanden. Die Bauqualität ist sehr unterschiedlich. Der hohe Sanierungsbedarf resultiert vor allem aus den ineffizienten Heizungssystemen und der unzureichenden Wärmedämmung der Dächer, Außenwände und Fenster. Hinzu kommen erhebliche Bauschäden bei Fassaden und Balkonen. Den gesamten Sanierungsbedarf hat die LBS Ostdeutsche Landesbausparkasse AG 1990 auf dem damaligen Preisniveau mit DM 975 Mrd. geschätzt.

2. Die Neuordnung der Eigentumsverhältnisse in der Wohnungswirtschaft

Der gesellschaftliche Transformationsprozeß, der nach der Wende einsetzte, konnte nicht ohne Auswirkung auf die Wohnungswirtschaft bleiben. Einerseits mußten die bestehenden wohnungspolitischen Probleme einer Lösung zugeführt, andererseits mußten neue politische und rechtliche Anforderungen erfüllt werden.

Als Voraussetzung für den Aufbau eines demokratischen Gemeinwesens war es notwendig, den Städten und Gemeinden die kommunale Selbstverwaltung zu ermöglichen. Zur Wahrnehmung eigener Rechte und zur Erfüllung kommunaler Aufgaben sollten Kommunen auch durch Übertragung des vormals volkseigenen Wohnungsbestandes gerüstet werden. Kriterium für die Zuordnung von volkseigenen Wohnungen war die bis dahin geltende jeweilige Rechtsträgerschaft. Diesem Prinzip folgend wurden entsprechend ihrer vormaligen Rechtsträgerschaft Wohnungsbestände z.T. auch in das betriebliche Vermögen von Produktionsbetrieben eingegliedert, die von der Treuhand übernommen worden waren. Der genossenschaftliche und der private Sektor der Wohnungswirtschaft bedurften keiner Neuordnung des Eigentums.

Diese politisch gewollte, rechtlich notwendige und augenscheinlich einfache Neuordnung stieß allerdings in der praktischen Umsetzung auf eine Vielzahl von Problemen (Restitutionsfragen, Zuordnung des Grund und Bodens). Sie erklären sich vor allem aus der Tatsache, daß parallel zu den Regelungen bezüglich der Kommunalisierung des staatlichen Wohnungsbestandes eine Vielzahl von Gesetzen notwendig war, um die privaten Eigentumsfragen zu regeln. Dazu zählen das Vermögensgesetz, das Entschädigungsgesetz, das Schuldrechtsänderungsgesetz und das Investitionsvorranggesetz sowie mehrere Novellierungen, die zwischenzeitlich vorgenommen wurden. Gleichwohl bedeutete die Neuordnung des Eigentums nicht das Ende des Transformationsprozesses, sondern sie war Anfang und wesentliche Voraussetzung für die Einführung marktwirtschaftlicher Prinzipen in der Wohnungs- und Immobilienwirtschaft. Die erst begonnene Aufgabe besteht darin, unter den neuen Rahmenbedingungen eine effiziente Bewirtschaftung des Bestandes und eine qualitativ und quantitativ ausreichende Bereitstellung von Wohnraum zu gewährleisten.

Der *Einigungsvertrag* nahm das volkseigene Wohnungsvermögen von der grundsätzlichen Aufteilung von jeweils der Hälfte auf Bund und auf Länder aus. In einer Sonderklausel (Ziffer 4 Art. 22 des Einigungsvertrages) wurde bestimmt, daß das volkseigene Wohnungsvermögen einschließlich der anteiligen Schulden in das Eigentum der Kommunen übergeht. Diese wurden verpflichtet, den übernommenen Wohnungsbestand unter Berücksichtigung sozialer Belange schrittweise in eine marktwirtschaftliche Wohnungswirtschaft zu überführen. Dabei sollte die Privatisierung auch zur Förderung der Bildung individuellen Wohneigentums beschleunigt durchgeführt werden.

Diese Festlegungen erwiesen sich in der Realität als äußerst problemreich. Vielfach überstiegen die zugeordneten Altschulden den vorhandenen Substanzwert, weder die Kommunen noch die kommunalen Wohnungsunternehmen verfügten über Liquiditätsreserven. Eine kostendeckende Bewirtschaftung war aufgrund der gesetzlichen Mietpreisbegrenzungen nicht möglich. Hinzu kamen subjektive Unzulänglichkeiten, fehlende Erfahrungen und strukturelle Anpassungsschwierigkeiten in den Wohnungsunternehmen. Die Lösung des Altschuldenproblems wurde zunächst durch ein von der Bundesregierung und den Banken initiiertes Zahlungsmoratorium vertagt.

Im Rahmen des *Solidarpakts* wurde 1993 zwischen dem Bund und den neuen Ländern vereinbart, das Altschuldenproblem der Wohnungswirtschaft mit einem Gesetz abschließend zu regeln. Die vielfach erhobenen juristischen Einwände gegen die Anerkennung der Altschulden als rechtmäßige Kreditverpflichtungen schienen mit dieser politischen Kompromißlösung überwunden.

3. Das Altschuldenhilfegesetz – Rechtsgrundlage der Privatisierung

Im Zusammenhang mit der Herstellung der Wirtschafts- und Währungsunion und infolge des Einigungsvertrages wurde der volkseigene Wohnungsbestand den Kommunen übertragen. Die für den Wohnungsbau gewährten „DDR-Kredite" wurden nach Umbewertung in DM den neu gegründeten Wohnungsunternehmen zugeordnet. Zu diesem Zeitpunkt betrug der Hauptblock dieser sog. Altschulden 36 Mrd. DM.

Auf Grund einer Zinskapitalisierung im Rahmen eines generellen Zins- und Tilgungsmoratoriums ist dieser Betrag auf über 50 Mrd. DM angewachsen. Mit dem 1993 beschlossenen Altschuldenhilfegesetz erfolgte eine Teilentlastung der Wohnungsunternehmen, indem die Altschulden bei 150 DM/qm Wohnfläche gekappt wurden. Die über der Kappungsgrenze liegende Summe von 31 Mrd. DM wurde dem vereinigungsbedingten Erblastentilgungsfonds zugeführt, dessen Kapitaldienst der Bund übernimmt. Die Teilentlastung der Wohnungsunternehmen ist an die Bedingungen geknüpft, daß die Altschulden anerkannt werden und die Privatisierungsauflage verwirklicht wird. Diese beinhaltet die Verpflichtung, daß das Wohnungsunternehmen innerhalb von 10 Jahren, d.h. bis zum Jahr 2003 15% seines Wohnungsbestandes vorrangig an Mieter veräußert. Ein Teilbetrag des Verkaufserlöses muß nach einer zeitlich progressiv gestaffelten Abführungsquote an den Erblastentilgungsfonds überwiesen werden (s. Anhang).

A. Ziele und Formen der Privatisierung

Das vorrangige Ziel der Privatisierung besteht darin, den Wohnungsunternehmen durch die Erlöse aus dem Verkauf von Wohnungen Liquidität zuzuführen und die verbliebenen Altschulden zu tilgen. Das sind Grundvoraussetzungen dafür, den enormen Nachholbedarf an Sanierungs- und Modernisierungsinvestitionen schrittweise abzubauen. Nur auf diesem Weg kann der Substanzverlust aufgehalten und der Wohnwert der Gebäude verbessert werden.

Gleichzeitig soll der Verkauf von Wohnungen an die jetzigen Mieter dazu dienen, die Wohneigentumsquote in Ostdeutschland, die nur wenig mehr als die Hälfte der westdeutschen Quote beträgt, zu erhöhen. Neben der sozialen Funktion des Wohneigentums soll gleichermaßen die Vermögensbildung gefördert werden.

Das Altschuldenhilfegesetz sieht einen Vorrang für den Wohnungsverkauf an die jetzigen Mieter vor. Aus einer Reihe von objektiven und subjektiven Gründen kann es jedoch erforderlich sein, nicht direkt an den Mieter zu verkaufen. Maßgeblich dafür kann z.B. die bis 1996 um 10%, dann stufenweise steigende Abführungsquote sein, die zu zügigem Handeln veranlaßt. Auch die Befristung der Kappung der Altschulden durch die 15%ige Privatisierung des Bestandes bis zum Jahr 2003 bedeutet für größere Wohnungsunternehmen erheblichen Zeitdruck. Ferner muß berücksichtigt werden, daß viele Mieter aufgrund ihrer Einkommens- und Vermögensverhältnisse noch nicht in der Lage sind, einen Wohnungskauf zu finanzieren, sich die Option zum Kauf aber erhalten wollen. Häufig wird ein Verkauf an Zwischenerwerber auch deshalb erwogen, weil das Wohnungsunternehmen selbst nicht in der Lage ist, die für die Mieterprivatisierung notwendige Sanierung der Wohnungen durchzuführen.

Der Verkauf von Wohnungen an die Mieter kann aus sozialpolitischen Erwägungen im Regelfall nur nach abgeschlossener Sanierung der Wohngebäude erfolgen. Das gilt zumindest für die zum Gemeinschaftseigentum zählenden Teile des Gebäudes. Die Risiken des Käufers werden dadurch minimiert, und die Kalkulation der finanziellen Belastungen wird transparenter. Die durch das Wohnungsunternehmen zu erbringenden Vorleistungen sind aufgrund der Vielzahl individueller Käufer und der vorherigen Baumaßnahmen sowie des administrativen Aufwands sehr hoch.

Die Anerkennung des Wohnungsverkaufs nach dem Altschuldenhilfegesetz läßt weitere Verkaufsmodelle zu, um den vorgesehenen Gesamtumfang der Privatisierung nicht zu gefährden. Unter der Maßgabe, daß Wohnungsunternehmen nachweisen können, daß trotz

- des Angebots geeigneter Objekte
- intensiver Bemühungen und Beratungen der Mieter
- mieterfreundlicher Verkaufspreise

weniger als ein Drittel der Mieterhaushalte zum Kauf bereit war, wird ein Verkauf an Dritte im Rahmen der *mieternahen Privatisierung* anerkannt. Dabei werden folgende Formen unterschieden:

1. Eigentumsorientierte Genossenschaften

Der Verkauf an Mietergenossenschaften soll an die Voraussetzung gebunden sein, daß der spätere Übergang in individuelles Eigentum ermöglicht wird. Für diese Variante spricht, daß nicht sofort der volle Kaufpreis vom einzelnen Mieter gezahlt werden muß, sondern zunächst nur eine Einlage für die Genossenschaft erbracht werden muß. Umfang und Tempo der Sanierungsmaßnahmen können dann von der Mitgliederversammlung bestimmt werden.

2. Zwischenerwerbermodell

Der Zwischenerwerber übernimmt die Aufgabe, die Bildung von individuellem Wohneigentum zugunsten des Mieters vorzubereiten. Dem Mieter muß während eines angemessenen Zeitraums eine Kaufoption eingeräumt werden. Der Zwischenerwerber ist verpflichtet, das Gebäude zu sanieren und mindestens ein Drittel der übernommenen Wohnungen an Mieter zu verkaufen. Die Vorteile für das Wohnungsunternehmen liegen im sofortigen Verkauf ohne eigenen Sanierungsaufwand, für Mieter bietet sich die Möglichkeit, zunächst Eigenkapital anzusparen und zu einem späteren Zeitpunkt die Wohnung zu kaufen.

3. Mietergemeinschaften

Mietergemeinschaften müssen gesellschaftsvertraglich organisiert sein, z.B. als Gesellschaft bürgerlichen Rechts (GbR). Sie können gebildet werden, wenn mehr als die Hälfte der Mieter eines Hauses oder eines Wohnungsaufgangs in dieser Rechtsform ihre Wohnung erwerben wollen und mindestens die Hälfte der übrigen Mieter der Veräußerung zustimmt.

B. Preisbildung als Zielkonflikt

Die Preisbildung ist die Schnittstelle zwischen den sozialen und den wirtschaftlichen Aspekten der Wohnungsprivatisierung. Einerseits soll der Verkauf von Wohnungen an die jetzigen Mieter durch mieterfreundliche Preise gefördert werden. Andererseits sollen die Wohnungsunternehmen mit ihrem Erlösanteil in die Lage versetzt werden, Investitionen für den übrigen Bestand zu finanzieren.

Der Ermessensspielraum ist objektiv begrenzt. Aus Sicht des Wohnungsunternehmens dürfen Vermögenswerte nicht aufgegeben werden, es müssen Verkehrswerte zuzüglich der Kosten für die Sanierung erzielt werden. Jedoch kann sich erfolgreiches Verkaufsbemühen nur an Kaufkraft und Kaufbereitschaft des

Mieters orientieren. Während der Mieter auch im Fall des Nichtkaufs sein Wohnrecht nicht verliert, wird dem Wohnungsunternehmen die Teilentlastung von den Altschulden entzogen, wenn es weniger als 15 % des Bestandes verkauft.

4. Nachfragepotential

A. Einkommens- und Vermögensverhältnisse

Bereits 1993 verfügten 33 % aller Haushalte der neuen Bundesländer über ein monatliches Haushaltsnettoeinkommen von mehr als 3.000 DM. Darin enthalten sind auch Haushalte ohne Erwerbseinkommen. Da diese Haushalte für die Wohneigentumsbildung kaum in Betracht kommen, ihr Anteil an der Gesamtheit der Haushalte jedoch sehr hoch ist, verändert sich das Bild grundlegend, wenn nur die Haushalte von Erwerbstätigen betrachtet werden:

Pro Monat verfügten über ein Haushaltseinkommen von

über 3000 DM	über 4000 DM	über 5000 DM
62%	39%	23% der Selbständigen-Haushalte
59%	34%	9% der Beamten-Haushalte
60%	35%	17% der Angestellten-Haushalte und
46%	16%	4% der Arbeiter-Haushalte

Abgesehen von der zunehmenden Differenzierung der Einkommensstruktur und der positiven Einkommensentwicklung seit dem Zeitpunkt der Erfassung der o.g. Daten kann festgestellt werden, daß zwei Drittel der Erwerbstätigen-Haushalte über mehr als 2.500 DM verfügten. Die durchschnittliche Vermögensausstattung der Haushalte differiert nach verschiedenen Quellen zwischen 23.000 DM und 34.000 DM.

B. Erfahrungen und Probleme

Die Bereitschaft der Mieter, ihre Wohnung zu kaufen, ist von vielen Faktoren abhängig. Die wichtigsten sind
– der Kaufpreis und die eigene Einkommenssituation,
– die Höhe der langfristigen finanziellen Belastung,
– die soziale und familiäre Situation,
– die Lage und Qualität der Wohnung.

Entsprechend differenziert ist die Haltung des einzelnen Mieters. Die Mehrzahl der durchgeführten Untersuchungen kommt zu dem Ergebnis, daß weniger als 10 % der Mieter zum Kauf bereit sind. Eine etwa gleich große Anzahl macht den Kauf von verschiedenen Bedingungen abhängig. Vor allem ältere Menschen und Haushalte mit geringem Einkommen sind häufig nicht bereit, ihre Wohnung zu kaufen.

Nach den Festlegungen des Altschuldenhilfegesetzes müssen etwa 330.000 Wohnungen verkauft werden. Bisher sind etwa 70.000 Wohnungen von den kommunalen Wohnungsunternehmen verkauft worden. Darunter befanden sich vor allem Wohnungen in Ein- und Zweifamilienhäusern bzw. in kleinen Mehrfamilienhäusern. Die Preise für die verkauften Wohnungen sind unterschiedlich nach Größe, Lage und Qualität. Pro qm Wohnfläche werden aktuell 1.800 bis 2.500 DM gefordert, in Einzelfällen auch mehr.

Da die Mieten in den neuen Ländern noch für mehrere Jahre staatlich begrenzt sind, ist die monatliche Belastung durch die Miete geringer als bei einem kreditfinanzierten Kauf. Die gegenwärtige Durchschnittsmiete (ohne Betriebskosten) beträgt etwa 6 DM/qm, d.h. bei einer Durchschnittswohnung von 60 qm 360 DM. Die langfristigen Vorteile des Kaufs werden auch bei zukünftig als gut zu bewertenden Wohnlagen nicht von allen Mietern erkannt.

C. Staatliche Förderung der Wohneigentumsbildung

Nach dem neuen Eigenheimzulagegesetz wird der Kauf einer Bestandswohnung über einen Zeitraum von acht Jahren mit einer jährlichen Zulage von 2.500 DM plus 1.500 DM pro Kind gefördert, um vor allem junge Familien in den ersten Jahren zu entlasten. Darauf besteht ein Rechtsanspruch. Mieter, die ihre Wohnung gekauft haben, erhalten einen Lastenzuschuß, wenn das Familieneinkommen für den Kapitaldienst und die Betriebskosten nicht ausreichend ist. Diese Zahlungen basieren auf dem Wohngeldgesetz. Auf Grund der Einkommens- und Fördersituation wären die Mieter überwiegend in der Lage, die derzeitige Mietwohnung käuflich zu erwerben.

Anhang:
Auszug aus dem Altschuldenhilfegesetz vom 26. Juni 1993

§ 5
Privatisierungs- und Veräußerungspflicht, Abführung von Erlösen

(1) Das Wohnungsunternehmen hat mindestens 15 vom Hundert seines zahlenmäßigen Wohnungsbestandes mit 15 vom Hundert seiner Wohnfläche nach dem Stand vom 1. Januar 1993 bis 31. Dezember 2003 zu privatisieren oder im Falle der Wohnungsgenossenschaften zu veräußern, dabei sind die Mieter zur Bildung individuellen Wohneigentums vorrangig zu berücksichtigen. Privatisierungen und Veräußerungen ab dem 3. Oktober 1990 sind anzurechnen. Bei der Bestimmung des nach Satz 1 zu privatisierenden oder zu veräußernden Wohnungsbestandes werden Wohnungen, die nach dem Vermögensgesetz zurückgegeben worden sind oder rückübertragen werden, nicht berücksichtigt.

(2) Das Wohnungsunternehmen hat folgende Erlösanteile aus der Veräußerung von 15 vom Hundert seines zahlenmäßigen Wohnungsbestandes mit 15 vom Hundert seiner Wohnfläche nach dem Stand vom 1. Januar 1993, die 150 Deutsche Mark je Quadratmeter verkaufter Wohnfläche zuzüglich der in Verbindung mit dem Verkauf entstandenen Sanierungskosten übersteigen, bis zur Höhe des Teilentlastungsbetrages nach § 4 an den Erblasttilgungsfonds bei Veräußerung abzuführen:
1. bis zum 31. Dezember 1994 in Höhe von 20 vom Hundert,
2. vom 1. Januar 1995 bis zum 31. Dezember 1995 in Höhe von 30 vom Hundert,
3. vom 1. Januar 1996 bis zum 31. Dezember 1996 in Höhe von 40 vom Hundert,
4. vom 1. Januar 1997 bis zum 31. Dezember 1997 in Höhe von 60 vom Hundert,
5. vom 1. Januar 1998 bis zum 31. Dezember 2000 in Höhe von 80 vom Hundert,
6. vom 1. Januar 2001 bis zum 31. Dezember 2003 in Höhe von 90 vom Hundert.

Maßgebend für die Einhaltung der Frist ist der Zeitpunkt, zu dem der Eigentumsumschreibungsantrag beim Grundbuchamt gestellt worden ist, wenn es auf Grund des gestellten Antrages zur Eigentumsumschreibung kommt.

(3) Erfüllt das Wohnungsunternehmen die sich aus den Absätzen 1 und 2 ergebenden Verpflichtungen nicht fristgerecht, ist der Bescheid über die Gewährung der Teilentlastung ganz oder teilweise aufzuheben und der Teilentlastungsbetrag einschließlich vom Erblastentilgungsfonds gezahlter Zinsen insoweit vom Wohnungsunternehmen dem Erblastentilgungsfonds zu erstatten, es sei denn, daß das Wohnungsunternehmen dies nicht zu vertreten hat. § 4 Absatz 7 Satz 3 und 4 und Absatz 8 sind entsprechend anzuwenden.

(4) Die Verpflichtung zur Privatisierung nach Artikel 22 Absatz 4 des Einigungsvertrages bleibt unberührt.

EINSTELLUNGEN DER MIETER ZUR WOHNUNGSPRIVATISIERUNG
IN DEN NEUEN BUNDESLÄNDERN

Winfried Killisch, Dresden und Everhard Holtmann, Halle

1. Ausgangsbedingungen der Untersuchung

Das Altschuldenhilfegesetz vom 23. Juni 1993 macht den kommunalen Wohnungsgesellschaften und Wohnungsgenossenschaften in Ostdeutschland zur Auflage, bis zum Jahr 2003 mindestens 15% ihres restitutionsfreien Wohnungsbestandes zu privatisieren – vorrangig an ihre eigenen Mieter. Nur dann können die Wohnungsunternehmen den vom Gesetzgeber vorgesehenen Erlaß eines Teils der Altschulden, die auf den Wohnungsbeständen als DDR-Erbe lasten, in Anspruch nehmen. Mit den Erlösen der Teil-Privatisierung sollen teils die dringlichen Aufwendungen für Instandsetzung, Sanierung und Modernisierung finanziert und teils der Erblastentilgungsfonds bedient werden.

Der Gesetzgeber hat hierbei seine Intention, privates Kapital für die Sanierung und Instandsetzung des ausbesserungsbedürftigen Wohnungsbestands (insbesondere des komplexen Wohnungsbaus) zu mobilisieren sowie die Bildung von Wohneigentum breiter Bevölkerungsschichten zu fördern, mit dem Ziel der Unternehmenskonsolidierung verknüpft. Die Umsetzung des gesetzlichen Auftrags bedeutet für die Wohnungsunternehmen selbst eine enorme Herausforderung: Einerseits werden sie durch die vom Gesetz vorgesehene Progression der Erlösabführungsquote unter erhöhten Veräußerungsdruck gesetzt. Andererseits sind die verfügbaren Informationen über das tatsächliche Ausmaß der Bereitschaft – und der finanziellen Fähigkeit – von Mietern, ihre derzeitige Wohnung oder eine andere Wohnung aus dem Unternehmensbestand zu kaufen, durchweg unzureichend.

Für privatisierungsbezogene Unternehmensentscheidungen sind empirisch gesicherte Erkenntnisse über die Einstellung der Mieter zur Privatisierung und damit über das tatsächlich vorhandene Privatisierungspotential auf Grund der skizzierten Handlungszwänge folglich von großer Bedeutung: Wie viele Mieterhaushalte sind zu einem Kauf ihrer Wohnung bereit? In welchem Zeitrahmen läßt sich die Kaufbereitschaft realisieren? Wo sind subjektive und objektive Grenzwerte für die mit einer Kaufentscheidung verbundene finanzielle Belastung anzusiedeln? In welcher Größenordnung bewegt sich die individuelle Eigenkapital-Ausstattung? Inwieweit wirken sich Faktoren wie Alter, Zufriedenheit mit Wohnung, Wohngebäude und Wohnumfeld sowie die Wirtschaftskraft der Mieterhaushalte auf die Kaufbereitschaft aus? Wie ausgeprägt ist die Abwanderungs- bzw. Bleibebereitschaft von Mietern und inwieweit ist sie abhängig von sozialstrukturellen Merkmalen der Mieterhaushalte wie Alter, Einkommen und Stellung im Erwerbsleben?

Antworten auf diese und weitere Fragen lieferte eine Untersuchung, die der Lehrstuhl für Allgemeine Wirtschafts- und Sozialgeographie der Technischen Universität Dresden gemeinsam mit dem Lehrstuhl für Politische Wissenschaften der Universität Halle im Rahmen eines Forschungsauftrags für die HWG, die Hallesche Wohnungsbaugesellschaft, durchgeführt hat.

2. Methodisches Vorgehen und Auswahl der Untersuchungsgebiete

Befragt wurden mittels eines teilstandardisierten Fragebogens in den vier Hallenser Wohngebieten Silberhöhe, Halle-Nord, Südstadt und Trotha rund 3200 Haushalte. Ausgewählt wurden Quartiere, in denen die Wohnungsbestände liegen, die von der HWG bevorzugt zur Privatisierung vorgesehen sind. Hierbei handelt es sich um 5-6geschossige Plattenbauten, die aufgrund ihres baulichen Zustands für eine Privatisierung geeignet erscheinen. Mit Ausnahme eines kleineren Wohnareals (Trotha) sind es Gebiete, in denen die über 50 Jahre alten Haushaltsvorstände nicht dominieren. Das Verkaufsangebot der HWG umfaßt ausschließlich teilsanierte Wohnungen, wobei der kalkulierte Verkaufspreis in der Größenordnung von 1500 bis 1800 DM pro Quadratmeter Wohnfläche liegt.

3. Ausgewählte Ergebnisse der Mieterbefragung

Abb. 1 verdeutlicht die Größenordnung des in Halle vorhandenen *Privatisierungspotentials*: 12,4% der Befragten bekunden Kaufbereitschaft, weitere 16,1% äußern bedingte Kaufbereitschaft; die Quote der bedingten bzw. totalen Kaufablehnung addiert sich mit 12,3% bzw. 59,3% auf insgesamt 71,6%. Bei den Haushalten, die ohne bzw. mit Einschränkungen zum Kauf ihrer jetzigen Wohnung bereit sind (ca.

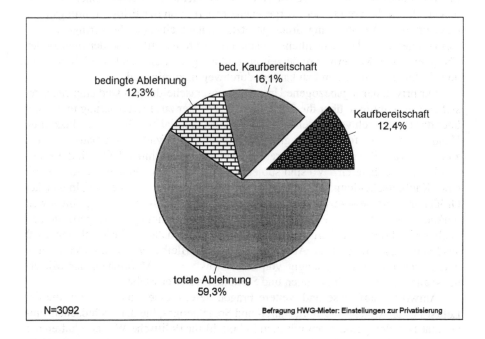

Abbildung 1: Differenzierte Einstellungen zum Erwerb der eigenen Wohnung

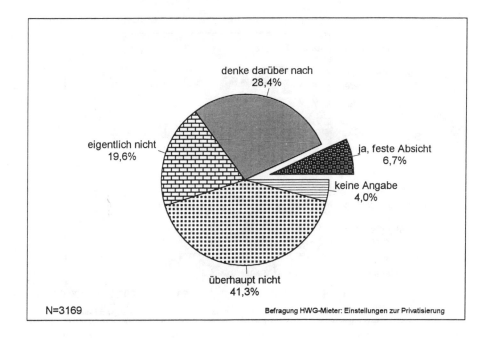

Abbildung 2: Wunsch nach Wohneigentum

28%), ist allerdings zu berücksichtigen, daß es sich um eine aus den Antworten auf zwei Fragen errechnete Größe handelt. Es überwiegt als Grundeinstellung deutlich die Kauf*erwägung*; die Quote der bereits jetzt zum Kauf fest Entschlossenen liegt unter 1% und ist damit extrem gering. Der *generelle Wunsch nach Wohneigentum* ist unter den Befragten verbreiteter: 6,7% hegen die feste Absicht, und ein weiteres reichliches Viertel der Haushalte (28,4%) denkt darüber nach, Wohneigentum zu erwerben (s. Abb. 2).

Welches sind nun die *Gründe für das Interesse bzw. Desinteresse* am Kauf der eigenen Wohnung? Die Bereitschaft, die eigene Wohnung zu kaufen, wird überwiegend geleitet von Erwartungen einer finanziellen Minder-Belastung bzw. Risikominderung (vgl. Abb. 3): Schutz vor Mietsteigerungen (75,3% der antwortenden Kaufinteressenten) und die Erwartung einer langfristig niedrigeren finanziellen Belastung (44,9%) werden am häufigsten genannt. Aber auch die Zufriedenheit mit der eigenen Wohnung (37,9% der am Wohnungskauf Interessierten) bzw. der günstige Kaufpreis (34,2%) werden vergleichsweise oft als Kaufgrund angeführt.

Die Gründe für das Nichtinteresse am Kauf der eigenen Wohnung sind in Abb. 4 zusammengefaßt (ebenso wie bei Abb. 3 handelt es sich um Mehrfachantworten). Fast jede(r) zweite der Nichtkaufbereiten (48,2%) lehnt aus Altersgründen („zu alt") einen Kauf ab. Etwa ebenso groß ist die Zahl derer, die ihre Kaufablehnung finanziell begründen (wobei es zwischen diesen beiden Fallgruppen natürlich Überschneidungen gibt): zu hoher Kaufpreis (43,4%), zu ho-

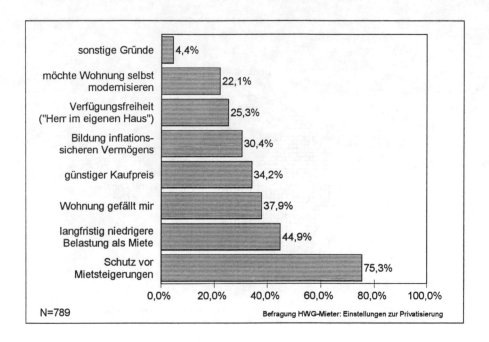

Abbildung 3: Gründe für Kaufinteresse der eigenen Wohnung

hes Verschuldungsrisiko (47,6%), zu hohe finanzielle Belastung (31,8%). Wohnungsspezifische Motive sind gegenüber den Faktoren Alter und Geld von vergleichsweise untergeordneter Bedeutung. Einen schlechten Zustand der eigenen Wohnung bemängeln 12,8%, etwa ebenso vielen (13,6%) gefällt die jetzige Wohnung nicht.

Für die Kaufentscheidung ist das *individuell verfügbare Haushalts-Nettoeinkommen* eine wichtige Größe. Das Netto-Einkommen ist aber nur dann aussagekräftig, wenn es zur Zahl der dem Haushalt angehörenden Personen rechnerisch in Beziehung gesetzt wird. Erst dann wird der im Mieterhaushalt tatsächlich verfügbare Finanzspielraum in einer realistischen Größenordnung erkennbar. Aus diesen Überlegungen heraus haben wir das *ökonomische Potential* der Haushalte als gewichtete Größe rechnerisch ermittelt und die Haushalte dementsprechend drei Größenklassen zugeordnet: Haushalte mit niedrigem, mittlerem und mit hohem ökonomischen Potential. Das Ergebnis ist nicht überraschend. Die Wirtschaftskraft der weit überwiegenden Zahl der befragten Haushalte ist mit 49,3% bzw. 42,2% im niedrigen bzw. mittleren Bereich angesiedelt. Nur 8,4% der Befragten verfügen über ein hohes ökonomisches Potential.

Anhand dieser Klassifikation ist es möglich, die *Quote der Kaufbereitschaft* nicht nur zu bestimmten Variablen wie Wunsch nach Wohneigentum, Umzugsabsicht, finanzielle Vorbereitung auf einen Wohnungskauf sowie Alter der Befragten in Beziehung zu setzen, sondern zusätzlich auch noch mit der unterschiedlichen

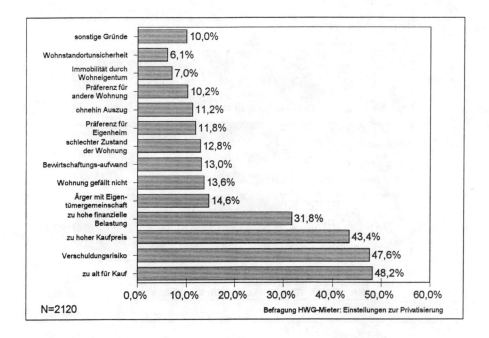

Abbildung 4: Gründe für Nichtkauf der eigenen Wohnung

Wirtschafts- und Finanzkraft der Haushalte (s. Abb. 5). Es ergibt sich ein klares Bild: Mit steigender Finanzkraft der Haushalte ist auch der generelle Wunsch, Wohneigentum zu erwerben, stärker ausgeprägt. Andererseits läßt sich die naheliegende Annahme, daß höhere Kaufbereitschaft und größere Finanzkraft der Haushalte einander bedingen, nur eingeschränkt aufrechterhalten.

Zwar liegt der Anteil der ohne Einschränkung Kaufbereiten bei Haushalten mittlerer und hoher Finanzkraft mit 18,6% bzw. 20,4% über dem Gesamtdurchschnitt (15,1%), und bei finanzschwachen Haushalten mit 11,1% deutlich darunter. Aber auch finanzstarke Haushalte lehnen mit 61,7% vergleichsweise oft den Kauf der jetzigen Wohnung ab. In dieser finanzstarken Haushalts-Teilgruppe ist eine deutliche Polarisierung erkennbar: einerseits der höchste Anteil an uneingeschränkter Kaufbereitschaft (20,4%), andererseits über 60% Ablehnung. In absoluten Fallzahlen gemessen, liegt die Masse der kaufbereiten bzw. eingeschränkt kaufbereiten Haushalte – und damit das *eigentliche Privatisierungspotential* – im Bereich der niedrigen und mittleren ökonomischen Haushaltsleistungskraft.

Gefragt wurde auch nach der *finanziellen Vorbereitung* auf den Erwerb von Wohneigentum. Gut jeder zweite Haushalt (52,6%) ist nach eigenem Bekunden auf einen Wohnungskauf finanziell nicht vorbereitet, weitere 11,9% „nur etwas". Lediglich knapp jede(r) fünfte Befragte (17,7%) bejaht eine hinreichende Finanzausstattung. Schlüsselt man die drei Gruppen finanzieller Vorbereitung nach dem ökonomischen Potential auf, dann zeigt sich ein eindeutiger Zusammenhang. Unter

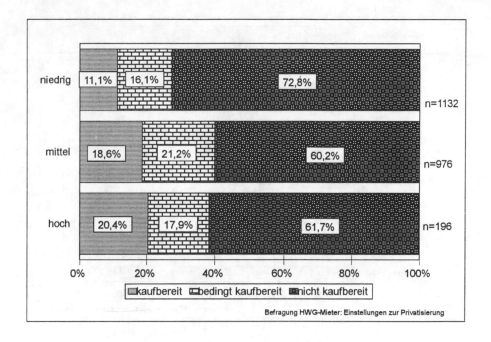

Abbildung 5: Kaufbereitschaft in Abhängigkeit vom ökonomischen Potential

jenen, die nach eigenen Angaben auf einen Wohnungskauf *nicht* vorbereitet sind, ist der Anteil finanzschwächerer Haushalte etwa dreimal so hoch wie unter den finanziell Gerüsteten (63,2% zu 21,6%). Umgekehrt ist es bei Haushalten mit hohem ökonomischen Potential: Sie stellen bei den finanziell zum Kauf Vorbereiteten mit 19,8% einen fast fünfmal höheren Anteil als bei den finanziell nicht genügend Gewappneten (4,4%).

Dasselbe eindeutige Bild ergibt sich, wenn man das ökonomische Potential aufgliedert nach dem Grad ihrer finanziellen Vorbereitung (s. Abb. 6): Wirtschaftlich schwächere Haushalte sind nur zu 10,4% finanziell zum Kauf gerüstet, aber zu 78,9% sind sie es nicht. Die Vergleichswerte für die finanzstarken Haushalte lauten 54,2% und 31,1%. Immerhin liegen auch in der Haushaltsgruppe des mittleren ökonomischen Potentials die Anteile derer, die subjektiv finanziell ausreichend bzw. teilweise auf einen Kauf vorbereitet sind, mit 31,8% bzw. 22,3% zusammengenommen deutlich über 50%. Da hinter diesen Prozentwerten die absolut größte Fallgruppe mit insgesamt 485 Haushalten steht, dürften auch die Haushalte mit mittlerer ökonomischer Leistungskraft eine wichtige Zielgruppe für eine die Finanzierungsfrage gewichtende Kaufberatung sein.

Welche *finanzielle Belastung* halten die Haushalte bei einem Wohnungskauf für maximal erträglich? Die HWG hat in einer Modellrechnung eine monatliche Kaufbelastung in Höhe von 740 DM ermittelt. Mindestens 45% der befragten Mieterhaushalte liegen oberhalb dieses Schwellenwertes, knapp 20% mit einer

Einstellungen der Mieter zur Wohnungsprivatisierung 69

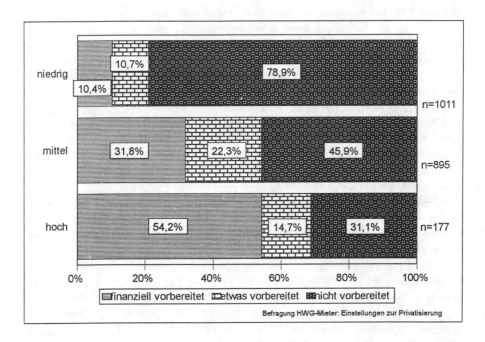

Abbildung 6: Finanzielle Vorbereitung auf den Wohnungskauf nach dem ökonomischen Potential der Haushalte

genannten Belastungsgrenze jenseits der 1000 DM pro Monat sogar deutlich darüber. Daran gemessen, ist finanziell ein beträchtliches Privatisierungspotential durchaus vorhanden. Etwa jeder zweite Haushalt käme für einen Wohnungskauf grundsätzlich in Frage.

Die Bereitschaft zum Wohnungserwerb und die Einschätzung der individuellen ökonomischen Situation stehen in engem Zusammenhang. Wie die Daten zeigen, steigt der Anteil der uneingeschränkt und bedingt Kaufbereiten, je optimistischer die Einschätzung der persönlichen wirtschaftlichen Umstände ausfällt. Umgekehrt ist die Relation zwischen dem *Informationsstand* über die Bedingungen des Wohnungskaufs und der Kaufbereitschaft. Die Anzahl derjenigen, die nach eigener Angabe über die Voraussetzungen und Konditionen eines Wohnungskaufs gut informiert sind, liegt unter den Kaufbereiten mit 8,2% am niedrigsten, unter den Kaufverweigerern mit 47,3% am höchsten.

Das läßt sich am ehesten psychologisch erklären: Wer einen Kauf ernsthaft erwägt, kann eigentlich nie genug Informationen bekommen (3/4 der Kaufinteressenten wollen genauere Informationen). Und anders herum dürften viele derer, die einem Kauf ablehnend gegenüberstehen und sich auf ihre Nichtkauf-Entscheidung bereits festgelegt haben, weitere Informationen für überflüssig halten.

Kaufbereitschaft ist in hohem Maße abhängig vom *Status der Berufstätigkeit*. In den Teilgruppen der uneingeschränkt bzw. bedingt Kaufbereiten sind jeweils mehr als 70% voll erwerbstätig. Andererseits sind unter denen, die einen Wohnungskauf bedingt oder total ablehnen, Rentner/Pensionäre mit 35,1% deutlich stärker vertreten. Dasselbe Bild ergibt sich, wenn man die Kaufbereitschaft in Abhängigkeit vom Status der Erwerbstätigkeit betrachtet. Knapp 60% der voll Berufstätigen (59,4%), aber annähernd 90% der Rentner und Pensionäre stehen einem Kauf ablehnend gegenüber.

Die hohe Ablehnungsquote bei Rentnern/Pensionären deutet bereits an, daß Kaufbereitschaft wesentlich auch vom *Lebensalter* abhängt. Die Befragung belegt, daß unter jenen, die einen Wohnungskauf gänzlich ablehnen, die höheren Altersklassen der über 60jährigen mit 33,5% überproportional vertreten ist. Wer hingegen einen Wohnungskauf ansteuert oder doch zumindest erwägt, gehört überwiegend der Altersklasse zwischen Anfang dreißig und Ende fünfzig an. Von den Kaufbereiten sind dies 70,1%, von den bedingt Kaufbereiten 66,4%. Bei letzteren finden wir außerdem immerhin weitere 10,9%, die jünger als dreißig Jahre sind. Folglich läßt sich Kaufbereitschaft lebenszyklisch in jene Altersphase einordnen, die durch einen „etablierten" Haushalts- und Berufsstatus gekennzeichnet ist.

Die Mieterhaushalte äußern überwiegend den Wunsch, in ihrer jetzigen Wohnung zu bleiben: Fast 70% möchten wohnen bleiben, lediglich 6,5% wollen ausziehen, weitere 23,8% „möglicherweise". Die Bleibeabsicht läßt sich freilich nur bedingt als Hinweis auf eine dem Kauf günstige Disposition deuten, denn es sind gerade die Haushalte mit höherem ökonomischen Potential, die häufiger Umzugsabsichten hegen: Wer wirtschaftlich besser gestellt ist, möchte überdurchschnittlich häufig aus- bzw. umziehen (11,2%) und, umgekehrt, auch vergleichsweise weniger häufig in der jetzigen Wohnung bleiben (48,0%). Aufgrund dieser Mobilitätsbereitschaft wird folglich gerade in der Gruppe der ökonomisch leistungsstärkeren Haushalte das Käuferpotential ausgedünnt. Die sehr mobile Grundeinstellung gerade der finanzstarken Haushalte dürfte auch erklären, weshalb in dieser Haushaltskategorie die Ablehnung eines Wohnungskaufs mit nahezu 50% relativ hoch liegt.

Erwartungsgemäß ist die Kaufbereitschaft bei jenen, die wohnen bleiben möchten, mit insgesamt gut 30% relativ am stärksten ausgeprägt und bei den zum Umzug Entschlossenen marginal. Potentielle Käufer sind jedoch in nennenswerter Zahl (insgesamt 27,8%) auch in jener Gruppe anzutreffen, die zwischen Wohnenbleiben und Umzug noch schwanken. Gelingt es, ihre Bleibebereitschaft zu stabilisieren, könnte sich auch das Käuferpotential festigen.

Ein solcher stabilisierender Faktor ist die *Wohnzufriedenheit*. Zufriedenheit mit der jetzigen Wohnung ist offenbar ein Motiv, um über einen Wohnungskauf nachzudenken, bewirkt aber nicht automatisch eine höhere Kaufbereitschaft. Denn einesteils ist unter jenen, die mit ihrer Wohnung „sehr" bzw. „ziemlich zufrieden" sind, die uneingeschränkte Kaufbereitschaft mit jeweils gut 15% relativ hoch ausgeprägt. Aber andererseits lehnen auch 68,2% derer, die mit ihrer Wohnung „sehr zufrieden" sind, einen Wohnungskauf gänzlich ab. Dies dürfte sich teils aus der Altersstruktur, teils aus der Finanzkraft der betreffenden Haushalte – oder auch einer Kombination beider Faktoren – erklären.

4. Zusammenfassung

- Etwa jeder dritte Haushalt äußert grundsätzlich den generellen Wunsch nach Wohneigentum.
- Rund 28% der Befragten sind uneingeschränkt bzw. bedingt bereit, ihre jetzige Wohnung zu kaufen. Als Grundeinstellung dominiert hierbei allerdings nur die Kauferwägung.
- Lebensalter und Finanzkraft, aber auch die Mobilitätsbereitschaft der Haushalte beeinflussen die Kaufbereitschaft erheblich. Die Kaufbereitschaft fällt deutlich ab mit dem Eintritt ins Rentenalter.
- Die Bereitschaft zum Kauf der jetzigen Wohnung folgt nicht automatisch aus höherer Finanz- bzw. Wirtschaftskraft der Haushalte. Zwar äußern finanziell besser gestellte Haushalte erwartungsgemäß relativ häufig Kaufbereitschaft, aber auch die Quote der einen Kauf Ablehnenden ist in dieser finanzstärkeren Haushaltsgruppe hoch.
- Für einen Erwerb der jetzigen Mietwohnung sind Haushalte mit niedrigem und solche mit hohem ökonomischen Potential gleichermaßen schwer zu gewinnen. Erstere sind häufig finanziell überfordert. Letztere wollen häufiger nicht kaufen. Die Eigentumspräferenzen finanzstarker Haushalte gelten überwiegend nicht einer Wohnung im komplexen Wohnungsbau, wie ihre vergleichsweise hohe Abwanderungsbereitschaft bezeugt. Sofern die ökonomisch leistungsfähigeren Haushalte ihre Abwanderungsabsicht verwirklichen, wird eine wichtige Käuferreserve ausgedünnt. Erhärtet wird diese Feststellung dadurch, daß sich das Einkommensniveau mit abnehmender Wohndauer verschlechtert. Unter den in den letzten Jahren Zugezogenen erreicht der Anteil finanzschwacher Haushalte inzwischen deutlich mehr als 60%.
- Das Bedürfnis nach mehr Information ist in allen Haushaltsgruppen sehr hoch. Dies verdeutlicht die Wichtigkeit einer umfassenden Käuferberatung.
- Als herausragende Zielgruppe der Privatisierung schälen sich Haushalte mit mittlerer ökonomischer Leistungskraft, im Alter zwischen dreißig und fünfzig Jahren heraus, die nicht nur mit der jetzigen Wohnung, sondern auch mit dem Wohngebäude und dem Wohnumfeld zufrieden sind.
- Die Ergebnisse der Umfrage deuten darauf hin, daß der den Wohnungsunternehmen mit dem Altschuldenhilfegesetz 1993 vorgegebene Umfang und Zeitplan der Privatisierung schwer umsetzbar sein wird. Dies trifft vor allem auf Wohnungsunternehmen zu, die fast ausschließlich über Wohnraum in Plattenbauten – noch dazu in Großwohnsiedlungen – verfügen. Diese haben ungleich größere Probleme, die Privatisierungsauflagen zu erfüllen, als Wohnungsunternehmen mit einem gemischten Bestand.
- Ausschlaggebend für eine Verwirklichung des Kaufwunsches bzw. die Ausschöpfung des Privatisierungspotentials ist letztlich die subjektive Wahrnehmung bzw. Einschätzung der individuellen finanziellen Möglichkeiten, der finanziellen Risiken und der finanziellen Zukunftsperspektiven. Nur dann, wenn die Banken darauf abgestimmte Finanzierungsmodelle anbieten, werden die durchaus auch in Mieterhaushalten mit niedrigem ökonomischen Potential vorhandenen Kaufneigungen zu realisieren sein.

Hier könnten sich mit der Neuregelung der steuerlichen Wohneigentumsförderung die Rahmenbedingungen der Mieterprivatisierung deutlich – und zwar rückwirkend ab Juli 1995 – zum Positiven verändern. Die Ersetzung der progressionsabhängigen durch eine Festbetrags-Förderung dürfte gerade bei Schwellenhaushalten im mittleren ökonomischen Potential, also der nach den vorliegenden Ergebnissen für einen Kauf prädestinierten Haushaltskategorien, die Kaufbereitschaft erhöhen. Steigen würden damit auch die Chancen der Unternehmen, die angestrebte Privatisierungsquote nicht nur dem Volumen nach, sondern auch innerhalb eines kürzeren Zeitraums zu erfüllen.

ROSTOCK – GROSS KLEIN:
TRANSFORMATIONSPROZESSE IN EINER OSTDEUTSCHEN
GROSS–SIEDLUNG (1992–1995)[1]

Uta Hohn, Duisburg

1. Transformationsprozesse im Bereich des Wohnens und der Stadtentwicklung: Warum eine Großsiedlung? Warum Rostock – Groß Klein?

Er ist in aller Munde, der Begriff Transformation. Verstanden in einem sehr umfassenden Sinne als durch vielfältige Krisenerfahrungen ausgelöste Substitution der konstituierenden Elemente eines Gesellschafts- und Wirtschaftssystems (vgl. Bohnet/Ohly 1992) erfolgte dieser Umstrukturierungsprozeß von der sozialistischen Zentralverwaltungswirtschaft der DDR zur Marktwirtschaft bundesrepublikanischer Prägung ausgesprochen abrupt, tiefgreifend und mit entsprechend zahlreichen, häufig – aber keineswegs immer – dem Zeitdruck geschuldeten Fehlern behaftet. Die Umwälzungen im ökonomischen, politischen, administrativen, juristischen, sozialen und kulturellen Bereich verlangten dabei von den DDR-Bürgern eine grundlegende Neuorientierung in der Mehrzahl ihrer Lebensbereiche, der sich der Einzelne in sehr unterschiedlichem Maße gewachsen sah. Ein ganz wesentliches Segment von Transformation allerdings wurde in den ökonomisch dominierten Fachdebatten bislang viel zu wenig beachtet: die mentale Transformation. Sie beinhaltet einen umfassenden Wertewandel, einen Selbstfindungsprozeß und eine Neudefinition des eigenen sozioökonomischen Status. Die besonderen Schwierigkeiten dieser mentalen Transformation – nicht zuletzt bei Jugendlichen – sowie die differierende Transformationsgeschwindigkeit in den genannten übrigen Bereichen können als entscheidende Hindernisse einer konfliktärmeren Gesamttransformation ausgemacht werden.

Besonders prekär wird die Lage, wenn in einer derart labilen und schwierigen Situation zu allen internen Problemen noch Stigmatisierung, Destabilisierung und Verunsicherung von außen herangetragen werden und die eigene Identitätskrise unnötig verstärken. Genau dies geschah 1990–92 im Hinblick auf die ostdeutschen Großsiedlungen in Plattenbauweise, die von westdeutschen Medien, zahlreichen Politikern und selbsternannten Experten vorschnell als vermeintliche sozialistische Erblast abgeschrieben wurden – Siedlungen, in denen 18% der ostdeutschen Bevölkerung leben (Mindestgröße: 5.000 Wohneinheiten).

In dieser in mehrfacher Hinsicht brisanten Situation gingen wir im Juli 1992 mit unseren Studenten zum ersten Mal nach Groß Klein. Es war der Zeitpunkt, zu dem die Stadt Rostock die Südstadt als „Altneubaugebiet" der frühen 60er Jahre für das EXWOST-Programm des BMBau angemeldet hatte – wohl wissend, daß

[1] Der Beitrag basiert auf den Ergebnissen von zwei gemeinsam mit Andreas Hohn geleiteten anthropogeographischen Geländepraktika im Juli 1992 und August 1995 zum Thema „Wohnen und Leben in Rostock – Groß Klein". Vorbereitung und Auswertung der standardisierten Bewohnerbefragung 1995 erfolgten unter Mitarbeit von Ralf Schneider.

die drängendsten Probleme im infrastrukturellen und vor allem sozialen Bereich nicht dort, sondern in Groß Klein anstanden. Es war auch der Zeitpunkt, als im sogenannten Sonnenblumenhaus von Lichtenhagen mit politischer Instinktlosigkeit asylsuchende Roma in unzumutbarer Massierung untergebracht wurden. Und es war der Zeitpunkt kurz vor den Ausschreitungen gegen diese Asylbewerber und dort seit langem wohnende Vietnamesen im August 1992, die weltweit für Negativschlagzeilen sorgten und so ganz zum verheerenden Image der Großsiedlungen zu passen schienen.

Wir wollten damals wissen, wie das Wohnen und Leben in der Großsiedlung Groß Klein von den Bewohnern selbst empfunden wurde, welche Veränderungen seit der Wende für sie sichtbar oder auch nur spürbar geworden waren, welche Weiterentwicklung sie sich für ihr Wohngebiet wünschten und wie groß ihre Mitwirkungsbereitschaft bei Verbesserungsmaßnahmen einzuschätzen war. Im Anschluß an die Studie wurden die Resultate dem Stadtplanungsamt, dem Ortsamt, dem größten Wohnungseigner sowie – über die Presse – der Bevölkerung vorgestellt. Im August 1995 gingen wir erneut nach Groß Klein. Wir wollten diesmal wissen, wie sich Groß Klein seit 1992 baulich und infrastrukturell weiterentwickelt hat, ob es einen Anstieg der Fluktuation und Ansätze von Segregation zu verzeichnen gibt und vor allem ob bzw. wie sich die Einstellung der Bewohner zur Wohnung, zum Wohnumfeld und zum Wohngebiet seit 1992 verändert hat. Ziel der Studie ist es, den Bürgern von Groß Klein und den übrigen Akteuren vor Ort noch konkreter als 1992 Lösungsansätze aufzuzeigen und Hilfestellung anzubieten. Würde die angewandte Geographie hier versagen, wäre das nur die Bestätigung einer weitverbreiteten Auffassung, die sich in dem Schreiben eines Groß Kleiner Bürgers widerspiegelt: „Ich möchte an dieser Befragung nicht teilnehmen, denn solche Befragungen führen zu nichts".

2. Kurzer Steckbrief der Großsiedlung Groß Klein

Groß Klein entstand als letzte der fünf Großsiedlungen des Rostocker Nordwestens in den Jahren 1979-1983 auf einer Fläche von 120 ha. Bestehend aus 7.840 Wohneinheiten mit einer Durchschnittsgröße von 58 qm sollte der Stadtteil 23.900 Einwohner aufnehmen. Heute ist Groß Klein Wohnort von 21.345 Menschen (31.12.94). Insgesamt leben mehr als 60% der Einwohner Rostocks in acht Plattenbau-Großsiedlungen mit jeweils mehr als 5.000 Wohneinheiten, die seit Beginn der 60er Jahre errichtet wurden.

Von Anfang an hatte Groß Klein unter Sparmaßnahmen infolge ökonomischer Zwänge zu leiden, was sich besonders negativ auf eine ansprechende Wohnumfeldgestaltung, auf ein über den Tagesbedarf hinausgehendes Einkaufs- und Dienstleistungsangebot sowie auf die bis ins Detail ausgearbeiteten Pläne für differenzierte Freizeit- und Kultureinrichtungen auswirkte. So wurde die Idee des komplexen Wohnungsbaus in der Praxis bis zur Unkenntlichkeit verfremdet; Groß Klein blieb wie alle DDR-Wohngebiete dieser Zeit ein Torso. Auf Grund der vorrangigen Belegung der Neubauwohnungen durch junge Familien Anfang der 80er Jahre und eine bis in die Wendezeit vernachlässigbar geringe Fluktuation erwies sich die beim Bezug aufgebaute einseitige demographische Struktur bislang als persistent, wobei die „Berge" der „demographischen Wellen" zur Zeit bei den Jugendlichen und jungen Erwachsenen zwischen 15 und 25 Jahren bzw. bei den 35- bis 45jährigen liegen.

Den Wohnungsbesitz in Groß Klein teilen sich heute die kommunale Wohnungsgesellschaft „Wohnen in Rostock GmbH" (WIRO) als Nachfolgegesellschaft des VEB Gebäudewirtschaft, sechs Wohnungsgenossenschaften als Nachfolger der Arbeiterwohnungsgenossenschaften sowie das Bundesvermögensamt, das die Wohnungen verwaltet, die sich 1990 im Besitz der Nationalen Volksarmee befanden. Die Besitzzersplitterung wirkt sich dabei ausgesprochen lähmend auf jedweden Versuch einer verbesserten Wohnumfeldgestaltung aus, da die Wohnungseigner auf Grund der bislang unterbliebenen Grundstücksbildung vor Investitionen zurückschrecken.

3. Transformationsprozesse im Bereich Wohnen und Leben in Groß Klein

Der Transformationsprozeß, der das Leben der Menschen in der Großsiedlung seit 1989 bestimmt, ist gekennzeichnet durch das Ineinandergreifen von fünf Teilprozessen, die wohl auch auf die gesamtgesellschaftliche Entwicklung in den Neuen Ländern übertragbar sind. Es sind dies im einzelnen die Prozesse der Mobilisierung, Monetarisierung, Distanzierung, Differenzierung und Dereglementierung.

A. Der Prozeß der Mobilisierung

Mit der Wende nahmen in den Neuen Bundesländern die räumliche und die sozio-ökonomische Mobilität der Bevölkerung schlagartig zu. Fast ausschließlich durch Abwanderung hat Groß Klein seit 1990 mehr als 1.700 Einwohner verloren, liegt aber mit einer Bevölkerungsreduktion um 7,4% etwa auf dem Niveau der Gesamtstadt (– 7,1%) und deutlich unter dem Wert für den gesamten Rostocker Nordwesten (– 8,7%). Die Gründe für die Abwanderungen sind vielfältig. Betrachtet man zunächst die Pull-Faktoren, so spielte anfangs die Arbeitskräfteabwanderung in den Westen die größte Rolle in Verbindung mit dem Push-Faktor Arbeitsplatzverlust oder -unsicherheit in Rostock selbst. Seit etwa einem Jahr hat sich jedoch der Umzug ins Eigenheim zum neuen, wichtigen Pull-Faktor entwickelt – ein Trend, der sich in den kommenden Jahren parallel zum Ansparerfolg von Eigenkapital und der Ausweisung immer weiterer Eigenheimgebiete noch fortsetzen wird.

24% der Befragten signalisierten 1995 eine Wegzugsabsicht innerhalb der nächsten zwei Jahre, und 10% sind sicher, dieses Vorhaben auf jeden Fall zu realisieren. Dabei ist für 41% der Erwerb von Haus- oder Wohnungseigentum Auszugsgrund. Von der Rostocker Stadtspitze ist die populistische politische

Leitlinie ausgegeben worden, so lange Bauland auszuweisen, bis auch der letzte Bauwillige bedient werden kann.

Bei einer Differenzierung nach Altersklassen weist die Gruppe der 41–55jährigen mit 30% die größte Wegzugsabsicht auf. Auch in der Gruppe der 18–25jährigen ist das Wegzugspotential sehr hoch und die Bleibeabsicht zudem extrem gering. Differenziert nach Einkommensklassen erreicht die definitive Wegzugsabsicht (Antwort: auf jeden Fall) bei einem Haushaltseinkommen über 6000 DM einen Wert von 75% gegenüber einem solchen von nur 6% in der Gruppe der Haushaltseinkommen unter 4000 DM. Betrachtet man schließlich das Bleibepotential differenziert nach Bildungsabschlüssen, so nimmt dieses mit der Höhe des Abschlusses eindeutig ab. Auf keinen Fall wegziehen wollen 55% der Befragten mit Abschluß 8. Klasse, 32% derjenigen mit Abschluß 10. Klasse oder Fachschule und nur 16% der Befragten mit Abitur oder Hochschulabschluß.

Als Push-Faktor wirkt sich bei zunehmendem Wohnungsangebot ferner die Überbelegung vieler Wohnungen aus. Junge Erwachsene nutzen zunehmend die Chance, aus der elterlichen Wohnung auszuziehen, so daß es derzeit zu einer Bevölkerungsabnahme fast ohne Wohnungsleerstände kommt.

Noch ist die Fluktuation insgesamt nicht beängstigend, doch ihr rasanter Anstieg muß als Warnsignal aufgefaßt werden. Bei den 4- und 5-Raum-Wohnungen, die immerhin fast 40% des Gesamtwohnungsbestandes ausmachen, drohen bereits Leerstände wegen sinkender Haushaltsgrößen und stark gestiegener Quadratmeterpreise.

Sollte das Wohnungsamt ab 1.1.96 bei veränderter Rechtslage den Genossenschaften und der WIRO zunehmend soziale Problemfälle zuweisen, könnten diese unwiderruflich zu einem wohngebietsinternen Push-Faktor der Abwanderung sozial stabiler und *noch* bleibewilliger Bevölkerungsgruppen werden. Erste Ansätze einer Binnenstigmatisierung sind bereits heute in Bereichen der Großsiedlung feststellbar. So spiegelt sich in der selektiven Fluktuation zugleich die Zunahme sozio-ökonomischer Mobilität und Differenzierung wider.

B. Der Prozeß der Monetarisierung

Die Einführung der Währungsunion im Juli 1990 löste in Ostdeutschland eine Konsumexplosion aus, die sich im Wohngebiet Groß Klein vor allem in Form einer extremen Autoschwemme niederschlug. Begünstigt durch die schlagartige Dereglementierung wurde es zur Gewohnheit, die Autos trotz vielfach freier Parkplätze in den Randbereichen unmittelbar am Haus auf den Grünflächen abzustellen. Auch wenn sich gegenüber 1992 die Situation durch neue, privatisierte Formen von Reglementierung – wie etwa durch die Anlage verschließbarer Parkboxen – zu bessern beginnt, sind Parkplätze in Randlage weiter unpopulär. Zu groß ist die Gefahr von Diebstahl und Vandalismus bei unverändert kaum in Erscheinung tretender staatlicher Ordnungsmacht.

Ein weiteres Monetarisierungsphänomen ist die Kommerzialisierung im Bereich Freizeit und Kultur, während zugleich aus Kostengründen zahlreiche öffentliche Einrichtungen wie Jugendklubs oder Kinderbetreuungsstätten geschlossen wurden.

Der Prozeß der Monetarisierung veränderte aber vor allem das Verhältnis zur Wohnung. In der DDR besaß die Wohnung auf Grund der extremen Subventionierung der Miete nicht den Charakter einer Ware, die Qualität bestimmte sich nicht über den Preis, und der Mieter entwickelte auf Grund der prinzipiellen Unkündbarkeit eine ausgeprägte Eigentümermentalität. Durch die 1. und 2. Grundmietenverordnung zum Oktober '91 bzw. Januar '93 sowie durch das seit August '95 wirksame Mietenüberleitungsgesetz stiegen die Mieten in Ostdeutschland extrem und für die Mieter oft nicht nachvollziehbar an, da z.B. in Groß Klein keinerlei oder nur geringe Verbesserungen der Wohnqualität verzeichnet werden konnten. Zahlte eine Familie für eine ferngeheizte 3-Zimmer-Wohnung der AWG Union von knapp 60 qm vor der Wende 94,25 Mark, sind es seit August 1995 ca. 550 DM.

Dem Prozeß der Monetarisierung entspricht zudem die Beauftragung von Firmen mit der Pflege der Außenanlagen und zum Teil auch mit der Hausreinigung – Aufgaben, die zuvor die Hausgemeinschaft oder einzelne Mieter erfüllt hatten. Dementsprechend erfolgte parallel zur Monetarisierung eine Distanzierung gegenüber der Wohnung, dem Haus und seinem Umfeld. Durch Geld schien man sich von jeder Verantwortung freikaufen zu können. Dies wurde von den Wohnungseignern vielfach sogar gewünscht, standen sie doch schwierig „*verwaltbaren*" Eigeninitiativen von Bewohnern bei der Modernisierung von Wohnung und Haus oder bei der Gestaltung des Wohnumfeldes 1992 äußerst skeptisch gegenüber – eine Haltung, die sich in Teilbereichen ganz allmählich zu ändern beginnt.

Kann die Monetarisierung nicht aber auch positiv zum Abbau von Distanz eingesetzt werden, etwa durch den Erwerb der Wohnungen als Eigentum? Durch die Inanspruchnahme des umstrittenen Altschuldenhilfegesetzes sind die Wohnungseigner verpflichtet, bis zum Jahr 2003 15% ihres Wohnungsbestands vorrangig an die Mieter zu veräußern – und dieses Ziel wird ganz ohne Plattenbauten kaum zu erreichen sein. Doch das Kaufinteresse ist *verschwindend* gering. Lautete die Antwort auf die Frage nach dem potentiellen Interesse am Kauf einer Eigentumswohnung in Groß Klein 1992 bei 60% der Befragten „nein, auf keinen Fall", kletterte dieser Anteil 1995 auf 81%. Entsprechend brach der Anteil derjenigen, die ihre eigene oder eine andere Wohnung in Groß Klein kaufen möchten, von 19% (1992) auf 4% (1995) ein.

C. Der Prozeß der Distanzierung

Die Transformation war verbunden mit mannigfaltigen Formen der Distanzierung, die unmittelbare Auswirkungen auf das Leben in der Großwohnsiedlung hatten. So führte die abrupte und anfangs häufig unreflektierte Distanzierung von der DDR-Vergangenheit zu einer weitgehenden Auflösung gewohnter – und zum Teil bewährter – Gemeinschaftsformen und -aktivitäten. Es fand ein Rückzug ins

Private statt, freiwillig und zugleich gezwungenermaßen. Eigeninitiative wurde plötzlich überall verlangt, und diese konnte man nicht auf allen Feldern gleichzeitig entwickeln. So konnte schwerlich Engagement für das Wohngebiet aufkommen, zumal die Prozesse der Mobilisierung, Monetarisierung, Differenzierung und Dereglementierung dem ebenfalls nicht zuträglich waren.

Den Prozeß einer inneren Distanzierung vom Wohngebiet verstärkte in den ersten Jahren nach der Wende das negative Außenimage, das den Großsiedlungen im Wortsinne „zugeschrieben" wurde. War man in der DDR bei aller Kritik an der mangelhaften infrastrukturellen Ausstattung der Großsiedlungen als Bewohner doch immerhin stolzer Besitzer einer Komfortwohnung nach DDR-Standard gewesen, so bildete nun ein fiktiver „West-Standard" eine Vergleichsbasis, die im Verein mit steigenden Mieten und sich entwickelnden Alternativen auf dem Wohnungsmarkt die Distanzierung von Wohnung und Wohngebiet steigerte.

Hinweise auf eine Verstärkung dieses Distanzierungsprozesses zwischen 1992 und 1995 geben die Antworten auf die Frage nach dem Grad des „sich heimisch Fühlens" in Groß Klein bzw. nach dem räumlichen Freizeitverhalten bei schönem Wetter an Werktagen und Wochenenden. Der Anteil derjenigen, die sich in Groß Klein sehr heimisch oder heimisch fühlen und mithin eine starke emotionale Bindung zu ihrem Wohngebiet aufweisen, ist von 72% 1992 auf 59% 1995 zurückgegangen, während sich der Anteil der Befragten, die sich überhaupt nicht heimisch fühlen, von 7% auf 14% verdoppelt hat.

Greift man das Bild vom „Bermuda-Dreieck" auf, mit dem Bernd Hunger (1990, S. 11) die Nichtexistenz des Neubauwohngebiets als urbaner Raum zwischen den Eckpfeilern Wohnung, Arbeitsstelle und außerhalb gelegenem Freizeitraum zu DDR-Zeiten beschrieben hat, so muß man feststellen, daß das Zentrum des Bermuda-Dreiecks sich geradezu zum „Schwarzen Loch" entwickelt hat. Hielten sich an Werktagen 1992 noch 22% und an Wochenenden 12% der Befragten im Wohnumfeld oder an anderen Orten innerhalb der Siedlung auf, lag deren Anteil 1995 an Werktagen nur noch bei 13% und an Wochenenden sogar lediglich bei 1%. Die Aufgabe der Zukunft lautet daher: Schaffung von Freizeitangeboten für alle Altersgruppen und Aufbau von Gemeinwesenarbeit. Nur so ist ein Abbau von Distanz möglich.

Und die Chancen stehen nicht schlecht: Nur 33% der Befragten lehnen ein persönliches Engagement für die Stärkung des Gemeinschaftslebens in Groß Klein ab (1992: 30%). Mit Ausnahme der Gruppe der über 65jährigen weisen alle Altersklassen ein erhebliches Aktivierungspotential auf, welches zugleich mit der Höhe des Bildungsabschlusses zunimmt. Wenn es gelänge, dieses Potential insbesondere in der Altersgruppe der 41- bis 55jährigen bzw. unter der Bevölkerung mit höheren Bildungsabschlüssen zu nutzen und in Aktionen umzusetzen, könnte es vielleicht noch gelingen, einige Personen aus diesen Gruppen, die beide eine erhöhte Wegzugsbereitschaft signalisieren, zum Bleiben zu bewegen. Auch eine Aktivierung der Hausgemeinschaften scheint möglich, denn 67% bezeichnen das Verhältnis zu ihren direkten Nachbarn als sehr gut oder gut, und bei der Bewertung des Nachbarschaftsverhältnisses im gesamten Haus verleihen immerhin 51% diese Prädikate.

Um die zur Zeit eher passiv-nörgelnde bzw. frustriert-lethargische Haltung aufzubrechen, bedarf es aber zunächst unbedingt des persönlichen Einsatzes einiger bereits engagierter Bewohner sowie intermediärer Instanzen. Nur der unmittelbare persönliche Kontakt zu den Bürgern scheint geeignet zu sein, deren Passivität aufzubrechen, diese gleichsam aus ihrer nachwendezeitlichen Paralyse zu befreien.

Distanzierung schlug sich schließlich auch in Form von Entpolitisierung – d.h. Distanzierung gegenüber der neuen politischen Lebenswelt – nieder. Die Wahlbeteiligung bei der Kommunalwahl 1994 lag in Groß Klein bei nur 53,7% (Rostock insgesamt: 56,7%), wobei sich die Unzufriedenheit mit den Begleiterscheinungen des neuen Gesellschaftssystems in hohen Wahlerfolgen der PDS niederschlug. Die PDS konnte ihren Stimmenanteil in Groß Klein von 23,5 % 1990 auf 33,5% steigern und wurde zur stärksten politischen Kraft (Rostock: 33,2%). Demgegenüber verringerte sich der Stimmenanteil der SPD von 33,6% auf 26,6% (Rostock: 27,3%) und jener der CDU von 20,8% auf nur noch 16,5% (Rostock: 18,3%) (Hansestadt Rostock 1994, S. 33ff.). Parallel zu dieser Form der Distanzierung findet ein Prozeß der Wiederannäherung an positiv empfundene Elemente der DDR-Vergangenheit statt. So stoßen z.B. die Aktivitäten der Volkssolidarität im sozialen Bereich auf zunehmende Resonanz. Solche bewährten und vertrauten Solidarisierungsformen gilt es, zusammen mit neuen Formen der Gemeinwesenarbeit in ein Gesamtkonzept zum Abbau von Distanzierung zu integrieren.

D. Der Prozeß der Differenzierung

Prozesse der Differenzierung sind in Groß Klein allenthalben zu beobachten. Am augenfälligsten erweist sich diese Tendenz bei der zunehmend differenzierten Ausstattung mit Handels- und Dienstleistungseinrichtungen sowie im baulichen Erscheinungsbild der Siedlung. Zu nennen sind hier vor allem das neue Zentrum „Klenow Tor", das bald seine Ergänzung in einem weiteren Einkaufs- und Dienstleistungszentrum im Kernbereich der Siedlung finden wird.

Es wundert daher nicht, daß 70% der Befragten 1995 das Einkaufs- und Dienstleistungsangebot mit sehr gut oder gut bewerten – dies ist kein relevantes Thema mehr für die Weiterentwicklung der Großsiedlung. Mithin hat sich eine extreme Diskrepanz entwickelt zwischen dieser Versorgungsinfrastruktur und jedweder Freizeitinfrastruktur, die praktisch nicht existiert. Es fehlen nicht allein die Baulichkeiten – auch der Prozeß des Aufbaus eines differenzierten Vereinslebens steckt noch in den Kinderschuhen und wird von der Kommune völlig unzureichend unterstützt. Eine differenzierte Gestaltung von Wohnung, Haus und Wohnumfeld ist ebenfalls erst in Ansätzen sichtbar. Zwar sind die Eingangsbereiche durch neue Haustüren, Wechselsprechanlagen und Außenbriefkästen neu gestaltet und einige Hausflure renoviert worden, im Wohnumfeldbereich jedoch ist noch relativ wenig geschehen – abgesehen von der Anlage einiger sehr gut angenommener Kinderspielplätze.

Gerade hier gibt es aber immer wieder Probleme mit Vandalismus und nächtlicher Lärmbelästigung durch Jugendliche. Ersteres ist ein deutliches Zeichen von „Frust", denn während für die abnehmende Zahl kleinerer Kinder viel getan worden ist, sind die Bedürfnisse der Jugendlichen unter grober Mißachtung der demographischen Welle bislang auf der Strecke geblieben.

Für die zukünftige Entwicklung Groß Kleins ist es wichtig, einen weiteren Differenzierungsprozeß nicht aus dem Auge zu verlieren – nämlich den der Differenzierung der Qualitätsstandards von Wohnungen nach Wohngebieten im Rostocker Stadtraum. Hier hat Groß Klein als eines der jüngsten und bautechnisch auf Grund der Verwendung der 3-Schichtenplatte am wenigsten problematischen Wohngebiete ganz schlechte Karten. Die Wohnungsgesellschaften differenzieren ihre Bestände im Rahmen ihrer Modernisierungspolitik allein nach dem Baualter, also dem Instandsetzungs- und Modernisierungsbedarf der Gebäude. So wurden die ältesten Wohngebiete der Nachkriegszeit wie Reutershagen I und II sowie die Südstadt bereits komplett herausgeputzt, Gebiete, die auch im nicht sanierten Zustand attraktiv und beliebt waren. Mittlerweile hat man mit der Modernisierung im Nordwesten begonnen, wieder nach Baualter, so daß Groß Klein mit den schon auf Grund der besonderen Altersstruktur drängendsten sozialen Problemen erst in frühestens zwei oder drei Jahren an der Reihe sein wird – eine Modernisierungspolitik, die sich als fatale Fehlentscheidung erweisen könnte.

Die Bevölkerung von Groß Klein selbst differenziert sich zunehmend nach der Höhe des Haushaltseinkommens mit den Extremen Doppelverdiener und Sozialhilfeempfänger, nach Gewinnern und Verlierern der Vereinigung, nach Bleibewilligen- und Bleibegezwungenen und solchen mit Umzugsabsichten. Letztere haben sich mental schon weitestgehend von Groß Klein verabschiedet, distanziert. Umso wichtiger ist es, die erste Gruppe und die Gruppe der noch Unentschlossenen zu aktivieren und einzubinden.

E. Der Prozeß der Dereglementierung

Die Auflösung des DDR-eigenen Ordnungs- und Kontrollsystems im Wohngebiet durch Hauswarte, Hausbuch und Abschnittsbevollmächtigte, die Diskreditierung jeglicher Form staatlicher Überwachung, die Identitätskrise der Polizei, die nur schleppende Durchsetzung der bundesdeutschen Rechtsordnung ließen nach der Wende bei den Bewohnern das Gefühl aufkommen, in vielen Bereichen in einem rechtsfreien Raum zu leben. Wildes Parken oder Müllabladen war an der Tagesordnung, Vandalismus und Kriminalität breiteten sich aus – Sanktionen erfolgten nicht. Vor allem für die Jugendlichen war die Wende verbunden mit einer totalen Desorientierung, dem Zusammenbruch des Werte- und Normensystems und auch des Freund-Feindbildes, das ihnen bis dahin vermittelt worden war.

Zur Zeit befinden sich neue Kontroll- und Ordnungsmechanismen im Aufbau. So gibt es neuerdings wieder Kontaktbeamte der Polizei mit kleinräumig definiertem Aufgabengebiet, die Genossenschaften richten ein neues Hauswartsystem ein, und spätestens mit der Regelung der Grundstückseinteilung will man das Parkplatzproblem endgültig lösen. Gegenüber dem Vandalismus schließlich verfolgen die Wohnungsgenossenschaften und die WIRO eine Zermürbungsstrategie, die da lautet: Es wird so lange repariert, bis die Vandalierer die Lust an den Zerstörungen verlieren!

4. Ein Interaktionsmodell und Handlungsstrategien für die Weiterentwicklung von Groß Klein

Die drängendsten Probleme in Groß Klein liegen derzeit im sozialen, kulturellen, psychologischen und kommunikativen Bereich. Hier müssen in enger Verbindung mit einer Weiterentwicklung der baulichen Umwelt (*physical planning*) neue Prozesse im Bereich *social planning* initiiert werden.

Hierzu bedarf es einer konzertierten Aktion. Die Initialzündung zu einer solchen Aktion könnte der angewandt arbeitende Geograph als intermediäre Instanz übernehmen. Dazu gehört zunächst einmal, den einzelnen Akteuren, Interessengruppen und Verwaltungseinheiten (vgl. Abb. 1) ihr Eingebundensein in ein kompliziertes Interdependenzgeflecht im Sinne von Norbert Elias vor Augen zu führen.

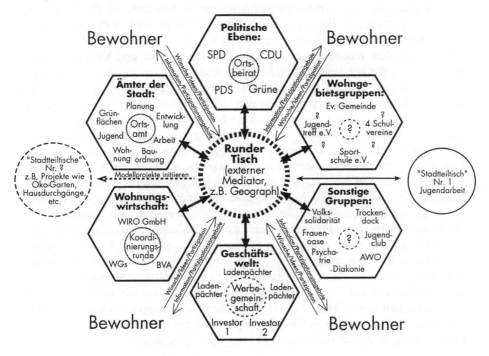

Abbildung 1: Interaktionsmodell für die Weiterentwicklung von Groß Klein

In einem zweiten Schritt sollte die Einladung zu einem Treffen am Runden Tisch erfolgen, an dem z.B. die Ergebnisse von Befragungen vorgestellt, Lösungsvorschläge entwickelt und diskutiert werden könnten. Solch ein direkter, von neutraler Seite moderierter Dialog böte den großen Vorteil, daß das übliche „Schwarze Peter Spiel" offen ausgetragen werden müßte. Erstes Etappenziel angesichts knapper finanzieller Mittel könnte im Sinne eines *incremental planning* der gemeinsam getragene Entschluß sein, ein erstes Projekt in Angriff zu nehmen, sei es ein Ökogarten, gestaltet durch Schüler und ABM-Kräfte der Volkshochschule, sei es ein Hausdurchgang, bemalt durch Jugendliche, sei es die Umwandlung einer nicht mehr genutzten Kindertageseinrichtung in ein Haus für Vereine und Bürgergruppen, sei es Jugendlichen am Ortsrand Material für eine Blockhütte bereitzustellen usw. Natürlich hätten solche Projekte für den Stadtteil als Ganzes nur symbolischen Wert – doch darf die Signalwirkung der demonstrativen Gemeinsamkeit keinesfalls unterschätzt werden. Mittel- bis langfristig braucht Groß Klein allerdings auch größere Investitionen wie ein als Stadtteiltreff dienendes Gebäude an zentraler Stelle und einen öffentlichen Platz mit entsprechender Gestaltung. Über aller notwendigen Kleinschrittigkeit und Mittelfristigkeit des Handlungsrahmens darf nicht vergessen werden, daß es ohne eine umfassendere, gemeinsame Zukunftsvision für den Stadtteil nicht geht. Auch hier kann der angewandt arbeitende Geograph seine Planungskompetenz, seine Kompetenz im Umgang mit Raumstrukturen unter Beweis stellen.

Entscheidend ist die frühzeitige Einbindung der Bewohner in die Planungen und deren Umsetzung. Für die ersten Schritte in einem solchen Prozeß braucht man zumindest einige einsatzbereite Bewohner und engagierte Akteure in der Verwaltung, den Wohnungsgenossenschaften, der WIRO, den Verbänden, der Kirche, usw., die bereit sind, sich für Groß Klein über das übliche Maß hinaus einzusetzen und auf den einzelnen Bewohner zuzugehen, um ihn aus seiner Lethargie herauszureißen. Wir haben vereinzelt solche Personen kennengelernt, die aber auf Grund ihrer Empfindung, Einzelkämpfer zu sein, zunehmend in eine depressive Stimmung verfallen. Diese Personen gilt es zusammenzubringen und in informelle Planungsprozesse, in flexible Kooperations- und Entscheidungsverfahren einzubinden. Dabei soll das Interaktionsmodell als Hilfestellung und Einstieg dienen. Ob die Aktivierung der potentiellen Akteure gelingt, ist offen, nicht zuletzt angesichts von Akteuren in der Rostocker Verwaltung und Politik, die sich – teils aus Unfähigkeit, teils aus politischem Kalkül – als Bremser einer positiven Weiterentwicklung betätigen. Zu oft noch dominieren Inflexibilität und vor allem individuelle oder Ressort-Profilierungssucht in den Amtsstuben. Im Sinne eines in dieser Situation unbedingt notwendigen handlungsorientierten Forschungsethos, bei dem die Analysen nicht zum Selbstzweck und die Menschen nicht zu reinen Forschungsobjekten werden dürfen, wollen wir *dennoch* versuchen, den Betroffenen Anstöße zu geben und Anregungen zu vermitteln, wie sie die Lebensqualität in Groß Klein positiv weiterentwickeln können – eine Entwicklung, an die immerhin 60% der Befragten glauben.

Literatur:

Bohnet, A. u. C. Ohly (1992): Zum gegenwärtigen Stand der Transformationstheorie. Eine Literaturstudie. In: Zeitschrift für Wirtschaftspolitik 41, H. 1, S. 27–50.

Bundesministerium für Raumordnung, Bauwesen und Städtebau (1994): Großsiedlungsbericht. = Drucksache 12/8406. Bonn.

Bundesforschungsanstalt für Landeskunde und Raumordnung (Hg.) (1994): Große Neubaugebiete. Bestand, städtebauliche Handlungsfelder und Perspektiven. = Informationen zur Raumentwicklung, H. 9. Bonn.

Hansestadt Rostock, Amt für Stadtentwicklung, Statistik und Wahlen (Hg.) (1994): Wahlen am 12. Juni 1994. Endgültige Ergebnisse. Rostock.

Hansestadt Rostock, Amt für Statistik und Wahlen (Hg.) (1995a): Statistisches Jahrbuch 1994. Rostock.

Hansestadt Rostock, Amt für Statistik und Wahlen (Hg.) (1995b): Hansestadt Rostock 1994 im Überblick. Rostock.

Herlyn, U. u. B. Hunger (Hg.) (1994): Ostdeutsche Wohnmilieus im Wandel. Eine Untersuchung ausgewählter Stadtgebiete als sozialplanerischer Beitrag zur Stadterneuerung. = Stadtforschung aktuell 47. Basel, Boston u. Berlin.

Hohn, U. u. A. Hohn (1993): Großsiedlungen in Ostdeutschland. Entwicklung, Perspektiven und die Fallstudie Rostock-Groß Klein. In: Geographische Rundschau 45, H. 3, S. 146–152.

Hunger, B. u.a. (1990): Städtebauprognose, Städtebauliche Grundlagen für die langfristig intensive Entwicklung und Reproduktion der Städte. = Arbeitshefte des Instituts für Stadt- und Regionalplanung der TU Berlin 42. Berlin.

WOHNUNGSPOLITIK IN DEN NEUEN BUNDESLÄNDERN AUS SICHT DER WOHNUNGSWIRTSCHAFT
Profil und Aktivitäten der GAGFAH

Werner Dybowski, Essen

1. Einleitung

Die folgenden Ausführungen befassen sich weniger mit wohnungspolitischen Gesichtspunkten im engeren Sinne, wenngleich unbestreitbar die Einblicke in den Alltag der Wohnungsverwaltung und Wohnungsbautätigkeit in den neuen Bundesländern zu politischen Schlußfolgerungen führen, die nicht nur die neuen Bundesländer, sondern die gesamte Wohnungspolitik in Deutschland tangieren. Es geht hier vielmehr um Probleme im „unternehmerischen Alltag" eines in der gesamten Bundesrepublik tätigen Wohnungsunternehmens, das an der Gestaltung und Entwicklung des Gutes „Wohnen" in den immer noch sogenannten neuen – obgleich eigentlich auch „alten" – Bundesländern teilnimmt.

Als Beispiel dient das neue wie alte Thema „kostensparendes Bauen", das, natürlich zu Recht, von der Politik gern aufgegriffen wird, oft aber so, daß Modellprojekte unter Sonderbedingungen konzipiert werden, deren Wiederholbarkeit unter üblichen Bedingungen häufig nicht gegeben ist. Wohnen, ein Grundbedürfnis der Menschen, muß bezahlbar sein. Das Schaffen von Wohnraum darf nicht laufend neuen kostentreibenden Anforderungen ausgesetzt werden! Als einige Beispiele von vielen seien herausgegriffen: die immer höheren Anforderungen von DIN-Normen, die im Streitfall als „Stand der Technik" von der Rechtsprechung zugrunde gelegt werden; z.B. Trittschallschutz im Einfamilienhaus! Dieses Problem läßt sich pädagogisch von Eltern einfacher und effektiver lösen als technisch und damit teuer! Oder: Weil eine Einfamilienreihenhauszeile in der Rechtsform des Wohnungseigentums aufgeteilt werden soll, verlangt die Gemeinde einen Gemeinschaftskinderspielplatz nach den Anforderungen einer Mehrfamilienhaussiedlung! Oder: Weil eine Einfamilienreihenhauszeile an einer verkehrsreichen Straße liegt, verlangt die Planungsbehörde für jedes Einfamilienhaus einen rückwärtigen Kellerausgang, damit die Kinder gefahrlos in den Garten gelangen können; der mögliche Austritt aus der Terrassentür reicht da angeblich nicht aus. Da dies der beabsichtigten kostensparenden Bauweise völlig widersprach, einigte man sich schließlich auf eine weniger kostentreibende Lösung, nämlich einen „Kinderweg" parallel zum öffentlichen Gehweg in den Vorgärten anzulegen! So wird mit kostentreibenden Forderungen zudem ein Unfallschutz suggeriert, der Erziehungs- und Aufsichtsmaßnahmen eher erlahmen läßt.

2. Aktivitäten der GAGFAH in den neuen Bundesländern

Nun zur GAGFAH, über deren Engagement in den neuen Bundesländern – wenn auch nur kursorisch – im folgenden berichtet wird. Die GAGFAH hat sich den Anforderungen aus dem Spannungsverhältnis von Veränderung und Bewahrung gestellt. Das Firmenleitbild „Innovation aus Tradition" – also neuen Ideen aus den Wurzeln der tradierten Erfahrung zum Durchbruch zu verhelfen – bringt dies zum Ausdruck.

Am 14. August 1918 wurde in Berlin die Gemeinnützige Aktien-Gesellschaft für Angestellten-Heimstätten gegründet. Die herrschende Wohnungsnot bewog die deutschen Angestelltenverbände in der Schlußphase des ersten Weltkrieges, initiativ zu werden. „Ausschließlicher Zweck des Unternehmens ist die Beschaffung gesunder Wohnungen zu angemessenen Preisen für minderbemittelte Familien und Erwerbspersonen, insbesondere den Kreis der nach dem Versicherungsgesetz für Angestellte versicherten Personen", so beginnt die Gründungssatzung der GAGFAH – eine Zielsetzung, die in Anpassung an die Gegenwart auch heute noch ihre Gültigkeit für die Unternehmenspolitik der GAGFAH besitzt.

Mieter:	Vermietung von Wohnraum Modernisierung von Wohnungen Bau von eigenen Mietwohnungen Bau und Betrieb von Gemeinschaftsanlagen und Folgeeinrichtungen
Käufer:	Bau und Verkauf von – Eigentumswohnungen – Ein- und Zweifamilienhäusern – Studentenwohnungen – Seniorenwohnungen
Kommunen:	Mitwirkung bei – Städtebau – Stadtsanierung – Bodenordnungs- und Erschließungsmaßnahmen Betreuungsleistungen für den Bau von kommunalen Einrichtungen
Bauherren:	Baubetreuung und/oder Projektsteuerung für – Wohnungsbau – Gewerbebau – sportliche und soziale Einrichtungen insbesondere für Sozialversicherungsträger
Eigentümer:	Betreuung von fremden Immobilien – als Wohnungseigentumsverwaltung – im Pachtverhältnis – als Fondsverwaltung – im Treuhandverhältnis – als Vermögensverwaltung

Abbildung 1: Zielgruppen der GAGFAH – Dienstleistungen und -produkte

Die GAGFAH ist als eines der großen Wohnungsunternehmen in mehr als 160 Städten des gesamten Bundesgebietes präsent. Das Engagement der GAGFAH in den neuen Bundesländern erklärt sich auch aus der Tradition der GAGFAH vor 1945. Von der Gründung der GAGFAH 1918 bis zum Entzug ihres Eigentums an Grundstücken mit Mietwohnhäusern und an unbebauten Grundstücken durch die Behörden der ehemaligen DDR war das Gebiet der heutigen neuen Bundesländer ein besonderer Standort der GAGFAH-Aktivitäten. Der Bau von insgesamt 13.500 Mietwohnungen, 8.200 Einfamilienhäusern in diesem Zeitraum und ein Bestand von 470.000 m² unbebauter Grundstücke in 50 Städten und Gemeinden zeugen davon.

Nach der Wiedervereinigung war es sicherlich konsequent und logisch, daß sich die GAGFAH um Rückübertragung ihres teils auf Grund von SMAD-Befehlen, überwiegend aber von DDR-Stellen enteigneten Grundbesitzes bemühte, zumal der Einigungsvertrag dies nach dem Wortlaut des Gesetzes und der Auslegung der Juristen zuließ. Dabei standen für die GAGFAH zwei Gesichtspunkte im Vordergrund:
1. das unrechtmäßig enteignete Vermögen zurückzuerhalten, was für jede Unternehmensleitung selbstverständlich sein dürfte, und
2. einen Beitrag zur zügigen Verbesserung der Wohnverhältnisse in den neuen Bundesländern zu leisten.

Was nun den erstgenannten Punkt angeht, nämlich die Rückübertragung zu erhalten, hat dies leider viel Zeit und auch Geld gekostet und führte bedauerlicherweise auch zu Irritationen vor Ort.

Da nicht Rückschau angesagt, sondern den Blick nach vorn zu richten Gebot der Stunde ist, verfolgt die GAGFAH seit 1990 drei Aufgabenschwerpunkte.
1. Mit der Gründung der Tochtergesellschaft GAGFAH BIV stellt die GAGFAH ihre Kompetenz in der Verwaltung und Modernisierung von Mietwohnungen Dritter zur Verfügung.
2. In einem weiteren Schritt wurde die Wohnungsneubautätigkeit in den neuen Bundesländern wieder aufgenommen.
3. Die GAGFAH verhandelt über Rückgabe und Rückkauf ihrer Objekte unter Einbringung der Zusage, unverzüglich in die einzelne Wohneinheit ca. 60.000 bis 70.000 DM zu investieren, wobei von diesem Betrag der für Instandsetzung und Modernisierung verbleibende Teil von der Kaufpreisforderung der Gemeinde bzw. der städtischen Gesellschaft abhängig ist.

Insgesamt dürfte festzustellen sein, daß die Restitutionsverfahren und die Altschuldenregelungen zu einem erheblichen Investitionsstau zumindest in der Wohnungswirtschaft geführt haben. Die GAGFAH hat Modelle entwickelt, die zu einer zügigen Verbesserung der Wohnsituation der Menschen in den neuen Bundesländern beitragen können und gleichzeitig einen wesentlichen Beitrag zur Sicherung und Neuschaffung von Arbeitsplätzen im örtlich ansässigen Handwerk leisten. Erfolge stellten sich dort ein, wo gemeinsames Handeln von örtlich Verantwortlichen mit der Wohnungswirtschaft zielstrebig in diesem Sinne umgesetzt wurde.

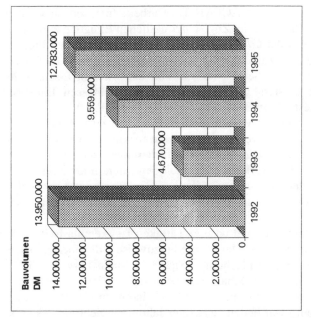
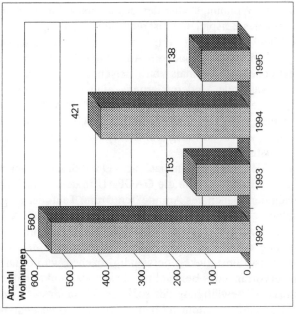

Abbildung 2: Entwicklung der GAGFAH BIV – Modernisierungstätigkeit in den neuen Bundesländern

3. Modernisierung von Wohnungen

Ein Beispiel aus der GAGFAH-Tagesarbeit: In Eisenach wurden am 1. März 1994 112 Wohnungen im Zuge einer gütlichen Einigung zurückübertragen, d.h., sie wurden von der GAGFAH zu einem äußerst günstigen Preis zurückgekauft, der es zuließ, die zugesagte Investitionssumme sofort in die Instandsetzung und Modernisierung fließen zu lassen. Von den zwei in Eisenach durchgeführten Generalmodernisierungen ist eine bereits abgeschlossen. Ein Restitutionsobjekt in der Stolzestraße in Eisenach ist inzwischen voll modernisiert, im Max-Reger-Hof befindet sich die Modernisierung in vollem Zuge. Im Ergebnis kommt es zu erheblichen Qualitätsverbesserungen, die aber das Primat sozialverträglicher Mieten nicht tangieren. Die enormen Anforderungen, die sich sowohl den Bauingenieuren, den Handwerkern, aber auch den Mietern als direkt Betroffenen während der Modernisierungsmaßnahme stellen, werden vor der Zielperspektive der Sicherung von gutem und preiswertem Wohnraum mit großer Erwartungshaltung erfüllt.

Als weiteres Beispiel unserer Tätigkeit ist exemplarisch auf zwei Modernisierungsmaßnahmen in Magdeburg hinzuweisen, die überregionalen Modellcharakter haben. In der Flechtinger Straße in Magdeburg hat die GAGFAH 143 Wohnungen in der denkmalgeschützten Beims-Siedlung erworben und mit der Modernisierung begonnen. Mittlerweile sind mehr als 50 % fertiggestellt.

Magdeburg war in den zwanziger Jahren ein Zentrum des vom neuen Bauen geprägten sozialen Wohnungsbaus, der besonders stilprägend in dieser Stadt wirkte. Ein prägnantes Beispiel dafür ist die Beims-Siedlung, in der die GAGFAH ebenfalls mit Mietwohnungsbau vertreten war. Dank der guten Unterstützung durch die Landesregierung von Sachsen-Anhalt und seitens der Stadt Magdeburg wurden die leerstehenden, ehemals von russischen Offizieren bewohnten Wohnungen durch umfassende Modernisierungs- und Instandsetzungsarbeiten dem Wohnungsmarkt wieder zugeführt. Ferner wurden 140 Wohnungen in sogenannter Plattenbauweise erworben, die ebenfalls von GUS-Streitkräften und deren Familien bewohnt waren und sich bei Übergabe an die GAGFAH in einem katastrophalen Zustand befanden.

In der Beims-Siedlung, genannt nach dem Oberbürgermeister der Stadt Magdeburg von 1919 – 1931, erstellte die GAGFAH in den zwanziger Jahren Mietwohnungen nach den Plänen des Architekten Bruno Taut, der lange Jahre Stadtbaurat in Magdeburg war. Diese Wohnanlage erwarb die GAGFAH im vergangenen Jahr von der Stadt im Wege des Erbbaurechts, sehr wohl wissend, daß die vorherige Nutzung durch die sowjetischen Offiziere und deren Familien eine umfangreiche Investitionstätigkeit notwendig machen würde. Die Beims-Siedlung stellt ein hervorragendes Beispiel für die soziale, funktionale, gestalterische und organisatorische Bewältigung des sozialen Wohnungsbaues der Vorkriegszeit dar. Dank der guten Zusammenarbeit mit der Denkmalschutzbehörde wurde erreicht, daß trotz der unbestreitbar vorhandenen wirtschaftlichen Beschränkung bei dieser Wohnanlage das architektonische Erbe von Bruno Taut wiederhergestellt werden kann, als ein positives Beispiel für eine weiterhin aktuelle Wohnkultur. Der Architekt, Maler und Visionär Bruno Taut hat uns übermittelt, daß Wohnen auch Bestandteil von Kulturpolitik ist.

Konkret wurden in der Flechtinger Straße in Magdeburg in enger Abstimmung mit der Denkmalschutzbehörde zum Beispiel die Farben rekonstruiert. Rote Fenstersprossen und farbige Laibungen der Fenster gliedern die geschlossen und grober geputzten, gelben Straßenfronten der Häuser. Die fast ursprungsgetreu nachgebildete Farbigkeit zeigt in diesem relativ abgeschlossenen Bereich die Wirkung der Farbe, wie sie Taut ausgewählt hatte. In den Häusern selbst wurden bei einem Umfang von DM 15,3 Mio. reiner Baukosten, das entspricht fast 1.800,– DM je m² Wohnfläche, 75 Zwei-Raum-Wohnungen, 66 Drei-Raum-Wohnungen und zwei Vier-Raum-Wohnungen modernisiert, davon sieben Wohnungen für Senioren altengerecht hergerichtet.

Bei diesem Objekt wurde neben der kompletten Dacherneuerung auch der Außenputz wiederhergestellt. Dabei ist unbestreitbar zu sehen, daß Zerstörtes wiederherzustellen nicht völlig dasselbe sein kann wie vor der Zerstörung. Die Materialienfrage, die immer wieder in der Diskussion steht, sei hier beispielhaft genannt. Bei der Wiederherstellung wurden moderne isolierverglaste Kunststofffensterrahmen gewählt. Die moderne Bauphysik läßt heute Materialien zu, die als guter Ersatz für die früheren Holzfensterrahmen angesehen werden können, zugleich ein positiver Kostensenkungsfaktor für die Zukunft.

Die integrative Zusammenarbeit zwischen öffentlicher Hand und Bauherren gilt es auch deshalb hervorzuheben, weil sie auch in den Altbundesländern nicht unbedingt den Normalfall darstellt. Eine sachgerechte Kooperation zwischen den Beteiligten ist Voraussetzung für die zügige Entwicklung und Realisierung von Modernisierungsmaßnahmen, ebenso wie bei Neubauten.

4. Wohnungsverwaltung und Privatisierung

Ein weiterer Schwerpunkt der Tätigkeit der GAGFAH in den neuen Bundesländern ist die Wohnungsverwaltung. Zur Zeit verwaltet die GAGFAH BIV ca. 20.000 Wohnungen in allen fünf neuen Bundesländern. Die Verwaltung wird wesentlich über die GAGFAH BIV-Geschäftsstellen in Berlin, Magdeburg, Neubrandenburg, Potsdam, Taucha bei Leipzig, Velten bei Berlin und Weimar abgewickelt. Mit der Übernahme der Verwaltungstätigkeit wird jeweils eine Bestandsaufnahme der Wohnanlagen durchgeführt, um eine substantielle Basis für spätere Instandsetzungen und Modernisierungen zu erhalten. Der Instandhaltungsgrad der in DDR-Zeiten heruntergewirtschafteten Wohnungen liegt auf einem sehr niedrigen Niveau. Verwaltet werden Wohnungsbestände mit und ohne Restitutionsansprüche für Kommunen und andere Körperschaften des öffentlichen Rechts, für die TLG Treuhandliegenschaftsgesellschaft mbH und Privatpersonen. 60 % der ca. 20.000 Einheiten werden allein im Auftrag der TLG verwaltet.

Insgesamt kann man feststellen, daß auch das heutige Mietniveau nicht ausreicht, um die dringend erforderlichen Modernisierungs- und Instandsetzungsmaßnahmen durchzuführen. Betrug die Miete vor fünf Jahren noch ca. 60–80 Pfennig je m² Wohnfläche, was nun sicherlich eine ordnungsgemäße Immobilienbewirtschaftung unmöglich machte, läßt die derzeitige Miete bei nicht modernisierten Wohnanlagen von durchschnittlich 4,– bis 4,50 DM je m² zuzüglich Nebenkosten solche Maßnahmen aber immer noch nicht zu. Auch die Verwaltungskostenpauschale für die Dienstleistung „Immobilien-Verwaltung", die bei öffentlich geförderten Objekten gesetzlich festgelegt wird, ist meist nicht kostendeckend! Obgleich diese Dienstleistung eindeutig mehr Personal- und Sachaufwand erfordert als die rein bankmäßige Verwaltung eines öffentlichen Darlehens, liegt der 0,5%ige Verwaltungskostenbeitrag, der dafür an die öffentliche Hand zu zahlen ist, im Schnitt höher als die vom Gesetzgeber festgelegte Verwaltungspauschale für die Wohnungsverwaltung selbst!

Die wirtschaftliche Notwendigkeit einer Anpassung der Mieten ist den Mietern in den neuen Bundesländern häufig nur schwer zu vermitteln. Noch weniger ist jedoch den Mietern zu vermitteln, daß sie höhere Mieten zahlen müssen, auch wenn sie dafür keinerlei Verbesserungen der Wohnqualität erfahren. Hier liegen zahlreiche im Detail liegende Hürden für eine ordnungsgemäße Immobilienbewirtschaftung, die letztendlich nicht nur dem Mieter ein unbefriedigendes Wohnerlebnis hinterlassen, sondern gleichzeitig die Verbesserung der Wohnungsstruktur in zahlreichen Städten und Gemeinden in den neuen Bundesländern behindern.

Es muß angenommen werden, daß auch das Mietenüberleitungs-Gesetz von Juni 1995 nicht dazu führen wird, die Wohnungswirtschaft in den neuen Bundesländern in die Lage zu versetzen, die Modernisierung und Instandsetzung der über Jahrzehnte vernachlässigten Wohnanlagen zügig und umfassend in Angriff nehmen zu können. Dies gilt insbesondere für die kommunalen Gesellschaften in den neuen Bundesländern, weil diese mit dem Problem der Altschulden belastet sind, Schulden, die meist sehr wenig mit Finanzierungsmitteln aus der Wohnungserstellung zu tun haben.

Damit ist das wohnungswirtschaftliche Arbeitsfeld der Privatisierung von Wohnungen in den neuen Bundesländern angesprochen, wie es das Altschuldenhilfe-Gesetz vorsieht. Unabhängig von den Auflagen des Altschuldenhilfe-Gesetzes ist eine Wohnungsprivatisierung auch zum Zwecke der Eigentumsbildung in den neuen Bundesländern aus verschiedenen Gründen notwendig und wünschenswert. Allerdings dürfte die vorgeschriebene Privatisierung kaum den gewünschten Erfolg haben.

Der anzusprechende Personenkreis, das sind die derzeitigen Mieter, ist zur Zeit noch nicht für einen Kauf zu begeistern, weil ihm
1. meist eine ausreichende Kaufkraft fehlt,
2. er die Beschäftigungsperspektiven eher als ungesichert sieht und sich damit finanziell nicht binden will,
3. die Probleme aus den kaum zu kalkulierenden Risiken bei Großwohnkomplexen, insbesondere den Plattenbauten, nicht gelöst und
4. die notwendigen Modernisierungs- und Instandsetzungsmaßnahmen für die Zukunft finanziell nicht ausreichend abgesichert sind.

Auch die Möglichkeit der Zwischenerwerbermodelle wird keinen echten Push auslösen, da z.B. das Genossenschaftsrecht schon aufgrund der Rechtskonstruktion keine flexible Handhabung zuläßt, was aber für solche Modelle zwingend ist. Gleichwohl ist die Richtung dieses Gesetzes richtig. Nicht nur der spätere Eigentümer der Wohnung zieht Nutzen aus der Privatisierung; wenn sie denn in größerem Umfang gelingt, auch der Verkäufer. Mit Hilfe des Verkaufserlöses können die sogenannten Altschulden getilgt und Eigenmittel für anstehende Modernisierungsaufgaben beschafft werden.

Die GAGFAH hat eine Privatisierungsmaßnahme als Pilotprojekt des Bundesbauministeriums in Bergholz-Rehbrücke durchgeführt. Die ausgewählten Objekte wurden zunächst einer technischen Bestandsaufnahme unterzogen. Es erfolgte die Ausarbeitung eines Stufenplans und eine Strukturanalyse der Mieterschaft. Dann wurden alle Wohnungen weitestgehend modernisiert. Von 32 Wohnungen wurden 28 an die derzeitigen Mieter veräußert – ein Beitrag zur Vermögensbildung in privater Hand. Die noch im Besitz der Gemeinde befindlichen Wohnungen sollen nach Fluktuation verkauft werden.

5. Wohnungsneubau

Ein weiterer Tätigkeitsbereich der GAGFAH ist die Neubauproduktion. Seit Gründung der GAGFAH BIV nimmt die Neubauleistung kontinuierlich zu. In diesem Jahr ist der Baubeginn von 336 Wohneinheiten in den neuen Bundesländern geplant, wobei Innenentwicklung Vorrang hat.

Beispielhaft ist Taucha bei Leipzig zu nennen. Hier hat die GAGFAH mit Unterstützung durch die Stadt Taucha in unmittelbarer Nachbarschaft zu ehemaligen GAGFAH-Häusern zwei neue Gebäude mit anspruchsvoller Architektur errichtet. Beide Gebäude schließen eine Lücke in der vorhandenen Wohnstraße. Diese Eigentumswohnungen konnten zügig verkauft werden.

Ein weiteres Beispiel, insbesondere für den gelungenen Ansatz des kostengünstigen Bauen, wird in Ladeburg bei Bernau realisiert. In Ladeburg wurde am 30.9.1994 der Grundstein für eine neue große GAGFAH-Siedlung gelegt. Auf einer Grundstücksfläche von 106.000 m^2 wird das Wohngebiet „Am Blumenviertel" mit ca. 400 Wohneinheiten entstehen. Im ersten Bauabschnitt werden 104 Einfamilienhäuser errichtet. Für etwa ein Viertel der angebotenen Häuser wird der Kaufpreis einschließlich Grundstück unter 300.000 DM liegen und somit für breite Schichten der Bevölkerung erschwinglich. Die hier gewonnenen Erfahrungen, u.a. in Zusammenarbeit mit niederländischen Bauunternehmen, werden repliziert. Der Markt für Eigentumsmaßnahmen, die sich Durchschnittseinkommensbezieher leisten können, ist weiter gegeben.

Die GAGFAH versteht damit ihre Neubautätigkeit auch als Beitrag zur Eigentumsförderung der Bürger in den neuen Bundesländern. Deshalb ist es wichtig, daß die Angebote den finanziellen Möglichkeiten der Bewohner in den neuen Bundesländern angepaßt werden.

6. Perspektiven

Die seit 1990 erbrachten Leistungen, nicht nur der GAGFAH, sondern der gesamten Wohnungs- und Bauwirtschaft in den neuen Bundesländern, sind von imposanter Dimension. Keiner von uns hätte diese Veränderungen in derart kurzer Zeit für möglich gehalten. Dennoch ist zu befürchten, daß in den nächsten Jahren dieses Tempo der Anpassung nicht beibehalten werden kann. Einerseits sind die wirtschaftlichen Umstrukturierungen im Sinne einer sich selbst tragenden Wirtschaftsentwicklung in den neuen Bundesländern noch in weiter Ferne, andererseits wird die veränderte steuerliche Förderung ab 1997 zu einem Einbruch in der Wohnungs*neu*bautätigkeit führen, wenngleich in der Zielrichtung der Innenentwicklung verständlich. Weiterhin ist festzustellen, daß die Mietenanpassungen zu gering ausfallen, um die notwendigen Modernisierungs- und Sanierungsmaßnahmen zügig durchzuführen, ganz zu schweigen von dem Problem der Altschulden, das die ostdeutschen Wohnungsunternehmen belastet.

Wohnungspolitik muß immer auch als Bestandteil von Kultur- und Sozialpolitik verstanden werden. Das gemeinsame Ziel, Wohnen als Ausdruck von Lebensqualität für breite Schichten der Bevölkerung zu sichern, kann letztlich nur durch eine partnerschaftliche Zusammenarbeit aller damit befaßten Stellen mit der Wohnungswirtschaft, d.h. den Wohnungsunternehmen, erreicht werden – im Bewußtsein der Wirkungen des eigenen Tuns!

TRANSFORMATIONSPROZESSE IN DEN STADT-UMLAND-BEZIEHUNGEN DER HANSESTADT STRALSUND

Peter Foißner, Stralsund

1. Einleitung

Die Wende in der DDR hat zu zahlreichen räumlichen Veränderungen geführt. Für die Stadtentwicklung haben sich die Rahmenbedingungen vollkommen verändert. Der Transformationsprozeß hat jedoch nicht nur die Städte, sondern auch deren Umland erfaßt, und damit die Beziehungen zwischen beiden modifiziert. Im vorliegenden Beitrag wird diese These am Beispiel der Hansestadt Stralsund und ihres Umlandes erörtert.

2. Räumliche Lage der Hansestadt Stralsund und ihres Umlandes

Die Hansestadt Stralsund ist eine Mittelstadt im Nordosten des Landes Mecklenburg-Vorpommern. Als viertgrößte Stadt des Landes bildet Stralsund zusammen mit der 30 km entfernten, etwa gleichgroßen Hansestadt Greifswald das Oberzentrum Vorpommerns. Die periphere Region Vorpommern – eine von vier Planungsregionen in Mecklenburg-Vorpommern – ist ökonomisch von Landwirtschaft, Tourismus, Schiffbau und Hafenwirtschaft geprägt und mit 80 Ew/km² nur sehr dünn besiedelt (vgl. Regionaler Planungsverband Vorpommern 1994, S. 7). Stralsund und Greifswald bilden die Bevölkerungs- und Wirtschaftsschwerpunkte und ragen gleichsam als städtische Inseln aus der ländlich strukturierten Region heraus.

Das Umland der Hansestadt Stralsund ist räumlich durch eine Besonderheit gekennzeichnet. Die Stadt grenzt im Osten an den Strelasund, einer Meeresstraße, die das Festland von der Insel Rügen trennt. Diese Wassergrenze wird durch den Stralsund mit Rügen verbindenden Rügendamm – der einzigen befestigten Verbindung zwischen Festland und Insel – nahezu überwunden. Administrativ grenzt die kreisfreie Hansestadt Stralsund an die Landkreise Nordvorpommern und Rügen und die Gemeinden Kramerhof, Lüssow, Pantelitz, Wendorf, Brandshagen und Altefähr. Neben diesen Gemeinden zählen Prohn, Preetz, Niepars, Steinhagen, Zarrendorf und Gustow zum engeren Stralsunder Verflechtungsbereich. Diese zwölf Gemeinden wurden daher gemeinsam mit der Hansestadt Stralsund regionalplanerisch als Ordnungsraum Stralsund ausgewiesen.

3. Die Hansestadt Stralsund und ihr Umland in der DDR

A. Vorgaben für die kommunale Entwicklung

In der DDR wurde die kommunale Entwicklung weitgehend durch zentrale politische Vorgaben bestimmt. Dabei wurden die Rechte der Kommunen stark beschnitten. Die Verwaltungs- und Gebietsreform von 1952 führte nicht nur zur Auflösung der Länder und zur Konstituierung der Bezirke, sondern auch zum Entzug der kommunalen Selbstverwaltung. Kreise, Städte und Gemeinden wurden damit zu nachgeordneten staatlichen Organen, deren Aufgabe entsprechend dem demokratischen Zentralismus in der Umsetzung der Beschlüsse der jeweiligen höheren Verwaltungsebene lag (vgl. Brunner 1987, S. 1247). Die Gebietsreform diente in diesem Zusammenhang vorwiegend der Anpassung der Landkreise an die neuen Bezirksstrukturen, die kleinere Kreisgebiete erforderlich machte. Besonders im Umland kreisfreier Städte wurden damit verkleinerte Kreise mit geringen Einwohnerzahlen geschaffen, die häufig mangels eigener Zentren funktional völlig auf die kreisfreien Städte orientiert waren.

Nach der Durchführung dieser Verwaltungs- und Gebietsreform waren in der DDR unter Ausschaltung kommunaler Gestaltungsspielräume die Voraussetzungen für eine zentral gesteuerte räumliche Entwicklung geschaffen. Dabei wurde den Städten gegenüber dem Umland politisch „die führende Rolle" zugewiesen, so daß der komplexe Wohnungsbau und die Ansiedlung von Industrie und Gewerbe nahezu ausschließlich in den Städten vorgenommen wurde (vgl. Henckel u.a. 1993, S. 100).

B. Die Entwicklung der Hansestadt Stralsund und ihres Umlandes in der DDR

Im Stralsunder Raum führte die Entwicklung gemäß der oben beschriebenen Rahmenbedingungen zu einem starken Wachstum der Stadt bei gleichzeitigem strukturellen Schwund des Umlandes.

Stralsund wurde mit der Errichtung der Volkswerft und der Erweiterung der Hafenwirtschaft zu einem Zentrum maritimer Wirtschaft ausgebaut (vgl. Hansestadt Stralsund 1994, S. 8). Daneben war für Stralsund besonders das Baugewerbe von Bedeutung. Parallel zur aufstrebenden wirtschaftlichen Entwicklung konnte die Stadt ein Bevölkerungswachstum verzeichnen (vgl. Statistisches Amt der DDR 1990, S. 6). Vor allem zwischen 1950 und 1971 war eine deutliche Bevölkerungszunahme von 58.303 auf 71.489 Einwohner zu verzeichnen. Danach schwächte sich dieses Wachstum ab, so daß die Stadt 1989 über 75.498 Einwohner verfügte. Damit wurde Stralsund mit 1.936 Ew/km^2 bei einer Fläche von nur 39 km^2 zur kreisfreien Stadt mit der höchsten Einwohnerdichte in den Nordbezirken.

Der Aufbau neuer Wirtschaftsstrukturen und der Bevölkerungszuwachs fanden ihren Niederschlag in der Stralsunder Stadtentwicklung. Die gewerbliche Entwicklung konzentrierte sich mit Hafen und Werft am Strelasund, der Wohnungsbau wurde im Rahmen von Siedlungserweiterungen im Norden und Westen realisiert (vgl. Hansestadt Stralsund 1994, S. 11). Die neuen Großwohnsiedlungen Knieper Nord, Knieper West und Grünhufe ergänzten die älteren Wohngebiete Altstadt, Kniepervorstadt, Tribseer Vorstadt und Frankenvorstadt, wobei sie rund ebenso viele Einwohner aufnahmen.

Im Vergleich zu dem stetigen Wachstum der Stadt verbuchte das Stralsunder Umland eine gegenläufige Entwicklung. Im Rahmen der Gebietsreform von 1952 wurde der Landkreis, der Stralsund auf der Festlandseite umgab, stark verkleinert. Der Landkreis Stralsund war jedoch, ohne ein bedeutendes Zentrum aufzuweisen, funktional völlig auf die Stadt orientiert. Er blieb nahezu vollständig auf die Landwirtschaft ausgerichtet und besaß kaum produzierendes Gewerbe (Planungsgemeinschaft Glasow-Obermeyer 1991, S. 4). Größere Investitionen in den Wohnungsbau oder in die Ansiedlung von Industrie und Gewerbe wurden nicht getätigt. So verwundert es nicht, daß der Landkreis Stralsund aufgrund von Abwanderung eine kontinuierlich negative Einwohnerentwicklung verzeichnete (vgl. Statistisches Amt der DDR 1990, S. 6). Während 1950 (umgerechnet auf den Gebietsstand von 1952) noch 39.301 Einwohner im Landkreis lebten, verringerte sich dessen Einwohnerzahl ständig, so daß er 1971 30.606 Einwohner, 1989 gar nur noch 24.696 Einwohner zählte. Bei einer Fläche von 593 km² verfügte der Landkreis Stralsund 1989 mit 42 Ew/km² über die geringste Bevölkerungsdichte im Bezirk Rostock.

Wie stark der strukturelle Gegensatz zwischen Stadt und Umland war, wird bei genauer Betrachtung der Stralsunder Umlandgemeinden deutlich. In den zwölf Gemeinden lebten 1989 10.724 Einwohner auf einer Fläche von 236 km². In den meist nur wenige hundert Bewohner zählenden, dörflich geprägten Gemeinden unterblieb die Ansiedlung von Wohnungen und Gewerbe, obwohl sich aufgrund der geringen Größe der Stadt bereits Flächenengpässe – wie vor allem im Nordwesten, wo Plattensiedlungen gleichsam eine markante Stadtgrenze bildeten – abzeichneten. Die Umlandgemeinden hatten daher nicht einmal Suburbanisierungsansätze aufzuweisen, was durch ihre geringe Bevölkerungsdichte im Vergleich zur Stadt unterstrichen wurde (vgl. Abb. 1). Neun Gemeinden

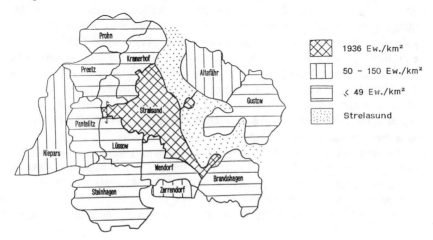

Abbildung 1: Ordnungsraum Stralsund: Bevölkerungsdichte der Hansestadt Stralsund und ihrer Umlandgemeinden 1989

hatten weniger als 50 Ew/km² und näherten sich damit stark dem Durchschnittswert des Landkreises an. Von den rückläufigen Einwohnerzahlen des Landkreises machten die Stralsunder Umlandgemeinden daher auch kaum Ausnahmen. Fast alle verbuchten seit den sechziger Jahren bis zur Wende stetige Einwohnerverluste.

Die aus den starken strukturellen Gegensätzen resultierenden Beziehungen zwischen der Hansestadt Stralsund und ihrem Umland waren gekennzeichnet durch die Dominanz der Stadt, die nahezu alle zentralörtlichen Funktionen für das Umland erfüllte. So pendelten die nicht in der Landwirtschaft tätigen Umlandbewohner überwiegend nach Stralsund, um das breite Arbeitsplatzangebot der Stadt wahrzunehmen (vgl. Stöberl 1992, S. 17). Die Versorgung mit über den täglichen Bedarf hinausgehenden Gütern, die in den kleinen Verkaufsstellen der Gemeinden nicht zu bekommen waren, wurde ebenfalls in der Stadt vorgenommen. Auch Bildungs-, Kultur- und Sozialeinrichtungen der Stadt, wie z.B. Schulen, Theater und Krankenhäuser, wurden durch die Bewohner des Umlandes mitgenutzt. Selbst Verwaltungsfunktionen für das Umland wurden in der Stadt ausgeübt. Obwohl Stralsund nicht kreisangehörig war, hatte die Verwaltung des Landkreises ihren Sitz in der Stadt. Dagegen erfüllte das Umland für die Stadt kaum Versorgungsfunktionen. Mit den in der Gemeinde Lüssow ansässigen Wasserwerken befand sich lediglich eine wichtige städtische Einrichtung im Umland (vgl. Stöberl 1992, S. 10).

4. Die Hansestadt Stralsund und ihr Umland nach der Wende

A. Veränderte Rahmenbedingungen für die kommunale Entwicklung

Mit der Wende im Herbst 1989 wurde in der DDR ein gesellschaftlicher Transformationsprozeß eingeleitet, der mit dem Beitritt der neuen Länder zum Geltungsbereich des Grundgesetzes am 3.10.1990 in die Übernahme der Wirtschafts-, Rechts- und Gesellschaftsordnung der Bundesrepublik mündete. Damit änderten sich auch das Selbstverständnis der Kommunen und die Rahmenbedingungen für deren Entwicklung. Kreise, Städte und Gemeinden wurden wieder Träger der kommunalen Selbstverwaltung (vgl. Stöberl 1992, S. 4). Um sie in dieser neuen Rolle zu stärken, wurden Verwaltungs- und Gebietsreformen durchgeführt. Dabei bildete man in Mecklenburg-Vorpommern Ämter zur Erledigung der Verwaltungsarbeit mehrerer kleiner Gemeinden, deren Selbständigkeit damit nicht beschnitten wurde. Die Landkreise wurden durch Zusammenlegungen stark vergrößert, dagegen blieben die kreisfreien Städte in Bezug auf Status und Fläche unberührt.

Mit den neuen gesellschaftlichen Rahmenbedingungen vervielfachte sich jedoch gleichzeitig die Zahl der an der Entwicklung von Städten und Gemeinden beteiligten Akteure (vgl. Häußermann 1995, S. 3). Anstelle des Staates in der DDR nehmen nun zahlreiche öffentliche Träger und private Investoren Wohnungsbau und Gewerbeansiedlung vor. Sie verfolgen eigene Ziele und Standortvorstellungen und wirken so wesentlich an der Entwicklung der Kommunen mit. Ihre Planungshoheit versetzt die Kommunen in die Lage, Investitionen räumlich zu steuern. Dabei treten Städte und Gemeinden im Rahmen ihrer Planungsziele in Konkurrenz bei der Ansiedlung von Wohnen und Gewerbe (vgl. Häußermann 1995, S. 9). Dieser Wettbewerb ist innerhalb von Stadtregionen, in denen meist mehrere Gemeinden über günstige Standortbedingungen verfügen, besonders ausgeprägt. Vor diesem Hintergrund hat sich das Verhältnis zwischen Stadt und Umland gewandelt. Es wird nicht länger durch eine klare hierarchische Unterordnung des Umlandes unter die Stadt, sondern weitgehend durch ein konkurrierendes Nebeneinander bestimmt.

B. Die Entwicklung der Hansestadt Stralsund und ihres Umlandes nach der Wende

Die Wende hat zunächst – wie überall in den neuen Ländern – auch im Stralsunder Raum zu einem wirtschaftlichen und demographischen Einbruch geführt. Die Wirtschaft mußte sich den konkurrierenden Bedingungen des Marktes anpassen. Dies führte in Stralsund dazu, daß der bestimmende maritime Sektor gewaltige Einbußen erlitt. Die Volkswerft beschäftigt mittlerweile nur noch 2.000 ihrer einstmals 8.000 Mitarbeiter und der Hafenumschlag erreichte auch 1994 noch nicht die Zahlen von 1989. Wesentlich besser gelang die Überführung des Baugewerbes in mittelständische Verhältnisse, so daß in Stralsund gerade von der Bauwirtschaft Wachstumsimpulse ausgehen. Wichtige Investitionen werden auch von öffentlichen Institutionen vorgenommen (vgl. Foißner 1995, S. 23). Die hohe Arbeitslosenquote von 16,3% für 1994 (vgl. Hansestadt Stralsund 1995, S. 62) zeugt jedoch davon, daß ein selbsttragender Aufschwung noch längst nicht erreicht ist. Einhergehend mit der wirtschaftlichen Krise verringerte sich die Einwohnerzahl Stralsunds dramatisch. Eine hohe Abwanderung, zunächst in die alten Bundesländer, nun aber immer mehr in das Umland, und eine beispiellos niedrige Geburtenrate haben dazu geführt, daß die Stadt 1994 nur noch 68.614 Einwohner und damit fast 10% weniger als 1989 zählte (vgl. Foißner 1995, S. 23). Trotz dieses Bevölkerungsrückganges hatte Stralsund aufgrund der Baufälligkeit von Wohnungen, besonders in der Altstadt, und dem Wunsch nach größerer individueller Wohnfläche 3.600 Wohnungssuchende für 1994 zu verzeichnen (vgl. Hansestadt Stralsund 1995, S. 33).

Vor dem Hintergrund der oben geschilderten Rahmenbedingungen und des jüngsten Strukturwandels steht Stralsund vor der Aufgabe, Wohnungen zu bauen und Gewerbe anzusiedeln, um positive Voraussetzungen für einen Aufschwung zu schaffen. Eine besondere Rolle nimmt dabei die Sanierung des Zentrums, der Altstadt, ein (vgl. Zillich 1993), die aufgrund ihres wertvollen Baubestandes in das Modellstadtprogramm des Bundes aufgenommen wurde. Weitere Schwerpunkte sind die Modernisierung der Großwohnsiedlungen und der Wohnungs- und Gewerbeneubau am Stadtrand. Während die neuen Gewerbegebiete vergleichsweise schnell erschlossen und teilweise auch besiedelt werden konnten, kam der Wohnungsbau nach der Wende nahezu zum Erliegen. Mit Ausnahme von Einzelmaßnahmen konnte erst ein komplexes Wohnungsbauvorhaben verwirklicht werden. Die Gründe hierfür liegen in vergleichsweise hohen Bodenpreisen und Grundsteuern und dem Mangel an geeigneten Investoren. In der Altstadt kommen ungeklärte Restitutionsansprüche und hohe Sanierungskosten hinzu (vgl. Zillich 1993, S. 48), so daß Erfolge nur langsam zu verzeichnen sind.

Eine im Vergleich zur degressiven Entwicklung Stralsunds gegenläufige Entwicklung verzeichnet mittlerweile das Umland. Zunächst haben sich mit der Bildung des neuen Kreises Nordvorpommern aus den Altkreisen Stralsund, Ribnitz-Damgarten und Grimmen die großräumigen Beziehungen verändert. Der Hansestadt Stralsund steht nun ein potenter Großkreis gegenüber, der mit einer Fläche von 2.167 km^2 und 117.108 Einwohnern (vgl. Statistisches Landesamt Mecklenburg-Vorpommern 1994, S. 293) anders als der ehemalige Landkreis Stralsund gleich über mehrere Zentren und vielfältige Entwicklungspotentiale verfügt. Folglich wurde die Verwaltung des neuen Großkreises im Mittelzentrum Grimmen etabliert, woraus für Stralsund der Verlust der Kreisverwaltung des Landkreises resultierte. Wenngleich auch der Kreis Nordvorpommern insgesamt große wirtschaftliche Probleme und eine rückläufige Einwohnerentwicklung von über 5% gegenüber 1989 (umgerechnet auf den heutigen Gebietsstand) aufzuweisen hat, so trifft dies nicht auf die Gemeinden im Ordnungsraum Stralsund zu. Hier ist von 1989 bis 1994 bereits ein Einwohnerzuwachs von 2,5% zu verzeichnen. Nachdem die Einwohnerzahlen 1990 zunächst in allen Umlandgemeinden mit Ausnahme von Gustow zurückgegangen waren, wird der Zuwachs inzwischen durch die positive Entwicklung in sechs Gemeinden getragen.

Die Einwohnergewinne des Umlandes resultieren überwiegend aus der Zuwanderung Stralsunder Bürger. Dem Wunsch vieler Städter nach dem „Wohnen im Grünen" haben die Gemeinden durch die Ausweisung von günstigem Bauland für Einfamilien-, Doppel- und Reihenhäuser wesentlich schneller als die Stadt entsprochen. Geklärte Eigentumsverhältnisse und zügige Baulandausweisung einerseits sowie niedrige Bodenpreise und Grundsteuern andererseits haben die erfolgreiche Veräußerung von Bauland möglich gemacht. Vor diesem Hintergrund ist gerade für den Wohnungsbau und die daraus resultierenden Einwohnerzahlen in den Gemeinden noch kein Ende der Entwicklung abzusehen. So sind nach Angaben des Amtes für Raumordnung und Landesplanung in den zwölf Umlandgemeinden insgesamt 2.755 Wohneinheiten genehmigt, im Bau oder bereits fertiggestellt. Diese Zahl geht weit über einen als verträglich angenommenen Zuwachs hinaus, der bei 20% des Wohnungsbestandes, also 950 bis 1.000 Wohneinheiten liegt. Aufgrund des großen Angebotes ist damit zu rechnen, daß im Rahmen der wirtschaftlichen Stabilisierung die Abwanderung besserverdienender Stralsunder in die Umlandgemeinden noch zunehmen und dort mittelfristig zu einer veränderten sozialen Zusammensetzung der Bevölkerung führen wird. Davon werden besonders Kramerhof, Steinhagen und Wendorf betroffen sein, wo sogar mit einer Verdoppelung der Einwohnerzahlen zu rechnen ist.

Während Wohnungsbau in allen Umlandgemeinden durchgeführt wird, ist die gewerbliche Entwicklung auf wenige der unmittelbaren Stralsunder Nachbargemeinden beschränkt. Sind in anderen Gemeinden Gewerbebetriebe nur in Ausnahmen vorhanden, verfügen Wendorf, Kramerhof und Lüssow über große Gewerbe- und Sondergebiete (vgl. Breuer 1995, S. 90ff). Diese grenzen unmittelbar an die Stadt und sind aufgrund ihrer Lage an den Hauptverkehrsstraßen sehr gut erreichbar (vgl. Abb. 2). Alleine in Wendorf sind 70 ha Gewerbefläche – das entspricht fast der Hälfte des Bestandes in Stralsund von 1990 – ausgewiesen und teilweise besiedelt. In Lüssow und Kramerhof haben sich die beiden größten Einkaufszentren im Stralsunder Raum, Ostsee-Center und Strelapark, mit 28.000 bzw. 24.000 m^2 Verkaufsraumfläche unmittelbar hinter der Stadtgrenze niedergelassen. Während 27% der Verkaufsraumfläche in der Altstadt und den Stadtteilen sowie 36% am Stadtrand realisiert sind, verfügt das Umland über stattliche 37% der Verkaufsraumfläche des Stralsunder Ordnungsraumes. Die Gründe für die Ansiedlung des Handels im Umland liegen – wie schon beim Wohnungsbau – wiederum in günstigen Bodenpreisen und Gewerbesteuern und rascher Flächenverfügbarkeit. Aufgrund der Pkw-Orientierung des Handels kommen Verkehrsgunst, Zufahrts- und Parkmöglichkeiten hinzu. Diese Standortkriterien erfüllt das Umland wesentlich besser als die enge Altstadt.

Neben der Abwanderung von Wohnen und Gewerbe ziehen noch weitere oberzentrale Funktionen aus der Stadt in das Umland. Nachdem 1993 das einzige Schwimmbad der Stadt schließen mußte, wird nun auf dem Gebiet der Gemeinde Kramerhof der Regionale Freizeit- und Erholungspark Stralsund errichtet, der neben einem Schwimm- und Spaßbad zahlreiche weitere Freizeitmöglichkeiten bietet. Zusammen mit dem Strelapark entsteht hier in fußläufiger Entfernung zwischen den beiden größten Stralsunder Wohngebieten Grünhufe und Knieper West mit zusammen 28.000 Einwohnern ein neues Zentrum (vgl. Abb. 2), das außerhalb des städtischen Hoheitsgebietes liegt und mit der Altstadt konkurrieren wird.

Vor dem Hintergrund der hier geschilderten Entwicklung wird der Wandel der Beziehungen zwischen der Hansestadt Stralsund und ihrem Umland deutlich. Stadt und Umlandgemeinden konkurrieren nun um die Ansiedlung von Wohnen und Gewerbe. Während in der Entwicklung der Stadt nur langsam Erfolge zu verzeichnen sind, findet im Umland ein kräftiger Suburbanisierungsprozeß statt. Dabei ist die von den Gemeinden verfolgte Ansiedlungspolitik gerade deshalb so erfolgreich, weil sie von den Problemen der Stralsunder Stadtentwicklung profitiert. Gleichzeitig sind die Stadt-Umland-Beziehungen durch wachsende, zunehmend auf Gegenseitigkeit beruhende Verflechtungen geprägt. Dies wird vor allem an den intensivierten Pendlerbeziehungen deutlich. Daran sind nicht nur in das Umland gezogene Stralsunder, die zu ihren Arbeits- und Ausbildungsplätzen in die Stadt pendeln, beteiligt, sondern auch Stadtbewohner, die das neue Arbeitsplatzangebot im Umland wahrnehmen. Vor allem aber suchen zahlreiche Stralsunder die Einkaufszentren – und zukünftig den Regionalen Freizeit- und Erholungspark – des Umlandes auf. Zunehmende Verflechtungen resultieren aber auch aus den steigenden Ansprüchen des Umlandes an Nahverkehr und technischer Ver- und Entsorgung. Ein Beispiel stellt der Um- und Ausbau der Stralsunder Kläranlage dar, die nun auch die Gemeinden Kramerhof, Lüssow, Wendorf und Steinhagen mitversorgt.

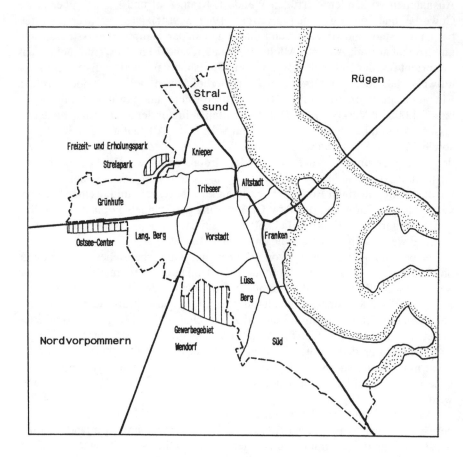

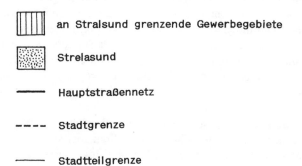

Abbildung 2: Lage der an Stralsund grenzenden Gewerbegebiete im Verhältnis zu Hauptstraßennetz und Stadtteilen

5. Die Transformation der Stadt-Umland-Beziehungen der Hansestadt Stralsund: Ein Ausblick

Die im Vergleich zur DDR-Zeit unter umgekehrten Vorzeichen verlaufende Entwicklung der Hansestadt Stralsund und ihres Umlandes nach der Wende hat neue Probleme aufgeworfen. Für die Hansestadt Stralsund bedeutet die Abwanderung von Einwohnern, Gewerbebetrieben und weiteren oberzentralen Einrichtungen in das Umland nicht nur Finanzverluste aufgrund sinkender Steuereinnahmen, sondern auch eine Gefährdung ihrer oberzentralen Stellung. Exemplarisch wird dies an der Stralsunder Altstadt deutlich, die durch die Konkurrenz peripherer Handelseinrichtungen bereits Funktionsverluste hinnehmen mußte. Für den Ordnungsraum Stralsund führt die Suburbanisierung des Umlandes zur Erzeugung neuer Verkehrsströme, denen die vorhandenen Straßen bereits jetzt nicht mehr gewachsen sind (vgl. Zillich 1993, S. 48). Darüber hinaus werden zum Teil wertvolle Landschaftsräume zersiedelt und die Ortsbilder der Gemeinden negativ beeinträchtigt.

Diesen Problemen wurde jedoch weder durch die kommunale Gebietsreform noch durch die Landes- und Regionalplanung Rechnung getragen. Im Rahmen der Gebietsreform konnte sich Stralsund den Status der Kreisfreiheit sichern. Obgleich ein mit der geringen Größe der Stadt begründeter Flächenbedarf nachgewiesen (vgl. Stöberl 1992) und die Eingemeindung von Kramerhof, Lüssow, Wendorf und Zarrendorf beantragt wurde, blieb Stralsund – wie allen kreisfreien Städten Mecklenburg-Vorpommerns – eine Gebietserweiterung versagt. Auch die Regionalplanung in Vorpommern konnte nicht mehr grundsätzlich in die Siedlungsentwicklung eingreifen, da sie erst nach der Erarbeitung zahlreicher kommunaler Planungen etabliert wurde.

Ein Ansatz zur Lösung der oben aufgezeigten Problematik liegt daher vor allem in der Kooperation zwischen Stadt und Umland. Eine solche interkommunale Zusammenarbeit kann auf ganz unterschiedlichen Ebenen, wie informellen und formellen Abstimmungen, gemeinsamen Bauleit- und Entwicklungsplanungen, aufgabenbezogenen Zweckverbänden oder gebietsbezogenen Stadt-Umland-Verbänden erfolgen (vgl. Erlenkämper 1980). Weitere Möglichkeiten stellen die Modifizierung der Rolle der Regionalplanung, der konzentrierte Einsatz von Fördermitteln und der interkommunale Finanzausgleich dar. Die Regionalplanung könnte eine Moderatorenrolle übernehmen und damit den Dialog zwischen Stadt und Umland lenken. Eine bessere Steuerung des Wohnungsbaus und der Gewerbeansiedlung wäre durch eine nach zentralen Orten zonierte Förderung möglich. Schließlich könnte die Mitbenutzung städtischer Einrichtungen durch die Umlandbewohner über Zahlungen der Umlandgemeinden an die Stadt mitfinanziert werden.

Literatur:

Breuer, M. (1995): Möglichkeiten und Grenzen der Revitalisierung historischer Innenstädte – dargestellt am Beispiel Stralsund. Unveröff. Diplomarbeit Dortmund.
Brunner, G. (1987): Die Verwaltung in der SBZ und der DDR. In: Jeserich, K.G.A., H. Pohl u. G.C.v. Unruh (Hg.): Deutsche Verwaltungsgeschichte, Band 5: Die Bundesrepublik Deutschland. S. 1218–1283. Stuttgart.
Erlenkämper, F. (1980): Die Stadt-Umland-Problematik der Flächenstaaten der Bundesrepublik Deutschland. = Neue Schriften des DST 39. Köln.
Foißner, P. (1995): Stadtentwicklung in den neuen Ländern – Der Prozeß der strukturellen Anpassung am Beispiel der Hansestadt Stralsund. In: Standort – Zeitschrift für Angewandte Geographie 19, H. 3, S. 22–24.
Hansestadt Stralsund (Hg.) (1994): Flächennutzungsplan-Entwurf. Stralsund.
Dies. (Hg.) (1995): Jahresübersicht 1994. = Kommunalstatistische Hefte 2/95. Stralsund.
Häußermann, H. (1995): Von der „sozialistischen" zur „kapitalistischen" Stadt. In: Aus Politik und Zeitgeschichte B 12/95, S. 3–15.
Henckel, D., B. Grabow, B. Hollbach, H. Usbeck u. H. Niemann (1993): Entwicklungschancen deutscher Städte – Die Folgen der Vereinigung. = Schriftenreihe des DIFU. Stuttgart.
Planungsgemeinschaft Glasow-Obermeyer (1991): Konzeptstudie zur Entwicklung des Landkreises Stralsund. Stralsund, München.
Regionaler Planungsverband Vorpommern (Hg.) (1994): Regionales Raumordnungsprogramm Vorpommern, Teil I – Entwurf. Greifswald.
Statistisches Amt der DDR (Hg.) (1990): Statistisches Jahrbuch der DDR 1990. Berlin.
Statistisches Landesamt Mecklenburg-Vorpommern (Hg.) (1994): Statistisches Jahrbuch 1994 für Mecklenburg-Vorpommern. Schwerin.
Stöberl, G. (1992): Gutachten zur Bestimmung einer neuen Stadtgrenze für die Hansestadt Stralsund. Regensburg.
Zillich, C. (1993): Probleme und Ziele der Altstadtsanierung in Stralsund. In: Arbeitsgemeinschaft historischer Städte (Hg.): 20 Jahre Arbeitsgemeinschaft Bamberg, Lübeck, Regensburg – Arbeitsgemeinschaft historischer Städte 1973–1993. S. 47–50. Regensburg.

FACHSITZUNG 3:
HANDLUNGSORIENTIERTE ANSÄTZE IN DER RAUMPLANUNG: SOZIALVERTRÄGLICHE ENTWICKLUNG DURCH DISKURSIVE STRATEGIEN?

Sitzungsleitung: Rainer Danielzyk und Bernhard Müller

EINLEITUNG

Rainer Danielzyk, Oldenburg und Bernhard Müller, Dresden

Die Fachsitzung „Handlungsorientierte Ansätze in der Raumplanung: sozialverträgliche Entwicklung durch diskursive Strategien?" greift drei Themenbereiche der aktuellen raumplanerischen Diskussionen auf, die angesichts der sich gegenwärtig vollziehenden Strukturumbrüche höchste Aktualität besitzen und für die Zukunftsgestaltung unserer Gesellschaft von herausragender Bedeutung sind: (1) *Sozialverträglichkeit* als Zielkategorie bei der Bewältigung von Strukturumbrüchen, (2) *Handlungsorientierung* als strategisches Konzept zur Konkretisierung von Problemlösungen und (3) *diskursive Strategien* als Zeichen für einen Paradigmenwechsel staatlichen Handelns.

1. „Sozialverträglichkeit"

In der „westlichen Welt" findet ein ökonomisch-technologischer Umbruch statt, der mit massiven Tendenzen einer Globalisierung der Ökonomie und Politik einhergeht. In Osteuropa stellt sich nach dem Zusammenbruch des früher vorhandenen Systems die Aufgabe des Neuaufbaues von Wirtschaft, Politik und Verwaltung.

In der Bundesrepublik führt der ökonomisch-technologische Umbruch im Westen zu einer sozialen und räumlichen Heterogenisierung mit vielfältigen negativen Folgen (von der Zunahme der Langzeitarbeitslosigkeit bis zur Marginalisierung von Räumen). Diese Entwicklungen stellen das traditionelle sozialstaatliche Verständnis in der Bundesrepublik, dessen Ausdruck auch die der Raumplanung gesetzten Ziele sind, vor erhebliche Herausforderungen. Das sozialstaatliche Verständnis verbietet einen planungspolitischen Ansatz der schlichten Deregulierung, wie etwa im England der „Ära Thatcher" proklamiert. Vielmehr ist nach neuen Formen der Bewältigung der negativen sozialen und räumlichen Folgen zu fragen, nach Möglichkeiten der sozialen und räumlichen Integration benachteiligter Gruppen und Räume in einer sozial und räumlich fragmentierten Welt. In der Sprache der Raumordnung heißt dies: es geht um eine Betonung und Neuinterpretation des Gleichwertigkeitszieles der Raumordnungspolitik, das heute nicht mehr ausschließlich über quantitative Mindeststandards wie in den 70er Jahren (vgl. Beirat für Raumordnung 1976) definiert werden kann.

Der Systemumbruch in den ostdeutschen Ländern stellt Fragen nach der Möglichkeit einer sozialverträglichen Transformation und entsprechenden Beiträgen der Raumplanung noch viel schärfer. Dabei ist zu bedenken, daß sich die gesellschaftliche Organisation insgesamt im Wandel befindet und neue Formen der sozialen Integration entwickelt werden müssen. In den ostdeutschen Ländern wird damit für die Raumplanung angesichts der von naturräumlicher Ausstattung und überkommenen Siedlungsstrukturen her schon schärferen räumlichen Disparitäten und des tiefgreifenden Umbruches von Wirtschaft und Gesellschaft die angemessene Formulierung des Gleichwertigkeitszieles noch schwieriger. Dabei wird die Raumplanung – mehr noch als im Westen – zur Handlungsorientierung förmlich „gedrängt", da der Beitrag der Raumplanung zur Bewältigung der großen Probleme nicht ausschließlich in langfristig wirkenden Programmen und Plänen bestehen kann. Vielmehr muß sie sich die Frage gefallen lassen, was ihr Wirken zu kurz- und mittelfristigen Verbesserungen der Situation beiträgt.

2. „Handlungsorientierung" und „diskursive Strategien" der Raumplanung

Eine stärkere Handlungsorientierung der Raumplanung und diskursive Formen raumplanerischen Handelns werden vielfach gefordert und zugleich mit Skepsis betrachtet. Handlungsorientierung soll Raumplanung wahrnehmbarer und ihren konkreten Beitrag zur gesellschaftlichen Problemverarbeitung deutlich werden lassen. Vielfach hat dies zu Aktionismus geführt. Diskursive Strategien sollen Betroffene über kommunikative Verfahren und kooperative Strukturen besser ins planerische Geschehen einbinden. Vielfach sind hieraus jedoch – so die skeptische Betrachtung – Diskussionszirkel entstanden, deren Beitrag zur konkreten Problembewältigung kaum meßbar ist.

Das Verhältnis beider Aspekte zueinander ist dabei noch nicht ausreichend geklärt. Diskursive Strategien sind in einem gewissen Sinne komplementär zur Handlungsorientierung der Raumplanung. Nicht die langfristigen, in aufwendigen, rechtlich sehr eng geregelten Verfahren aufgestellten Programme und Pläne der Raumplanung – so die Argumentation – können deren stärkere Handlungsorientierung unterstützen. Vielmehr ließe sich diese eher mit Hilfe flexibler, eben kommunikativer Vorgehensweisen realisieren, wobei die Lösung konkreter Probleme durch die Raumplanung „gemanagt" wird, indem die Beteiligten zusammengebracht und die Austragung ggf. im Konflikt miteinander stehender Interessen moderiert werden. Insoweit würden diskursive Vorgehensweisen geradezu der Realisierung der Handlungsorientierung der Raumplanung dienen.

Zugleich besteht zwischen beiden aber auch insoweit ein Widerspruch, als daß die Lösung komplexer Probleme mit Hilfe diskursiver Verfahren bekanntermaßen viel Zeit und Aufwand erfordert. Die Auswahl der zu beteiligenden Akteure, die Definition ihrer Interessen, die Diskussion widersprüchlicher Vorstellungen usw. sind langwierige Prozesse, die vielfach länger dauern, als wenn eine kompetente Planungsbehörde die relevanten Belange abwägt und Entscheidungen trifft. Insoweit können diskursive Strategien gelegentlich auch im Widerspruch zu dem Ziel stehen, daß durch eine stärkere Handlungsorientierung der Raumplanung diese kurzfristig und sichtbar ihre Wirksamkeit und Bedeutung unterstreichen kann.

Obgleich zur Zeit an vielen Stellen über „neue" Strategien der Raumplanung diskutiert wird, stehen eine genauere Klärung des Unterschieds zu herkömmlichen Formen der Planung und die präzisere Reflexion der Rahmenbedingungen noch aus. Die Unterschiede zwischen kooperativen Planungsansätzen und herkömmlichen Formen der Planung können wohl etwa folgendermaßen beschrieben werden (vgl. auch Selle 1994, S. 70):

Herkömmliche, d.h. „hierarchische" Planung bestand bzw. besteht darin, daß Planungsbehörden Informationen über die zu bewältigende Problematik sammeln, ihre Entscheidungen nach Abwägung der Belange treffen (legitimiert durch politische Vertretungsorgane) und die so getroffenen Entscheidungen gegenüber Widerständen durchzusetzen versuchen. Die neuen Formen der Planung sind demgegenüber eher als Kommunikationsprozesse zu verstehen. Auf diese Weise soll die Planung flexibler werden, sollen unterschiedliche Wertvorstellungen und Interessen gleichberechtigt einbezogen werden und weniger mächtige Positionen besser zur Geltung kommen. Dieses Planungsverständnis, in dessen Rahmen kommunale und staatliche Planungsbehörden eher die Rolle des Initiators und Moderators übernehmen, wird zur Zeit sehr intensiv diskutiert (vgl. z.B. ARL 1995, BMBau 1995). Dabei wird nicht nur von vielen Seiten die Realisierung dieses neuen Planungsverständnisses gefordert, sondern gelegentlich davon ausgegangen, daß es schon verwirklicht sei, was für die Mehrzahl der Planungsprozesse zweifellos nicht gilt.

Allerdings sind auch an dieser Stelle die beiden angesprochenen Aspekte, ein diskursives Planungsverständnis und eine stärkere Handlungsorientierung, auseinanderzuhalten. Während kommunikative Planungsformen in verschiedenen Einzelfällen schon realisiert werden und zumindest als Ergänzungen der herkömmlichen, rechtlich geregelten Planungsverfahren in Zukunft bedeutender werden dürften, bereitet eine stärkere Handlungsorientierung der Raumplanung noch größere Probleme. Nach dem bisherigen Verständnis von Raumplanung in der Bundesrepublik ist diese explizit nicht mit Aufgaben der Umsetzung ihrer Planvorstellungen betraut, sondern setzt den Rahmen für das Handeln von Fachplanungen und privaten Investoren. Wenn Raumplanung handlungsorientierter werden soll, muß sie dementsprechend stärkeren Einfluß auf Umsetzungsmöglichkeiten haben. Das würde etwa eine viel engere Kooperation z.B. mit der Regionalen Wirtschaftsstrukturpolitik und anderen „steuerungsstarken" Fachpolitiken bedeuten. Aber auch eine engere Anlehnung an die kommunale Planung dürfte hilfreich sein. Eine entsprechende Veränderung der Raumplanung – vielfach unter dem Thema „Regionalmanagement" debattiert und teilweise auch bereits mit unterschiedlichen Ansätzen und Erfolgen praktiziert (vgl. Müller 1996) – dürfte noch einige Anstrengungen erfordern, bevor sie umfassend greifen wird.

3. Rahmenbedingungen und Gründe für diskursive, handlungsorientierte Raumplanung

Die oben schon angesprochene Klärung des Verhältnisses von neuen, diskursiven und handlungsorientierten Formen der Raumplanung zu herkömmlichen Formen hierarchischer Planung erfordert, sich die Rahmenbedingungen und Motive für die neuen Planungsformen zu vergegenwärtigen. Diese sind keinesfalls nur in der vielfach vorgetragenen Forderung nach einer stärkeren „Demokratisierung" der Planung zu sehen. Folgende Aspekte lassen sich in diesem Zusammenhang u.a. als Gründe für veränderte Planungsformen benennen:

- Die oben angesprochenen „Umbrüche" und die Zunahme der Komplexität der Probleme des Strukturwandels erfordern Offenheit, Flexibilität und eine gewisse Dezentralisierung des planerischen Handelns.
- Eine „allwissende Planung" („Gott-Vater-Modell" der Planung; vgl. Selle 1994, S. 16) ist angesichts der gesellschaftlichen Ausdifferenzierung unrealistisch und obsolet. Vielmehr kommt es darauf an, im Verlauf der Planung immer wieder neue Informationen zu sammeln, auf neue Situationen reagieren und den Umständen entsprechend handeln zu können.
- Dieses gilt erst recht, weil entscheidende Kennzeichen des ökonomisch-technologischen Umbruches die Flexibilisierung und eine gleichzeitige Globalisierung von Ökonomie und Politik sind, was hier nicht im einzelnen dargestellt werden kann (vgl. dazu statt vieler Bathelt 1995, Danielzyk/Oßenbrügge 1996). Etwas zugespitzt formuliert, könnte man sagen, daß diskursive Planung in Analogie zu Prozessen der flexiblen Spezialisierung in der Ökonomie zu sehen ist. In beiden Fällen wird davon ausgegangen, daß die Bildung von kooperativen, eher horizontal orientierten Netzwerken der gegenwärtigen Situation angemessener ist als die bisherigen hierarchischen Organisationsformen.
- Die Akzeptanz für Planungen und politische Entscheidungen ist in einer sehr ausdifferenzierten Gesellschaft zunehmend schwerer herzustellen. Es gibt kaum noch stabile Mehrheiten und Interessenskoalitionen (vgl. zu den hieraus resultierenden Problemen für Stadt- und Regionalplanung Fürst 1993, Häußermann/Siebel 1993). Beteiligung und Selbstbindung der Akteure werden deshalb als effektivere Mechanismen zur Gewinnung von Akzeptanz für die Umsetzung von Maßnahmen gesehen als ein autoritärer Durchgriff, der zudem aufgrund der gegebenen rechtsstaatlichen Rahmenbedingungen Einspruchsmöglichkeiten provoziert, die das gesamte Geschehen äußerst langwierig und aufwendig werden lassen.
- Über dieser relativ funktionalistischen Betrachtungsweise ist aber nicht zu vergessen, daß es auch normative Gründe für eine Demokratisierung der Planung gibt, wie z.B. Forderungen nach einer Stärkung benachteiligter Positionen und nach der gleichberechtigten Anerkennung unterschiedlicher Wertvorstellungen.[1]

---

1 Allerdings zeigen empirische Untersuchungen, daß durch neue Planungsverfahren zwar mehr Akteure als zuvor beteiligt werden, sie aber letztlich vor allem artikulationsstarken Gruppen bessere Einflußmöglichkeiten einräumen; vgl. statt vieler Lanz 1996.

Die gerade vorgetragenen Überlegungen sind eher theoretische Betrachtungen aus einer „westlichen" Perspektive. Im Hinblick auf die Situation in den neuen Bundesländern steht die Frage im Mittelpunkt, welche konkreten Beiträge zur Verbesserung der vorhandenen Situation durch die neuen Planungsansätze, sofern sie zum Einsatz kommen, geleistet werden. In diesem Zusammenhang ist nicht zuletzt die pragmatisch wichtige Frage zu beantworten, ob die häufig aufwendigen und Zeit beanspruchenden diskursiven Planungsstrategien angesichts des Problemdrucks im Osten überhaupt angemessen sind.

Die bisher eher funktional und strukturalistisch orientierten Überlegungen, die für Planungstheorie und -forschung typisch sind, sollen nicht vergessen lassen, daß gesellschaftliche Strukturen – und damit auch die Situation der Planung – nicht einfach da, d.h. „vom Himmel gefallen", sind, sondern durch die Handlungen der beteiligten Menschen immer wieder neu erzeugt und reproduziert werden (vgl. Giddens 1988). Dieser Prozeß bringt Freiheitsgrade mit sich, die im Sinne der Demokratisierung und der besseren Sozialverträglichkeit der Planung genutzt werden könnten.

Faßt man die vorgetragenen Überlegungen zusammen, so bietet sich – im Anschluß an Formulierungen von Lanz (1996) - Planung heutzutage als ein „Paradox" dar. Sie ist nur denkbar, realistisch und wirksam, wenn sie sich zugesteht, daß sie wesentliche Ziele – wie die Stärkung weniger mächtiger Positionen und die gleichberechtigte Anerkennung unterschiedlicher Wertvorstellungen – letztlich nicht wirklich erreichen kann. Diese paradoxe Situation auszuhalten, ist gerade für engagierte Planerinnen und Planer selbst nicht immer einfach. Sie ist aber nüchtern zu reflektieren und anzuerkennen, um Illusionen über die Wirklichkeit von Planung zu vermeiden.

4. Zu den folgenden Beiträgen

Aspekte dieser eher theoretischen Erörterungen werden in den folgenden Beiträgen eine Rolle spielen und mit der raumplanerischen Praxis in unterschiedlichen Bereichen konfrontiert. Im Mittelpunkt steht die Perspektive der Praxis: neue, diskursive und handlungsorientierte Ansätze der Raumplanung werden an Beispielen verdeutlicht und Erfahrungen daraus reflektiert.

Dabei sind die Beiträge so angeordnet, daß es eine Abfolge von eher planungstheoretischen und planungswissenschaftlichen Überlegungen und Studien zur Diskussion der Planungspraxis und insbesondere der Zukunft der Planungspraxis in den neuen Bundesländern gibt.

Der Hauptbeitrag von H. Kilper untersucht am Beispiel der Internationalen Bauausstellung Emscher Park, einem der ambitioniertesten planungspolitischen Vorhaben zur Bewältigung des Strukturwandels in Westeuropa, das Verhältnis von hierarchischer Planung und Politik („Machtstrukturen") und innovativen diskursiven Ansätzen auf der Ebene einzelner komplexer Projekte. Ein wesentliches Ergebnis der empirischen Untersuchungen ist, daß ein kooperatives Vorgehen nur dann seine besonderen Wirkungen und Qualitäten entfalten kann, wenn es in einem machtpolitisch definierten und abgesicherten Rahmen stattfindet und die maßgeblichen Entscheidungsträger hinter dieser Vorgehensweise stehen.

I. Helbrecht kritisiert die zur Zeit an vielen Orten durchgeführten kooperativen Planungsverfahren in der Bundesrepublik als sozial selektiv und damit demokratischen Ansprüchen nicht gerecht werdend. Sie schildert demgegenüber den Versuch der Stadtplanung in Vancouver (Kanada), die insbesondere ethnisch sehr ausdifferenzierte Bevölkerung der Stadt an der Festlegung der städtischen Entwicklungsstrategie für die nächsten Jahrzehnte direkt, d.h. per Bürgerentscheid, zu beteiligen. *A. Berkner* und *S. Kabisch* schildern die Problematik von Ortsverlegungen in den Braunkohlerevieren Mitteldeutschlands und stellen heraus, daß eine sozialverträgliche Gestaltung der Prozesse nur mit Hilfe kooperativer Planung möglich ist.

R. Krüger berichtet über die diskursive Erarbeitung eines Regionalen Entwicklungskonzeptes für den Raum Bremen/Bremerhaven/Oldenburg im Auftrag der Gemeinsamen Landesplanung Bremen/Niedersachsen. Dabei handelt es sich um eines der ersten und umfangreichsten landes- bzw. regionalplanerischen Vorhaben, in dem mit Hilfe eines Moderators aus der Wissenschaft eine Entwicklungsstrategie für einen sehr heterogenen Raum einvernehmlich gefunden werden soll. *U. Klingshirn* und *F. Schaffer* stellen verschiedene Projekte der Dorf- und Landentwicklung in den Freistaaten Bayern und Sachsen dar, die mit Hilfe kooperativer Planungsansätze und der Gestaltung der Prozesse durch externe Moderatoren zur Verbesserung der Situation der betreffenden Räume und zu einer höheren Akzeptanz der planerischen Maßnahmen geführt haben.

Im Anschluß an die Darstellung dieser praktischen Beispiele für den Einsatz diskursiver und handlungsorientierter Strategien der Raumplanung werden die Ergebnisse einer Podiumsdiskussion zum Thema „Sozialverträgliche Entwicklung in Ostdeutschland. Realität – Vision – Utopie?" zusammengefaßt. An der Podiumsdiskussion waren *A. Berkner*, *M. Bräuer*, *J. Maier*, *A. Priebs* und *K. Selle* beteiligt. Die Eingangsfragen und die (darauf bezogenen) Statements werden – teilweise leicht gekürzt – ebenfalls abgedruckt.

Literatur:

Akademie für Raumforschung und Landesplanung – ARL (Hg.) (1995): Zukunftsaufgabe Regionalplanung. = Forschungs- und Sitzungsberichte 200. Hannover.
Bathelt, H. (1995): Der Einfluß von Flexibilisierungsprozessen auf industrielle Produktionsstrukturen am Beispiel der Chemischen Industrie. In: Erdkunde 49, S. 176–196.
Beirat für Raumordnung (1976): Gesellschaftliche Indikatoren für die Raumordnung. Empfehlungen vom 16.06.1976. Wiederabgedruckt in: Ernst, W. u.a. (1981): Gleichwertigkeit der Lebensverhältnisse. = Materialien zum Siedlungs- und Wohnungswesen und zur Raumplanung 25, im Anhang. Münster.
Bundesministerium für Raumordnung, Bauwesen und Städtebau (Hg.) (1995): Raumordnungspolitischer Handlungsrahmen. Beschluß der Ministerkonferenz für Raumordnung in Düsseldorf am 8. März 1995. Bonn.
Danielzyk, R. u. J. Oßenbrügge (1996): Lokale Handlungsspielräume zur Gestaltung internationalisierter Wirtschaftsräume. Raumentwicklung zwischen Globalisierung und Regionalisierung. In: Zeitschrift für Wirtschaftsgeographie 40, S. 101–112.

Fürst, D. (1993): Von der Regionalplanung zum Regionalmanagement? In: Die öffentliche Verwaltung, S. 552–559.

Giddens, A. (1988): Die Konstitution der Gesellschaft: Grundzüge einer Theorie der Strukturierung. Frankfurt/M. u.a.

Häußermann, H. u. W. Siebel (1993): Die Politik der Festivalisierung und die Festivalisierung der Politik. In: Dies. (Hg.): Festivalisierung der Stadtpolitik. Stadtentwicklung durch große Projekte. = Leviathan, Sonderheft 13. Opladen.

Lanz, S. (1996): Demokratische Stadtplanung in der Postmoderne. = Wahrnehmungsgeographische Studien zur Regionalentwicklung 15. Oldenburg. Im Druck.

Müller, B. (1995): Strategien räumlicher Ordnung in den ostdeutschen Ländern: Hindernis oder Unterstützung für die kommunale Entwicklung? In: Keim, K.D. (Hg.): Aufbruch der Städte. Räumliche Ordnung und kommunale Entwicklung in den ostdeutschen Bundesländern. Berlin. Im Druck.

Ders. (1996): Regionalplanung als regionales Management: Schlagwort oder Strategiekonzept. In: ARL-Arbeitsmaterialien. Hannover. Im Druck.

Selle, K. (1994): Was ist bloß mit der Planung los? Erkundungen auf dem Weg zum kooperativen Handeln. = Dortmunder Beiträge zur Raumplanung 69. Dortmund.

INDUSTRIEREGIONEN IM UMBRUCH - RAUMPLANUNG ZWISCHEN MACHTSTRUKTUREN UND DISKURSIVEN STRATEGIEN

Heiderose Kilper, Gelsenkirchen

1. Einleitung

Über Jahrzehnte hinweg waren Raumplanung und Stadtentwicklungsplanung in boomenden Industrieregionen mit der Aufgabe konfrontiert, Wachstum zu steuern. Die Infrastruktur-Anforderungen der Großindustrie waren zu erfüllen. Die Folgen der Industrialisierung waren zu bewältigen. Für das ehemalige rheinisch-westfälische Industrierevier etwa hieß das, enorme Flächen bereitzustellen, um die Kohlenvorkommen ausbeuten und die expandierende Nachfrage nach Eisen und Stahl befriedigen zu können. Gefordert waren Transport- und Verkehrswege zur Beförderung von Rohstoffen und Massengütern. Gefordert war eine Versorgungs- und Entsorgungs-Infrastruktur in bis dahin nicht gekanntem Ausmaß, besonders im Bereich von Energie und Wasser. Da war eine rapide zunehmende Bevölkerung, die mit Wohnraum, Kultur- und Sozialeinrichtungen versorgt sein wollte sowie Erholungsflächen einforderte.

Heutzutage, in der Periode des Umbruchs, des Niedergangs der alten Industrie haben sich in diesen Regionen die Aufgaben der Raumplanung gewandelt. Ganz oben in der Problem- und Aufgabenliste steht jetzt die Bewältigung der Hinterlassenschaften des früheren Wachstums. Gerade in Industrieregionen im Umbruch, so meine erste These, muß sich deshalb Raumplanung als Bestandteil regionaler Struktur- und Entwicklungspolitik verstehen. Sie ist Teil einer Gesamtpolitik, in der Umwelt- und Flächenpolitik, Wirtschafts- und Industriepolitik, Beschäftigungs- und Qualifizierungspolitik, Frauenförderung, Stadtsanierung und Stadtentwicklung zusammengeführt und integriert werden müssen.

Genauso, wie die Stadtentwicklungsplanung erst über viele Irr- und Umwege hat lernen müssen, daß Sanierung ein mühsamer und langwieriger Prozeß ist, der zusammen mit den Bewohnern des Stadtteils entwickelt und getragen werden muß, lernt dies jetzt die Raumplanung. Allerdings – so meine zweite These – geht es in der Regional- und Raumplanung nicht vorrangig um partizipatorische Planung: „Vielleicht ist das bei der Abstraktheit und Großflächigkeit dieser Pläne und Programme auch gar nicht möglich. Dann muß Rückkopplung durch ‚Planung von unten' aufgebaut werden. Örtlich Entstehendes muß als Teil regionaler Konzeption begreifbar werden" (Adrian 1994, S. 89).

Mein Vortrag handelt von einer grundlegenden Problematik moderner Politik: von dem Spannungsverhältnis zwischen Politik in formalen Institutionen einerseits und Politik in informellen Verhandlungssystemen andererseits. Formale Institutionen unterliegen als parlamentarische Institutionen wie als hierarchische Strukturen den Regeln der Mehrheitsdemokratie. Sie sind demokratisch legitimiert und ihre Entscheidungsverfahren sind öffentlich.

Das Defizit von Politik in formalen Institutionen wird in ihrer mangelnden Funktionalität gesehen. Deshalb beobachten wir in nahezu allen Bereichen des politischen Lebens, daß ohne informelle Verhandlungen kaum mehr Entscheidungen getroffen werden. Einer Politik, die in Verhandlungen und Netzwerken stattfindet, wird eine höhere Effektivität bescheinigt, weil es ihr gelingt,
1. sachlich kompetente Akteure zusammenzubringen;
2. aufgrund der Vertraulichkeit der Verhandlungen intensive Kommunikationsbeziehungen zwischen verschiedenen Organisationen herzustellen;
3. Informationen zu bündeln und zu verarbeiten;
4. Koordination zwischen verschiedenen Fachkompetenzen, Institutionen und Politikebenen zu leisten und
5. Konsensmöglichkeiten zwischen den Beteiligten auszuloten.

Trotzdem wird Politik in Verhandlungen und Netzwerken immer wieder in Frage gestellt, weil den beteiligten Akteuren die Zuständigkeit für Entscheidungen abgestritten wird, oder weil sich einzelne Gruppen ausgeschlossen fühlen.

Meine These ist, „daß man beide Politikformen benötigt: Institutionen, die den anerkannten Grundsätzen demokratischer Interessenrepräsentation genügen, und Verhandlungssysteme, die sachlich kompetente Akteure zusammenbringen" (Benz 1994, S. 77).

2. Die Internationale Bauausstellung Emscher Park - „Werkstatt für die Zukunft alter Industriegebiete"

Der Stoff, aus dem ich meine Problemsicht wie meine Schlußfolgerungen herleite, stammt aus einem aktuellen regional- und raumplanerischen Experimentierfeld, der Internationalen Bauausstellung (IBA) Emscher Park in Nordrhein-Westfalen. Die IBA Emscher Park ist ein Entwicklungs- und Strukturprogramm, das 1989 begonnen hat und auf zehn Jahre angelegt ist. Mit der Initiierung der IBA Emscher Park hat die Landesregierung die strukturpolitische Lektion gelernt, daß der Strukturwandel in einer altindustrialisierten Region nicht die Angelegenheit weniger Jahre ist, sondern ein langfristiger Prozeß.

Konkret will ich das mir gestellte Thema am zentralen Leitprojekt der IBA Emscher Park entwickeln, dem sogenannten „Emscher Landschaftspark", dem Generationen- oder Jahrhundert-Projekt, wie es auch genannt wird, zur Freiraum-Planung in der Emscher-Zone.

Bei ihrem Start Ende der 80er Jahre ist die IBA mit viel Vorschuß-Lorbeeren bedacht worden. In der regionalen Presse war etwa die Rede vom „ehrgeizigen Zehn-Jahres-Plan Emscherpark, dem weltweit ersten Versuch, Landschaft zwischen die Produktions- und Verkehrsanlagen einer mittlerweile maroden Schwerindustrie systematisch zurückzuholen" (Höfer 1989). In einem Artikel der ZEIT vom Juli 1990 war die Rede von den unzähligen Bemühungen der IBA Emscher Park „um das nicht Sichtbare, um all das, was doch auch erwartet und mit ‚gesellschaftlicher Innovation' umschrieben wird: eine sich erneuernde Bevölkerung, verantwortliches, den Menschen und die Natur respektierendes Handeln von Bürgern, Politikern, Unternehmern; komplexes, die Fachgrenzen überspringendes Handeln, vernünftiges Denken. Die Devise heißt doch, etwas Neues aufzubauen, ohne etwas zu zerstören" (Sack 1990, S. 42). Zur Halbzeit der IBA Emscher Park bescheinigt ihr die Süddeutsche Zeitung, zwei Ziele erreicht zu haben: zu zeigen, daß – erstens – „Unmögliches" machbar sei, und daß – zweitens – das Ruhrgebiet Visionen habe und sie erfolgreich umsetze (Meyhöfer 1994, S. 13).

Doch zunächst einige Informationen zur Emscher-Zone.

Abb. 1 zeigt den Planungs- und Projektbereich der IBA Emscher Park. Er umfaßt eine Gesamtfläche von etwa 800 km^2 zwischen Duisburg und Kamen, auf der rund zwei Millionen Menschen leben. Seine Grenzen bilden Autobahnen, Kanäle und Flüsse. Die beiden zentralen Achsen sind die Emscher, eine offene Abwasserkloake und zugleich der Namensgeber der Region, sowie der Rhein-Herne-Kanal. Die südliche Grenze bildet der Verlauf der Autobahn A 40, die nördliche der Verlauf der Autobahn A 2. Die westliche Grenze ist der Rhein, die östliche die Autobahn A 1.

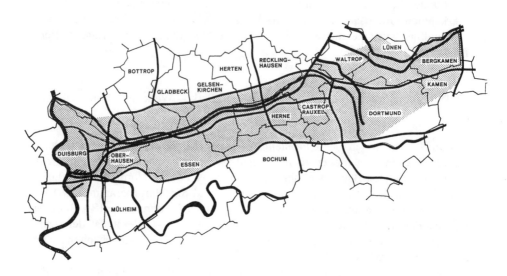

Abbildung 1: Internationale Bauausstellung Emscher-Park

Mit drei – zugegebenermaßen – „groben" Pinselstrichen läßt sich die Emscher-Region folgendermaßen beschreiben:
1. Aufgrund der Süd-Nord-Wanderung des Bergbaus ist die Emscher-Region die Teilregion im Ruhrgebiet, die noch am stärksten von der Montanindustrie geprägt ist. Nicht selten wird sie als „industriell-gewerblicher Vorhof" des Ruhrgebiets bezeichnet. In einem IBA-Dokument heißt es: „Die Emscherregion ist der Raum für solche Betriebsansiedlungen geblieben, die wenig Wertschöpfung bringen, dagegen große Flächen verbrauchen und in besonderem Maße Emissionen erzeugen" (IBA-Dokument 1991, Zif. 2).

2. Durch den besonders schnellen und radikalen Prozeß der Industrialisierung im nördlichen Ruhrgebiet ist hier das Land besonders roh und gewaltsam nach den Zwecken der Montanindustrie vernutzt und geformt worden. Der wenige Raum, der nicht besiedelt ist, ist in vielfältigster Weise zerschnitten.
3. Die schnelle Industrialisierung hat nicht nur die Landschaft der Emscher-Region nach ihren Zweken geformt, sondern auch die Städte. Durch den massenhaften Zuzug auswärtiger Arbeitskräfte in die Emscher-Region sind aus den ehemals kleinstädtischen Ortschaften und Bauernsiedlungen Industrie-Großstädte geworden, die ohne städtebauliche und bürgerliche Traditionen aus dem Boden gestampft worden sind, in unmittelbarer Nähe zu den Zechen und Stahlwerken.

Im IBA-Memorandum (1988) wird denn auch die Emscher-Region als die „Industrielandschaft in Mitteleuropa mit der dichtesten Besiedlung, den größten Umweltbelastungen und der intensivsten Zerschneidung des Freiraums" charakterisiert.

3. Das Leitprojekt „Emscher Landschaftspark": Informelle Planung im Schatten der Hierarchie

Was das konkret bedeutet, die „intensivste Zerschneidung des Freiraums", zeigt anschaulich Abb. 2. Nur im östlichen Teil der Region finden sich allmählich größere und zusammenhängende Naturräume. Mit einiger Phantasie ist auf dieser Abbildung auch zu erkennen, daß die Freiräume im Prinzip in Nord-Süd-Richtung verlaufen. Dies sind die sieben Regionalen Grünzüge, die der ehemalige Siedlungsverband Ruhrkohlenbezirk schon in den 20er und 30er Jahren, d.h. in den Hoch-Zeiten der Montanindustrie, geschaffen hat.

Das eigentlich Neue des gesamten Vorhabens Emscher Landschaftspark ist die Schaffung eines durchgehenden Ost-West-Grünzuges und dessen Vernetzung mit den Regionalen Grünzügen. Die Struktur des Ganzen ist auf Abb. 3 besser zu erkennen. Hier sieht man den Planungs- und Projektbereich der IBA Emscher Park, sieben Regionale Grünzüge in ihrem Nord-Süd-Verlauf und den künftigen Ost-West-Grünzug.

Mit dem Stichwort „Ost-West-Grünzug" sind auch schon die Visionen und Ideen angesprochen, die mit dem Großprojekt „Emscher Landschaftspark" verfolgt werden. Die Vision ist, daß hier im nächsten Jahrtausend ein neues „Emschertal" entstehen könnte. „Die alte Arbeitsteilung im Ruhrgebiet", so heißt es in einem Papier des IBA-Lenkungsausschusses, „mit einem grünen Süden an der Ruhr und einem grünen Norden an der Lippe und einer hochindustrialisierten Achse mit vielfältigen ökologischen Belastungen entlang der Emscher wird also aufgegeben zugunsten eines dritten Grünzuges in der Mitte, entlang von Emscher und Rhein-Herne-Kanal."

Das Projektvorhaben erstreckt sich auf eine Fläche von rund 320 km^2. Die Ost-West-Ausdehnung des Parks wird etwa 70 km betragen. Die Nord-Süd-Ausdehnung schwankt zwischen 100 m und 15 km. An den formalen Verfahren der

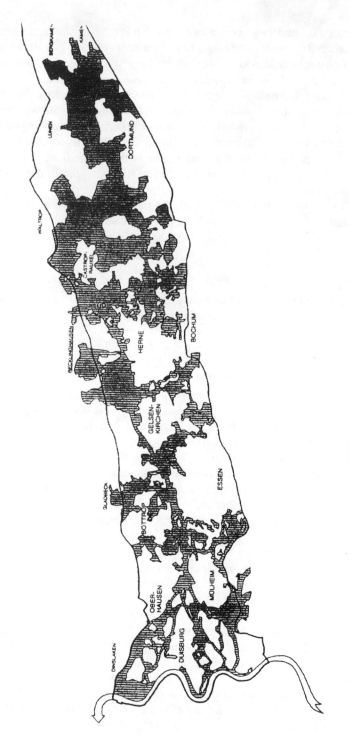

Abbildung 2: Emscher Landschaftspark

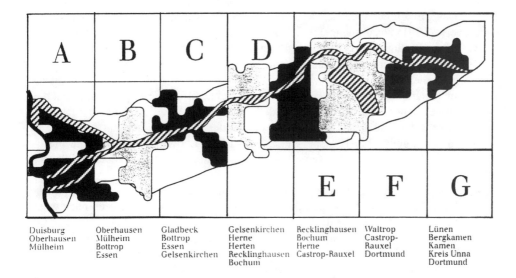

Abbildung 3: Die regionalen Grünzüge im Emscher Landschaftspark

Raumplanung für dieses Gebiet sind drei Bezirksplanungsbehörden und 17 Kommunen beteiligt. Im 5-km-Einzugsbereich des künftigen „Emscher Landschaftsparks" leben 2,5 Mio. Menschen. Mit den Planungen wurde im Jahre 1988 begonnen. 25 bis 30 Jahre sind als Realisierungszeitraum vorgesehen. Als Investitionsvolumen sind mindestens 1 Mrd. DM veranschlagt. Bisher sind etwa 100 Mio. DM investiert worden. In die Sanierung des Emscher-Systems, dem zweiten großen Leit-Projekt der IBA Emscher Park, das ebenfalls in den nächsten 25 bis 30 Jahren realisiert werden soll, werden ca. 10 Mrd. DM investiert werden.

Mit dem Projekt „Emscher Landschaftspark" geht es vordergründig um den Wiederaufbau und um die Vernetzung von Landschaft. Das heißt vor allem dreierlei:
1. Besiedelte oder Nutzungszwecken gewidmete Flächen sollen für den Freiraum zurückgewonnen werden.
2. Die ökologische Funktionsfähigkeit des Freiraums soll verbessert werden.
3. Die Emscher-Zuläufe sollen re-naturiert werden.

Um anzudeuten, welche weiteren Aufgaben die Planer mit diesem Projekt zu bewältigen haben, sei Tom Sieverts, einige Jahre wissenschaftlicher Direktor der IBA, zitiert. Er konstatiert zwei prinzipiell unterschiedliche Einstellungen. „Die eine der Einstellungen orientiert sich am Normalen und betont die Notwendigkeit, diese ‚Normalität' herzustellen, indem man Wunden heilt, die vorhandenen Biotope schützt und ihre Anzahl vermehrt, den Wald verdoppelt usw. Das ist für weite Teile der Emscher-Region richtig, vordringlich und bitter notwendig, aber es ist nicht hinreichend, weil es der besonderen Geschichte dieser Region nicht gerecht wird. Die andere Einstellung sieht das Erschreckende des Raums und das Anormale der Aufgabe als Herausforderung ..." (Sieverts 1991, S. 60).

Das „Erschreckende des Raumes" und das „Anormale der Aufgabe" sieht Sieverts (1991) zusammengefaßt in folgendem:
1. in der gigantischen Größe des Projekts, das mit seinen über 300 km² unsere Fähigkeit übersteigt, es uns in seiner Gesamtkonzeption sinnfällig vor Augen zu stellen;
2. im Charakter des Raumes, den er als „Schlachtfeld der ‚quasi-militärisch-strategischen' Ausbeutung der Erde" wahrnimmt, „die das Unterste zuoberst gekehrt hat, die die Erde vergiftet, zerschnitten und erschüttert hat";
3. in der Eigenart der Emscher-Stadt, die wie ein Labyrinth Siedlung und Freiraum durchdringt und unserer Vorstellung von historischen Stadtkernen überhaupt nicht entspricht;
4. in dem technischen und apparativen Aufwand, der in Form von Abfalldeponien, Kläranlagen, Wasserpumpen, Gasdrainagen und vielem anderen nach wie vor die Landschaft prägt;
5. in den krassen Gegensätzen und Brüchen in Raum und Zeit, die diese Region wie kaum eine andere prägen;
6. in dem Spannungsverhältnis, einerseits eine langfristige Perspektive aufbauen, andererseits aber schnell wirksam werden zu müssen.

Für den Landschaftspark Duisburg-Nord, eines der lokalen Projekte im Rahmen des Emscher Landschaftsparks, hat der zuständige Landschaftsplaner die ganze Problematik so auf den Punkt gebracht: „Mit dem Begriff Landschaft assoziiert man weite Räume, Bäche, Flüsse, Wälder. Mit dem Begriff Park Spaziergänger und spielende Kinder. Keine der Vorstellungswelten ist mit dem aktuellen Zustand des Geländes zu vereinbaren. Für die meisten möglichen Nutzer besteht kein ‚Zugang' zur desolaten Folgewelt der Massenproduktion" (Latz+Partner 1991, S. 90). Bei dem Projektvorhaben „Emscher Landschaftspark" ging und geht es also darum, für vollkommen neue Aufgaben der Freiraum-Planung auch neue Antworten und Konzepte zu finden.

Zweitens ging und geht es darum, neue Planungsverfahren zu entwickeln, die
a) der Komplexität der Probleme und Aufgaben angemessen sind;
b) Wissen und Kompetenzen der verschiedensten Disziplinen und Zuständigkeiten zusammenführen und nutzen;
c) prozeß-orientiert sind und
d) möglichst bald auch zu sichtbaren Veränderungen führen.

Die eingefahrenen Gleise der Regional-, Bauleit- und Landschaftsplanung mit ihren additiven Planungsverfahren, ihren langwierigen und förmlichen Anhörungsverfahren, mit ihren Zuständigkeiten, die sich jeweils nur auf Teilräume der Emscher-Zone beziehen, sind dafür nicht tauglich. Dieser Befund gilt generell für alle Projektvorhaben der IBA, nicht nur für das zentrale Leitprojekt „Emscher Landschaftspark". Dessen waren sich die IBA-Planungsstrategen auch von vornherein bewußt.

In ihren Schriften formulieren sie zwei Postulate, die das Planungs- und Steuerungssystem der IBA Emscher Park auf den ersten Block paradox erscheinen lassen. So wird der Anspruch formuliert, daß die beteiligten Akteure immer wieder auf neue Weise versuchen sollen, „ein jeweils der Aufgabe angemessenes innovatives Milieu zu organisieren" (Ganser/Siebel/Sieverts 1993, S. 115). Andererseits heißt es, „daß eine ganz wesentliche Vorgabe für die Arbeitsweise war, an den bestehenden administrativen Zuständigkeiten und an den vorhandenen Plan-Systemen und Programmen nichts zu ändern, vielmehr zu versuchen, die Projekte in die ‚gegebene Landschaft der Administration und Planung' einzufügen" (a.a.O., S. 112). Die Planungsstrategie der IBA versteht sich als eine induktiv angelegte Reformstrategie. Innerhalb der bestehenden Planungs- und Verwaltungssysteme soll mit Innovationen experimentiert werden, um dann zu sehen, „ob die strukturelle Reform unverzichtbar ist" (a.a.O., S. 112). Die Devise, etwas Neues aufzubauen, ohne das Alte zu zerstören, gilt also auch für die Planungs- und Steuerungsverfahren.

Der Hebel, den die Planungsstrategen der IBA beim Leitprojekt „Emscher Landschaftspark" angesetzt haben, ist, daß sie zur Entscheidungsvorbereitung der formalen Planungsverfahren ein informelles Planungssystem installiert haben. Die Projektverantwortlichen sprechen von einer „nur minimal formalisierten Bypass-Struktur". Wie bei einem funktionierenden Bypass auch, hat dieses informelle Planungssystem nicht die Funktion, die förmlichen Planungsverfahren zu ersetzen. Vielmehr will es sie unterstützen, sie funktionsfähiger machen, optimieren und effektivieren. Folgende Prinzipien sind zum Verständnis des Ganzen wichtig:

Prinzip Nr. 1: Prozeßorientierung und Offenheit.

Das Gesamtvorhaben „Emscher Landschaftspark" basiert auf der Grundüberlegung, daß die Erneuerung von Regionen, Städten und Stadtteilen nur prozeßhaft verlaufen kann. Angesichts der Komplexität wie auch angesichts der Neuartigkeit und Fremdheit der Aufgabe, die es zu lösen gilt, kann das Gesamte nur schrittweise, im Miteinander von Planung und kleinteiliger Realisierung erfolgen. Das bedeutet, daß es vollkommen unrealistisch wäre, am „grünen Tisch" eine in sich schlüssige Gesamtkonzeption zu entwickeln und diese dann konsequent durchzusetzen.

Aus dieser Grundüberlegung sind folgende Prinzipien abgeleitet worden:

Prinzip Nr. 2: Beauftragung des Kommunalverbandes Ruhrgebiet (KVR) als Fachpromotor und als intermediärer Akteur.

Die IBA-Planungsgesellschaft hat den KVR beauftragt, einen Leitplan als Gesamtkonzeption für den Emscher Landschaftspark zu entwickeln. Mit dieser Entscheidung waren zwei Fliegen mit einer Klappe geschlagen:

1. Der KVR als Nachfolger des legendären Siedlungsverbandes Ruhrkohlenbezirk verfügt mit seinem Apparat, und hier insbesondere mit seiner Planungsabteilung, über das Wissen, die Fähigkeiten und Erfahrungen, die zur Bewältigung einer solchen Aufgabe notwendig sind.

2. Anders als der ehemalige Siedlungsverband Ruhrkohlenbezirk verfügt der KVR jedoch über keine formalen Kompetenzen in der Raum- und Regionalplanung. Er hat keine formalen Macht- und Entscheidungskompetenzen, um den von ihm entwickelten Leitplan auch rechtswirksam durchzusetzen. Seine Machtstellung in diesem Verfahren liegt in der Kraft seiner Argumente. Mit diskursiven Strategien muß er bei den Verwaltungsleuten und Politikern Bündnispartner für seine Leitplanung finden.

Prinzip Nr. 3: Die Entwicklung eines informellen Planungssystems, das in drei Ebenen gestuft ist (vgl. Abb. 4).

Die erste Ebene bildet die Leitplanung des KVR, die sich auf die regionale Ebene, d.h. den Gesamtraum des künftigen Emscher Landschaftsparks, bezieht. Die zweite Ebene bilden die Rahmenplanungen der Interkommunalen Arbeitsgemeinschaften in den sieben Regionalen Grünzügen. Hier werden auf teilräumlicher, interkommunaler Ebene für jeden Grünzug Rahmenpläne entwickelt. Die dritte Ebene schließlich bilden lokale Projekte als sog. „Trittsteine". Dazu zählen Projekte wie der Landschaftspark Duisburg-Nord, der Gesundheitspark Quellenbusch in Bottrop oder die Landesgartenschau 1996 in Lünen.

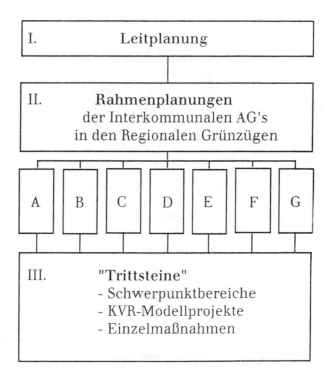

Abbildung 4: Informelles Planungssystem

Prinzip Nr. 4: Aufgabenbezogene und zeitlich begrenzte Bildung informeller Planungsinstanzen: Interkommunale Arbeitsgemeinschaften + Arbeitskreis Emscher Landschaftspark.

Wie alle Strukturpolitiker waren auch die Planungsstrategen des Emscher Landschaftsparks mit der Tatsache konfrontiert, daß die politisch-administrativen Planungsräume mit den tatsächlichen Problemräumen und Verflechtungszusammenhängen nicht übereinstimmen. Ich erwähnte bereits, daß für die Raumplanung in diesem Gebiet drei Bezirksplanungsbehörden und 17 Kommunen zuständig sind. Aus dieser Not haben die Planungsstrategen des „Emscher Landschaftsparks" die Tugend gemacht, daß sie zeitlich begrenzt und für genau definierte Aufgaben neue, informelle Planungsinstanzen gebildet haben. Ist die Aufgabe erledigt, lösen sich die Gremien wieder auf.

In unserem Beispiel sind dies konkret die sieben Interkommunalen Arbeitsgemeinschaften, die für jeden der sieben Regionalen Grünzüge gegründet worden sind. Jede Interkommunale Arbeitsgemeinschaft, die von einem professionellen Planungsbüro betreut wird, hat für „ihren" Grünzug einen landschaftlichen Rahmenplan entwickelt, der als Gelenkstück zwischen der Leitplanung des KVR und den lokalen Projekten fungiert.

Zu nennen ist weiterhin der „Arbeitskreis Emscher Landschaftspark", der als zentrale Koordinationsinstanz der gesamten Bypass-Struktur fungiert. In diesem Arbeitskreis sind sämtliche beteiligten Institutionen mit einem bis zwei Repräsentanten vertreten. Hier sind beispielsweise die „Leitlinien Emscher Landschaftspark" entwickelt worden. Interessant ist der Hinweis eines KVR-Planers, daß der Prozeß der Formulierung fast noch wichtiger war als das Ergebnis. In einem Interview hat er die Leitlinien „einen Prozeß-Katalysator für diskursive Strategien" genannt, „um über bestimmte Themen einfach mal intensiv geredet zu haben."

Prinzip Nr. 5: Langfristige Vision und kleine Schritte oder: Parallelität von Planung und Realisierung.

Im Wechselspiel von regionaler Gesamtschau und konkreter örtlicher Planung wird die Idee des Emscher Landschaftsparks in realisierbare Einzelschritte überführt. Raum- und flächenbezogene Gesamtplanung wird mit örtlicher Projektplanung und -realisierung verzahnt. Nicht ohne eine gute Portion Selbstironie hat ein Beteiligter eingestanden, daß „manchmal erst gepflanzt und gebaut, dann geplant worden ist."

Prinzip Nr. 6: Lernendes System, „Werkstatt".

Mit diesem sechsten Prinzip schließt sich der Kreis zum erstgenannten, der Prozeßorientierung und Offenheit des Planungsverfahrens. Vor allem mit diesem Verfahrensprinzip ist die Bypass-Struktur am Leben gehalten worden. Die zentrale Rolle dabei spielen die Mitarbeiterinnen und Mitarbeiter der KVR-Planungsabteilung. Der Planungschef des KVR hat dies auf die nüchterne Formel gebracht: „Wir haben halt viel miteinander geredet." Konkret heißt das, daß die KVR-Planer wie die Spinne im Netzwerk ständig auf allen Ebenen und in allen beteiligten Gremien während des gesamten Planungsprozesses präsent waren, ihre planerischen Vorstellungen zur Diskussion gestellt und debattiert haben. Sie haben dabei neue Informationen bekommen und neue Erkenntnisse gewonnen, die wiederum in die Leitplanung eingeflossen sind. Und umgekehrt: Vorstellungen der Leitplanung sind so wieder in die Rahmenpläne bzw. in die konkrete, lokale Projektplanung eingeflossen.

Dieses gesamte, hochkomplexe Diskurs-System konnte nur deshalb funktionieren, weil gleichzeitig drei Faktoren gleichsam als Katalysatoren gewirkt haben: Erstens besteht „von oben her" ein globaler Konsens. Landesregierung, die Spitzen der Bezirksplanungsbehörden, die Städte und die Emschergenossenschaft sind sich einig. Sie wollen den „Emscher Landschaftspark". Sie wollen die Sanierung der Emscher. Sie wollen den neuen Ost-West-Grünzug.

Zweitens stand das ganze Vorhaben unter einem erheblichen Erfolgszwang und Zeitdruck. Es war von vornherein das Ziel angepeilt, bis zur IBA-Zwischenpräsentation die informelle Leit- und Rahmenplanung so weit vorangetrieben zu haben, daß die drei Bezirksplanungsbehörden zeitgleich und inhaltlich aufeinander abgestimmt ihre Gebietsentwicklungspläne für die Emscher-Region novellieren und förmlich verabschieden konnten.

Als dritter wichtiger Katalysator hat die Einrichtung des „Ökologieprogramms im Emscher-Lippe-Raum" durch den Landesumweltminister gewirkt. Dieses zeitlich befristete Programm (1991–1997), das jährlich mit rund 30 Mio. DM ausgestattet ist, ist eigens für Projekte im Rahmen des Emscher Landschaftsparks eingerichtet worden. Aus Sicht der KVR-Planer war die Wirkung diese Geld-Topfes durchaus ambivalent: Einerseits hat er die planerische Arbeit in den Interkommunalen Arbeitsgemeinschaften zunächst torpediert. „Denn sobald das Geld avisiert war", so die Beobachtungen eines KVR-Planers, „sind 80% der Energien da reingeflossen, um umsetzungsreife Projekte zu formulieren und an das Geld zu kommen". Andererseits hat dies die Planung auch vorangebracht und ganz wesentlich zur Zusammenführung der drei Planungsebenen beitragen.

4. Raumplanung zwischen Machtstrukturen und diskursiven Strategien

Versuchen wir, eine Bilanz zu ziehen. Für die Haben-Seite können vier Resultate festgehalten werden:

Es ist erstmalig in der nordrhein-westfälischen Raumplanung gelungen, innerhalb eines relativ kurzen Zeitraums drei Bezirksplanungsbehörden für ein Freiraum-Projekt, das die Bezirksgrenzen überschreitet, unter einen Hut zu bekommen. Für den „Emscher Landschaftspark" sind 1993/94 zeitlich parallel und mit einheitlichen Texten drei Gebietsentwicklungspläne verabschiedet worden, die, nebeneinander gelegt, einen in sich kohärenten Gesamtplan ergeben.

Zweitens sind über 100 einzelne Flächen durch Änderungen im Gebietsentwicklungsplan umgewidmet und damit einer möglichen Industrie-, Infrastruktur-, Verkehrs- oder Wohnnutzung entzogen worden.

Durch die Verzahnung von regionaler Leitplanung, interkommunaler Rahmenplanung und lokaler Projektplanung ist es – drittens – gelungen, „Planung von unten" mit der regionalen Gesamtplanung zu koppeln. Durch örtliche Projekte, die bereits in der Realisierung sind, sind „innovative Inseln" gebildet worden. Auf diese Weise sind sichtbare Erfolge, die zum Weitermachen motivieren, relativ rasch entstanden.

Viertens ist überzeugend vorgemacht worden, wie innerhalb bestehender Strukturen ein informelles Planungssystem etabliert werden kann, das der Entscheidungsvorbereitung im formellen Planungsverfahren dient. Dessen „Pfiff" liegt meines Erachtens in dreierlei:

Es wird – erstens – von den Institutionen getragen, die auch am formalen Planungsverfahren beteiligt sind, d.h. den Kommunen, der Emschergenossenschaft, den Bezirksplanungsbehörden und der Landesregierung. Allerdings sind die Repräsentanten dieser Institutionen eher auf der mittleren Ebene angesiedelt und werden in völlig neuen Zusammenhängen und Gremien zusammengebracht.

Zweitens wurden in den informellen Planungsverfahren immer wieder Anlässe geschaffen, um externen Sachverstand für die Leit- und Rahmenplanung zu mobilisieren. Dies gilt für die professionellen Planungsbüros, die kontinuierlich die Arbeit der Interkommunalen Arbeitsgemeinschaften koordiniert und mitgestaltet haben. Dies gilt für die Workshops und Kongresse, die von der IBA zum Thema „Emscher Landschaftspark" organisiert worden sind.

Drittens: Informelle Planung heißt nicht Geheimplanung. Gerade das Beispiel Emscher Landschaftspaark zeigt, wie durch eine professionelle Öffentlichkeitsarbeit, mit überaus interessanten, lesenswerten und lesbaren Materialien und Broschüren auch informelle Planung dokumentiert und transparent gemacht werden kann. Zwischen den Dokumentationen der Rahmenplanung für die sieben Regionalen Grünzüge und den konventionellen Texten für Gebietentwicklungspläne liegen Welten.

Das informelle Planungssystem des „Emscher Landschaftsparks" hat effektive Kooperations- und Verhandlungsbeziehungen hervorgebracht. Die materiellen Ergebnisse, die erzielt worden sind, wären von den etablierten Formen politisch-administrativer Entscheidungsfindung in diesem Zeitraum, in dieser Komplexität und in dieser Qualität nicht erreicht worden.

Das Beispiel „Emscher Landschaftspark" zeigt aber auch noch anderes: Die strukturelle Schwäche informeller Planungssysteme liegt in ihrer geringen Konfliktfähigkeit. Informelle Planung heißt, daß Resultate nur über diskursive Prozesse erzielt werden können. Strittige Punkte, über die die Beteiligten keinen Konsens erzielen, müssen vertagt werden, da es keine Instanz gibt, die Entscheidungen qua hierarchischer Macht oder qua Mehrheitsentscheidungen durchsetzen könnte. Die Konsequenz ist, daß „harte" Konflikte, etwa zwischen Freiraumentwicklung und Wirtschaftsförderung, zunächst ausgeklammert werden müssen. Deshalb, so eine der Schlußfolgerungen des KVR-Chefplaners, „braucht es eine höhere Anbindung der beteiligten engagierten Planer in der Verwaltungshierarchie und vor allem mehr Rückendeckung durch Kommunalpolitik und Öffentlichkeit" (Reiß-Schmidt 1994, S. 13).

Die Schlußfolgerung lautet deshalb: Diskursive Strategien brauchen einen machtgeschützten Raum. Arthur Benz hat diesen Befund so formuliert: „Funktionale Politikergebnisse ohne einflußgewährende Institutionen sichern auf Dauer Legitimation ebensowenig wie demokratische Institutionen, die systematisch defizitäre Politikergebnisse erzeugen" (Benz 1994, S. 72).

Die Katalysatoren, die ich genannt habe, die das informelle Planungssystem als Bypass-Struktur am Leben gehalten haben, leiten sich allesamt aus den klassischen, sog. „harten" Instrumenten politischer Steuerung ab, aus Macht und Geld. Es ist nicht nur „die Propaganda der guten Taten", die es der IBA Emscher Park ermöglicht, Neues aufzubauen, ohne Altes zu zerstören. Auch andere Fallstudien zeigen, daß in der politischen Praxis die Leistungsfähigkeit der IBA-Projektgruppen nicht nur viel mit sog. „innovativen Milieus", sondern auch sehr viel mit Machtdurchsetzung und mit hoch-effizienter Koordinationstätigkeit zu tun hat.

Es spricht vieles dafür, daß die IBA Emscher Park derzeit ein Laboratorium moderner Politik ist, in dem auf vielfältige Weise und mit Erfolg versucht wird, die Balance zwischen Machtstrukturen und diskursiven Strategien auszuloten.

Literatur:

Adrian, H. (1994): Die Erneuerung industrieller Ballungsräume ... eine Aufgabe der IBA, aber auch eine gesamtdeutsche Aufgabe. In: RaumPlanung 65, S. 89–94.
Benz, A. (1994): Zur demokratischen Legitimation von Verhandlungen. In: Kilper H. (Hg.): Steuerungseffekte und Legitimation regionaler Netzwerke. S. 69–80. Gelsenkirchen.
Der Minister für Stadtentwicklung, Wohnen und Verkehr des Landes Nordrhein-Westfalen (1988): Internationale Bauausstellung Emscher-Park. Werkstatt für die Zukunft alter Industriegebiete. Memorandum zu Inhalt und Organisation. Düsseldorf. (zitiert als IBA-Memorandum).
Ganser, K., W. Siebel u. T. Sieverts (1993): Die Planungsstrategie der IBA Emscher Park. Eine Annäherung. In: RaumPlanung 61, S. 112–113.
Höfer, P. (1989): Schöne neue Welt. IBA Emscherpark. In: Marabo. Magazin fürs Ruhrgebiet 11, Nr. 12, S. 56–57.
IBA-Dokument (1991): Zur strukturpolitischen Bedeutung der Internationalen Bauausstellung Emscher-Park. In: IBA Emscher Park GmbH (Hg.): Arbeiten im Park. Kurzdokumentation der Projekte der Internationalen Bauausstellung Emscher Park. Gelsenkirchen.
Latz+Partner (1991): Der Landschaftspark Duisburg-Nord. Ein Geflecht industrieller Infrastrukturen und Resten von Produktionsanlagen wird Landschaft. Zusammenfassung der Analysen und Konzepte. In: Planungsgemeinschaft Duisburg-Nord (Hg.): Planungsverfahren Stufe 1. Kurzfassung der von den fünf beauftragten Planungsteams vorgelegten Entwicklungskonzepte, März 1991. S. 89–109. Duisburg.
Meyhöfer, D. (1994): Vom Keller in die Beletage. Die Internationale Bauausstellung im Ruhrgebiet – eine Halbzeit-Bilanz. In: Süddeutsche Zeitung Nr. 295 v. 23.12.1994, S.13.
Reiß-Schmidt, S. (1994): Zwischenbilanz Emscher Landschaftspark: Eine Vision geht auf die Baustelle. In: Garten+Landschaft 104, H. 7, S. 9–15.
Sack, M. (1990): Siebzig Kilometer Hoffnung. In: DIE ZEIT Nr. 31 v. 27.7.1990, S. 42.
Sieverts, T. (1991): Perspektive Emscher Landschaftspark: Sieben unbequeme Fragen aus der „Werkstatt Landschaft". In: Ders. (Hg.): IBA Emscher Park. Zukunftswerkstatt für Industrieregionen. S. 60–63. Köln.

CITYPLAN VANCOUVER.
VERSUCHE ZU EINER STADTENTWICKLUNGSPOLITIK
PER BÜRGERENTSCHEID

Ilse Helbrecht, München/Vancouver

1. Defizite traditioneller Stadt- und Regionalplanung

Die Geschichte der Stadt- und Regionalplanung ist voll von Metaerzählungen. Drei große Narrative haben die Zielrichtung, Vorgehensweise und vor allem auch den Ethos traditioneller Planung geprägt. 1) Das Versprechen auf eine demokratische Stadt- und Regionalentwicklung, die durch demokratische Entscheidungsstrukturen verwirklicht wird. 2) Das Versprechen auf Emanzipation, auf eine bessere Welt, in der Planung das Allgemeinwohl der Staatsbürger in gesündere, hygienischere und gerechtere Städte umsetzt. 3) Das Versprechen auf eine vernünftige Stadt- und Regionalentwicklung, auf effiziente und funktionale Strukturen, die auf einer wissenschaftlich begründeten Rationalität basieren.

In allen diesen drei Bereichen ist die traditionelle Stadt- und Regionalplanung gescheitert. Dieses Scheitern läßt sich auf den Dreiklang von „undemokratisch", „autoritär" und „zweckrational" bringen. 1) Traditionelle Stadt- und Regionalplanung ist undemokratisch, weil sie sich nicht an die Spielregeln der liberalen Demokratie zu halten vermag. Anstatt parlamentarisch abgesicherte Politikentscheidungen umzusetzen, haben viele Studien der Implementationsforschung nachhaltig gezeigt, daß Planung zu komplex und vielschichtig ist, als daß sie sich in konditionale Verhaltensprogramme der staatlichen Verwaltung einpressen ließe. Tatsächlich bevormundet die Planung die Politik zumeist bei der Entscheidung über Lösungsalternativen. 2) Zudem ist Planung autoritär. Planung basiert auf der heimlichen Annahme, daß Planer Übermenschen sind und im Sinne des Allgemeinwohls handeln könnten. Im Sinne eines Gott-Vater-Modells von Planung wird ein öffentliches Interesse konstruiert, das es so nicht geben kann. 3) Und nicht zuletzt beruht traditionelle Planung auf einer Allmachtvorstellung der Wissenschaft, wonach Zukunft in Zukunftsprognosen beherrschbar, Gesellschaftsentwicklung planbar und Stadt- und Regionalentwicklung steuerbar ist. Die szientische Rationalität hat durch die Frankfurter Schule eine intensive Kritik erfahren. Das Vertrauen in die Fähigkeit der Wissenschaft ist durch die Postmoderne gründlich entzaubert worden. Planung wird hierdurch in ihrer Expertenrationalität grundlegend in Frage gestellt (vgl. Helbrecht 1991).

Die drei Grundlagenprobleme räumlicher Planung haben in der Praxis zu Fehlschlägen vor allem in zweierlei Hinsicht geführt. Erstens sind Planungskonzepte schlichtweg gescheitert. Die Geschichte der Großwohnsiedlungen der 60er und frühen 70er Jahre zeigt beispielhaft, daß Stadt- und Regionalplanung der Komplexität räumlicher Problemlagen nicht gerecht wird. Traditionelle Planung ist unterkomplex und informationell überfordert. Zweitens haben der Angebotscharakter der Planung (Flächenausweisungen) und die Langfristigkeit der Zielsetzungen zu Implementationsdefiziten geführt. Es wurde oft geplant, aber selten etwas verändert.

2. Chancen und Grenzen diskursiver Planung

Diskursive Planung – und mit ihr all die Planungsinnovationen der letzten Jahre, die unter den Begriffen Moderation, Stadtmarketing oder Public-Private-Partnership diskutiert werden – ist ein Versuch, aus den Planungsfehlern der Vergangenheit zu lernen. Diskursive Planung zielt vor allem auf dreieinhalb der genannten fünf Problembereiche. Diskursive Planung geht konstruktiv mit der verkürzten Planungsrationalität (Entzauberung der Wissenschaft) um, indem Planer zu Moderatoren werden. Anstelle des Entwurfs von expertenrationalen Lösungsmustern spezialisiert man sich auf die Moderation des Lösungssuchprozesses (vgl. Sager 1994, S. 166f.). Der Unterkomplexität und informationellen Überforderung wird mit komplexen Kommunikationstechniken (Metaplan) und kreativen Diskursen begegnet. Die Nachteile der Angebotsplanung und unflexibler Zehnjahrespläne werden durch die Konzentration auf umsetzungsorientierte Projekte und Programme angegangen.

Meine zentrale These ist jedoch, daß diskursive Planung weder das Legitimitätsproblem noch das Autoritätsproblem der traditionellen Planungspolitik heilt. Diskursive Planung ist nur eine halbierte Planungsinnovation. Diskursive Planung ist zwar effizienter und planungspolitisch komplexer als traditionelle Planung, jedoch nicht weniger undemokratisch und autoritär. Zwar geht diskursive Planung nicht mehr notwendig von einem Allgemeinwohl aus, sondern akzeptiert die legitimen Individualinteressen der Diskursteilnehmer als wichtige Ressourcen im Planungsprozeß. Wenn jedoch ein imaginäres Allgemeinwohl qua planerischer Gott-Vater-Position und szientifischer Expertenrationalität nicht mehr als Grundlage dienen, sondern die faire Ausbalancierung von Gruppen- und Individualinteressen im Diskurs, dann wird eine simple Frage ganz wesentlich: Welche Stimmen, welche Individual- und Gruppeninteressen finden Gehör in diesem Diskurs? Die Regionalkonferenzen, Arbeitskreise und runden Tische, die allerorten ausprobiert werden, basieren auf dem Prinzip der Exklusion: ausgeschlossen werden die Bürger und Bürgerinnen. Es sind Elitenetzwerke, die gesponnen werden, und Elitezirkel, die in der diskursiven Planung die Entscheidungen treffen (vgl. Helbrecht 1994, Kap. 7).

3. Weiterentwicklungen: Zur Notwendigkeit kreativer und multipler Öffentlichkeiten

Wenn man die Vorteile diskursiver Strategien nicht um den Preis undemokratischer Vorgehensweisen erkaufen will, müssen parallel zu den Diskursen für Experten neue Formen des Diskurses für Bürger und Bürgerinnen entwickelt werden. Dieses doppelte Anliegen muß im Zentrum eines neuen Planungsparadigmas stehen; ansonsten haben wir es nur mit einer halbierten Planungsinnovation zu tun. Wie eröffnet man diese neuen Wege für öffentliche Diskurse zur Stadt- und Regionalentwicklung? Aus der neueren Demokratietheorie und in Anlehnung an Nancy Fraser (1993) lassen sich einige Prinzipien hierfür benennen.

– Um die Vorteile diskursiver Planung in den öffentlichen Raum weiterzutransportieren, müssen neue Wege gefunden werden, partizipatorische Diskurse mit kreativen Elementen zu verbinden. Es müssen „kreative, diskursive Öffentlichkeiten" hergestellt werden.
– Wir brauchen eine neue Arbeitsteilung zwischen Planern, die Entscheidungen vorbereiten, Bürgern, die angehört werden, und Politikern, die Entscheidungen treffen. Öffentliche Meinungsbildung in Form von ‚schwachen Öffentlichkeiten' und Politikerentscheidungen als ‚starke Öffentlichkeiten' müssen in eine neue Relation zueinander treten (vgl. Fraser 1993, S. 24).
– In einer postfordistischen Gesellschaftsformation, in der Interessenlagen nicht mehr nur noch nach Schicht- oder Klassenlagen differenziert sind, sondern ebenso sehr nach Ethnie, Geschlecht oder Lebensstil, wird Konsensfindung schwieriger. Wir brauchen deshalb „multiple Öffentlichkeiten", die eine Vielzahl unterschiedlicher Interessengruppen und Bürgerinnen einbinden.

4. CityPlan Vancouver: Ein Beispiel

CityPlan ist der Name einer Planungsinitiative in Vancouver, die 1992 begonnen und vor wenigen Monaten abgeschlossen wurde. Die Strukturen des Planungsprozesses geben einige Hinweise darauf, wie solche kreativen, multiplen Öffentlichkeiten hergestellt werden könnten. Vancouver liegt am Pazifik und ist die schellstwachsende Region Kanadas. Vancouver ist eine „postindustrielle Stadt", verfügt über die drittgrößte Filmindustrie Nordamerikas (und damit der Welt) und den größten Hafen (in Tonnen) an der Pazifikküste Nordamerikas (vgl. Barnes u.a. 1993, S. 190). Vancouver ist eine multikulturelle Stadt. Schon heute sind 30% der Bewohner chinesisch und sind Schulbezirke, in denen mehr als 50% der Kinder Englisch als Fremdsprache haben, keine Seltenheit. Vancouver ist mit ca. 500.000 EinwohnerInnen das Zentrum der Region Lower Mainland, deren Bevölkerung sich in den nächsten 30 Jahren von 1,7 auf 3,4 Mio. Einwohner verdoppeln wird. Angesichts des Wachstumsdrucks in der Region und damit verbundener Probleme in den Bereichen Wohnungsmarkt, Verkehrsbelastung, Umweltsituation usw. besteht in Vancouver die Notwendigkeit, grundlegende Entscheidungen zur Zukunft des Verkehrs- und Siedlungssystems, der funktionalen Arbeitsteilung in der Region, der Wohnbauformen und Stadtteilstrukturen, der Stellung der Innenstadt usw. für die nächsten Jahrzehnte zu treffen.

Im Herbst 1992 hat der Stadtrat die Bürger und Bürgerinnen aufgefordert, Ideen zu entwickeln für die zukünftige Stadtentwicklung. CityPlan ist eine Initiative, die diesen Willensbildungs- und Entscheidungsprozeß gemeinsam mit den Bewohnern der Stadt durchführt. Der Planungsprozeß hat insgesamt zweieinhalb Jahre gedauert, drei Mio. kanadische Dollar gekostet, und ca. 20.000 Einwohner-

Innen der Stadt haben sich daran beteiligt. CityPlan basiert auf folgenden Planungsprinzipien (vgl. Cityplan 1994a):
- CityPlan wird organisiert vom Stadtplanungsamt, das hierfür ein gesondertes Büro außerhalb des Rathauses einrichtet (CityPlan Resource Centre).
- CityPlan ist zugänglich für die meisten ethnischen Gruppen in Vancouver. Nahezu alle Planungsmaterialien sind in sechs Sprachen verfügbar (Englisch, Französisch, Chinesisch, Indisch, Spanisch, Vietnamesisch). Im CityPlan Resource Center gibt es einen Ansprechpartner für alle sechs Sprachgruppen.
- CityPlan nutzt alle verfügbaren Informationsmedien (Telefonische Infoline, Zeitungen, Fernsehberichte im Lokalfernsehen, E-Mailadresse und Informationsdienst im Internet).
- CityPlan ist ein offener Planungsprozeß; eine Beteiligung am Planungsprozeß ist für jeden jederzeit möglich.

Der Planungsprozeß setzt sich aus vier Planungsschritten zusammen (vgl. CityPlan 1994a):
A) Ideen sammeln
- Im März 1993 erstellt die Stadt ein CityPlan Tool Kit (vgl. CityPlan 1993a), das aus leicht lesbaren und übersichtlichen Informationsschriften zu aktuellen Themen der Stadtentwicklung und Stadtpolitik besteht (Verkehr, Wohnen, Arbeiten, Bildung etc.). Das CityPlan Tool Kit soll es den Bürgern und Bürgerinnen ermöglichen, sich eine eigene Meinung auf der Basis von Fakten zur Situation in Stadt und Region zu bilden.
- Parallel dazu ruft CityPlan die Bürger und Bürgerinnen im Frühjahr 1993 dazu auf, Arbeitskreise (City Circles) zu bilden, die gemeinsam das Tool Kit durcharbeiten und anschließend Ideen zur Stadtentwicklung entwickeln. 450 Arbeitskreise mit ca. 2.400 TeilnehmerInnen werden gebildet, 70 der Arbeitskreise sind nicht-englischsprachig. CityPlan stellt auf Anfrage einen Moderator für die Arbeitskreisarbeit und einen Dolmetscherservice für Materialien etc. für ethnische Gruppen zur Verfügung.

B) Ideen diskutieren
Die in den Arbeitskreisen entwickelten Ideen werden von den Stadtplanern vier Monate später (weitestgehend im Original) im Ideas Book (CityPlan 1993b) und in Ideas Illustrated (CityPlan 1993c) zusammengefaßt. Im Mai 1993 findet ein Ideenmarkt statt, auf dem die gesammelten Ideen vorgestellt und diskutiert werden. Ca. 10.000 Personen nehmen an dieser Veranstaltung teil. Auf den Ideenmarkt folgt ein Ideenforum, das die Ergebnisse und Revisionen des Ideenmarktes vorstellt.

C) Entscheidungen treffen
Im dritten Planungsschritt geht es darum, Entscheidungen zu treffen. CityPlan erarbeitet ein Making Choices Workbook (CityPlan 1994a), das die von den BürgerInnen vorgeschlagenen Ideen zur Stadtentwicklung in zwölf Themenbereiche gliedert (Wohnen, Arbeiten, Infrastruktur, Transport, Umwelt, Kultur

usw.). Auf der Basis von den im Workbook dargestellten gegenwärtigen Trends sind die Bürger und Bürgerinnen aufgefordert, jeweils zwischen drei möglichen Alternativzukünften Vancouvers per Ankreuzen (Fragebogentechnik) zu wählen. Das Making Choices Workbook wird an alle Haushalte in der Stadt verschickt. Das CityPlan Resource Center unterstützt den schwierigen Entscheidungsprozeß:
– Abendöffnungen, Sprechtage, die Bereitstellung von Hintergrundpapieren mit detaillierteren Informationen zu den Themenbereichen und Wahlmöglichkeiten dienen der Information.
– Im Lokalfernsehen (Rogers Community Channel 4) wird eine Serie von Vorträgen zu Themen der Stadtentwicklung übertragen, die auf die Information der BürgerInnen zielt (z.B. zur demographischen Entwicklung der Stadt, Live-Übertragungen aus dem Stadtrat etc.)
– Drei Tagesworkshops werden veranstaltet, die gegliedert sind nach Themenbereichen und zur Information und Diskussion der angebotenen Wahlmöglichkeiten im Making Choices Workbook dienen.
– Ein multikultureller Workshop findet statt (im Rahmen des CityPlan Community Access Programs), der ethnischen Gruppen spezielle Hilfestellung bei der Durcharbeitung des Workbooks geben soll.
– Die bestehenden Arbeitskreise (City Circles) sind aufgefordert, gemeinsam das Workbook durchzuarbeiten und die Entscheidungen zu diskutieren.
Im Ergebnis gehen 1.782 ausgefüllte Fragebögen im CityPlan Büro ein.

D) Choose Your Future
Im letzten Planungsschritt sollen die Vorstellungen zur Zukunft Vancouvers in den zwölf segmentierten Themenfeldern in eine integrierte Gesamtkonzeption überführt werden. Die Stadtplaner fassen die vorhergehenden Fragebogenergebnisse in vier verschiedene Visionen zur Zukunft Vancouvers zusammen. Alle vier Visionen sind als denkbare Szenarien oder Zukünfte der Stadt für das Jahr 2021 in den Bereichen Wohnen, Arbeiten, Umwelt usw. konzipiert. Im Juni/August 1994 findet ein Futures Fair statt, in dem die denkbaren Zukünfte Vancouvers vorgestellt werden. Im Juni/Juli 1994 wird ein mobiler Informationsstand eingerichtet (CityPlan Futures Display), der durch die Stadt wandert. Hierzu werden die Ideen und Zukunftsvisionen mit mobilen Ständen in den Stadtteilen vorgestellt. Ca. 2.000 Besucher geben schriftliche Kommentare und weitere Empfehlungen in den örtlichen Ausstellungen ab. In einer abschließenden Fragebogenaktion unter dem Titel „Choose Your Future" (CityPlan 1994c) wird eine Broschüre zu den vier denkbaren Zukünften Vancouvers an alle Haushalte in der Stadt verteilt. 1.864 ausgefüllte Fragebögen gehen bei der Stadt Vancouver ein. Mit einer klaren Mehrheit von 63% entscheiden sich die Befragten – zur positiven Überraschung der Planer – für die Zukunft Nr. 1 (City of Neighbourhood Centres) (vgl. CityPlan 1994c, S. 7).

Am 21. Februar 1995 wird die erste Fassung des CityPlan erstellt. Die BürgerInnen erhalten nochmals im März und April 1995 die Chance, in fünf verschiedenen Workshops in unterschiedlichen Stadtteilen, zu dem Planentwurf

Stellung zu nehmen. Im Mai 1995 ist der von den BürgerInnen durch Ideen gestaltete und in Form von Fragebögen abgestimmte Stadtentwicklungsplan vom Stadtrat beschlossen worden.

5. Fazit

Diskursive Planung in Deutschland ist in der bisherigen Form als Elitendemokratie in Elitennetzwerken nur eine halbierte Planungsinnovation. CityPlan Vancouver ist deshalb ein hoffnungsvolles Beispiel, das zumindest ansatzweise Wege und Möglichkeiten aufzeigt, starke (Planungs- und Parlamentsentscheidungen) und schwache Öffentlichkeiten (Bürgerforen) in neuer Weise zu verbinden. CityPlan weist mit seinen komplexen und vielfältigen Planungstechniken und -instrumenten, dem systematischen Aufbau des bürgerschaftlichen Entscheidungsprozesses und der Vielfalt genutzter Kommunikationsmittel und -medien neue Wege auf, kreative und multiple Öffentlichkeiten herzustellen, die auch vor den Sprachbarrieren einer multikulturellen Gesellschaft so schnell nicht aufgeben. Es ist nicht zuletzt dieser multikulturelle Charakter gewesen, der CityPlan Vancouver 1994 den Award of Excellence der Planerorganisation in der Provinz Britisch Kolumbien (PIBC) und den nationalen Preis für innovative Formen partizipativer Planung des kanadischen Verbandes der Stadt- und Regionalplaner (Canadian Institute of Planners) eingebracht hat. Dennoch gibt es viel an dem beschriebenen Vorgehen von CityPlan zu kritisieren und zu verbessern.

An dieser Stelle jedoch möchte ich mit Blick auf Ostdeutschland einen anderen Punkt hervorheben. Die westdeutschen Planer und Planerinnen sind in den letzten Jahren mit der Einführung neuer diskursiver Planungsverfahren sehr erfolgreich gewesen - ohne dabei das Autoritäts- und Demokratieproblem der traditionellen Planung wirklich zu lösen. Auch wenn es hilfreich ist, ins Ausland zu blicken und CityPlan Vancouver konstruktive Hinweise für eine diskursive Planung „von unten" bietet, so scheint mir dennoch, daß wir auf der Suche nach Inspiration gar nicht so weit nach Westen schauen müssen. Es war der Osten Deutschlands, der vor wenigen Jahren das Motto „Wir sind das Volk" in die Straßen getragen hat. Ich denke, es ist an der Zeit, daß Planer und Politiker im Osten wie im Westen anfangen, diese Stimmen ernst zu nehmen und ihnen eigene Runde Tische zu einer bürgerschaftlichen diskursiven Planung zur Verfügung stellen.

Literatur:

Barnes, T., D.W. Edgington, K.G. Denike u. T.G. McGee (1993): Vancouver, the Province, and the Pacific Rim. In: Wynn, G. u. T. Oke (Hg.): Vancouver and its Region. S. 171–199. Vancouver.

CityPlan (1993a): Tool Kit. Vancouer.

CityPlan (1993b): Ideas Book. Vancouer.

CityPlan (1993c): Ideas Illustrated. Vancouver.

CityPlan (1994a): Making Choices. Vancouver.
CityPlan (1994b): CityPlan Making Choices Workbook. Preliminary Results. Vancouver.
CityPlan (1994c): Choose Your Future. Results from the CityPlan Futures Questionnaire. Vancouver.
Fraser, N. (1993): Rethinking the Public Sphere: A Contribution to the Critique of Actually Existing Democracy. In: Robbins, B. (Hg.): The Phantom Public Sphere. S. 1–32. London u. Minneapolis.
Helbrecht, I. (1991): Das Ende der Gestaltbarkeit? Zu Funktionswandel und Zukunftsperspektiven räumlicher Planung. = Wahrnehmungsgeographische Studien zur Regionalentwicklung 10. Oldenburg.
Dies. (1994): „Stadtmarketing" – Konturen einer kommunikativen Stadtentwicklungspolitik. Basel, Boston u. Berlin.
Sager, T. (1994): Communicative Planning Theory. Aldershot.

BERGBAUBEDINGTE ORTSUMSIEDLUNGEN IN MITTELDEUTSCHLAND – SUCHE NACH SOZIALVERTRÄGLICHKEIT ODER UNLÖSBARER SOZIALER KONFLIKT?

Sigrun Kabisch und Andreas Berkner, Leipzig

1. Braunkohlebergbau und soziale Konflikte – Ausgangssituation

Es gibt in Deutschland drei große Braunkohlereviere – in den alten Bundesländern das Rheinische Braunkohlerevier (Nordrhein-Westfalen), in den neuen Bundesländern die Lausitz (Sachsen/Brandenburg) und Mitteldeutschland (Sachsen/Sachsen-Anhalt).

Die Braunkohle ist nach wie vor ein wichtiger Energieträger, der bisher nicht substituiert werden konnte und auch in absehbarer Zukunft weitergenutzt werden wird. Die Sächsische Staatsregierung hat sich 1994 in den „Leitlinien zur zukünftigen Braunkohlepolitik" auf eine langfristige Förderung von ca. 15 Mio. t/a im Südraum Leipzig als aktuell verbliebenem Teil des Mitteldeutschen Reviers orientiert. Zusätzlich werden im Tagebau Profen, der überwiegend zu Sachsen-Anhalt gehört, jährlich 10 Mio. t Braunkohle gefördert. Insgesamt kommen somit künftig ca. 25 Mio. t Braunkohle jährlich aus dem mitteldeutschen Braunkohlefördergebiet.

In der Verordnung der Sächsischen Staatsregierung über den Landesentwicklungsplan Sachsen wird ausgeführt: „Der Braunkohlenabbau soll dabei auf wenige Abbauschwerpunkte konzentriert und unter Prüfung aller Abbauvarianten umweltschonend und sozialverträglich gestaltet werden, so daß insbesondere weitere Ortsverlagerungen nach Möglichkeit unterbleiben ..." (Sächsische Staatskanzlei 1994, S. 1508).

Die Förderung von Braunkohle im wirtschaftlich gewinnträchtigen offenen Großtagebau hat sich seit den 40er Jahren durchgesetzt. Diese Bergbauvariante geht von einer hochdimensionierten Flächeninanspruchnahme aus. So wurden bislang 471 km^2 Fläche durch den Bergbau in Mitteldeutschland in Anspruch genommen, wovon 47% zwischenzeitlich einer Wiedernutzung zugeführt wurden (Berkner 1995, S. 152). 1989 gab es im Mitteldeutschen Braunkohlefördergebiet insgesamt 20 Tagebaue. Bis 1993 ist ihre Zahl auf fünf Tagebaue zusammengeschmolzen. Gegenwärtig wird noch in drei Tagebauen Braunkohle gefördert. Künftig wird sich die Braunkohleförderung auf zwei Tagebaue konzentrieren – Tagebau Profen in Sachsen-Anhalt und Tagebau Vereinigtes Schleenhain in Sachsen. Beide Tagebaue gehören zum Teilrevier Südraum Leipzig.

Hinter den genannten Größenangaben zur Flächeninanspruchnahme verbirgt sich die Devastierung von landwirtschaftlichen, forstwirtschaftlichen und Gewässerflächen sowie besiedelter Räume. Letztere hat bergbaubedingte Ortsumsiedlungen zur Folge. In Tab. 1 wird die Größenordnung erfolgter bergbaubedingter Umsiedlungen mit der betroffenen Einwohneranzahl angegeben.

Tabelle 1: Bergbaubedingte Umsiedlungen im Mitteldeutschen und im Rheinischen Revier 1945 bis 1989

	Mitteldeutsches Revier	Rheinisches Revier
Orts- und Teilortsverlegungen	104	100
Einwohnerzahl	44.000	30.000

Im Zeitraum von 1928 bis 1994 wurden allein im Teilrevier Südraum Leipzig 70 Orte und Ortsteile bergbaubedingt aufgelöst. Ca. 22.800 Menschen mußten sich mit dem nicht selbst gewählten Verzicht auf ihren bisherigen Wohnort abfinden. Die zentralstaatliche Planung forcierte Ende der 70er und in den 80er Jahren aufgrund veränderter Weltmarktpreise für Erdöl (Ölkrise) den Braunkohleabbau. Zwangsläufig wurden nun in immer stärkerem Maße besiedelte Räume raumplanerisch in die bergbaubedingte Flächeninanspruchnahme einbezogen. Die Folge war eine wachsende Zahl von Devastierungen von Ortschaften. So wurde von 1977–1980 mit Magdeborn erstmals eine Gemeinde mit mehr als 3000 Einwohnern bergbaubedingt aufgelöst. Im nachfolgenden Zeitabschnitt bis 1986 wurde mit Eythra-Bösdorf eine weitere Kommune mit einer Einwohnerzahl von ca. 3200 devastiert. In dieser Phase entstanden erstmalig Planspiele zur Umsiedlung von Kleinstädten im Südraum Leipzig wie z.B. Zwenkau und Pegau mit ca. 6000–8000 Einwohnern.

Obwohl die Braunkohletagebaue tiefe Einschnitte in der Siedlungsstruktur hinterlassen haben, weist das Braunkohlerevier nach wie vor eine relativ hohe Bevölkerungs- und Siedlungsdichte auf. So ist der Südraum Leipzig in der Gebietskategorisierung Sachsens als verdichteter Raum im Umfeld des Oberzentrums Leipzig ausgewiesen. Folglich stehen sich hier zwei völlig gegensätzlich geprägte Teilräume gegenüber:
1. Teilräume mit einer hohen Siedlungsdichte, konzentriert auf Trassenkorridore,
2. durch den Bergbau verursachte siedlungsleere Teilräume in Form von offenen Tagebauen und Kippenflächen.

2. Zur Umsiedlungsproblematik und den Chancen ihrer Bewältigung

In allen Bergbaurevieren gehört die Umsiedlungsproblematik zu den prekären Fragestellungen. In jüngster Vergangenheit hat sich die Diskussion um sozialverträgliche Umsiedlungsmodelle verstärkt. Dazu hat die öffentliche Debatte über nachhaltiges Wirtschaften (sustainable development) und die Auseinandersetzung um die Energieträger der Zukunft und hier speziell zum Stellenwert der Braunkohle beigetragen.

Das Gutachten von Zlonicky u.a. (1990) zur Sozialverträglichkeit von Umsiedlungen im Rheinischen Braunkohlerevier kann hierbei als eine wesentliche Diskussionsgrundlage angesehen werden. Dennoch sind die Ausgangsbedingungen für Umsiedlungsvorhaben im Vergleich zwischen den westdeutschen und den ostdeutschen Braunkohlerevieren sehr verschieden (Tab. 2). Vor allem mentale Vorbehalte und soziale Konfliktsituationen unterscheiden ostdeutsche Betroffenheit von westdeutscher. Um Wertungen vornehmen zu können, ist die Analyse der jeweiligen Ausgangssituation notwendig, da nur unter Kenntnis und Respektierung der spezifischen Biographien und gegenwärtigen Lebenslagen nachvollziehbare Erklärungsmuster und daraus abgeleitet Handlungsempfehlungen erarbeitet werden können.

3. Konflikteskalation versus Konfliktbewältigung: Zwei gegensätzliche Fallbeispiele

Um die Differenziertheit der Problematik zu erläutern, werden zwei Fallbeispiele aus dem Südraum Leipzig untersucht. Aktuell wird mit der Braunkohlenförderung in den zwei Großtagebauen Profen und Vereinigtes Schleenhain die bergbaubedingte Inanspruchnahme von zwei Gemeinden – Großgrimma und Heuersdorf – vorbereitet. Diese beiden Beispiele zeigen eine völlig unterschiedliche Art und Weise der Vernetzung der beteiligten Akteure im Umsiedlungsprozeß. Folglich sind die aktuellen Resultate auch grundverschieden. Während Großgrimma seine Zukunftschancen in der Umsiedlung sieht, diese ergreift und in dem Prozeß selbst aktiver Gestalter ist, verweigert sich Heuersdorf. Hier dominiert die Angst. Bisher konnten keine die Mehrheit der Einwohner überzeugenden Umsiedlungsmodelle für Heuersdorf gefunden werden. In Großgrimma ist von Anfang an seitens der politischen Verantwortungsträger eng mit den Betroffenen zusammengearbeitet worden. Offensichtlich hat sich hier die klare Strategie der Landesregierung von Sachsen-Anhalt für eine Fortsetzung des Bergbaus im Gegensatz zur lange Zeit unentschlossenen Haltung der Sächsischen Staatsregierung bewährt.

Im Falle Heuersdorf ist die Bedeutung der Umsiedlung einer 320 Einwohner zählenden Gemeinde im Gesamtvorhaben von 1,5 Mrd. DM für Tagebauinvestitionen und 4,5 Mrd. DM Investitionen für den geplanten Kraftwerksneubau unterschätzt worden. Die Zusammenarbeit mit den Einwohnern Heuersdorfs kam nur schleppend in Gang. Von Anfang an herrschte Mißtrauen unter der Bevölkerung. Dazu hat die spezifische Biographie des Ortes mit den wechselhaften Konfrontationen hinsichtlich des Umsiedlungsproblems beigetragen. Außerdem ist das unmittelbare Erlebnis der Umsiedlung des Nachbarortes Breundorf, das von einer Reihe negativer Begleitumstände betroffen war (Umsiedlung dauerte mehr als fünf Jahre, finanzielle Entschädigung erfolgte nur für einen Teil der Betroffenen in DM, die erste Gruppe der Umgesiedelten wurde nach DDR-Konditionen entschädigt, keine gemeinsame Umsiedlung, in der Endphase fehlte jegliche Versorgungsfunktion, Sicherheitsrisiken häuften sich usw.), ein vor allem mental wirkender Einflußfaktor.

Eine wesentliche Rolle im Prozeß der Auseinandersetzung um eine mögliche Umsiedlung spielen Leitfiguren, die die Interessen der Kommune nach außen

Tabelle 2: Sozialer Statusvergleich Umsiedlungsbetroffener: Rheinisches Braunkohlerevier – Südraum Leipzig

Kriterien		Rheinische Braunkohlerevier (Erftkreis)	Südraum Leipzig (Landkreis Leipziger Land/ Landkreis Weißenfels)
Soziale Charakteristik	– Einwohnerzahl	nicht ungünstiger als in ländlichen Gebieten ohne Bergbau	massiver Rückgang um 40-60% seit 1965 in den „Vorfeldgemeinden"
	– Altersstruktur	durchschnittlich	Überalterung
	– Arbeitsmarkt	durch Bergbau und Nähe Ballungszentren günstiger als Landesmittel NRW	durch Strukturbruch kompliziert, keine Alternativen, 2. Arbeitsmarkt verhindert aktuell höhere Arbeitslosenquote (befristet)
	– Einkommen	im Bereich des Mittelwertes der alten Bundesländer	ca. 75% des Mittelwertes der alten Bundesländer
	– Finanzielle Rücklagen	über Jahrzehnte mit relativ stabiler politischer und Einkommenssituation kontinuierlich gewachsen	keine bis gering, aufgrund Einkommenssituation in DDR, Währungsunion, Arbeitsmarkt
	– Kredite/Verschuldung	Kreditaufnahme üblich für Verbesserung der Wohnbedingungen	Kreditaufnahme ungewohnt, mit Mißtrauen hinsichtlich Abzahlbarkeit verbunden, negativ belegt
Immobilienwert		hoch, da Werterhaltung und Wertsteigerung uneingeschränkt möglich	gering, Verweigerung von Investitionen aufgrund Bergbauschutzgebiet
Entwicklungsnachteile vor der Umsiedlung		vorhanden (Wegenetz zerschnitten), aber relativ gering da Investitionen bis zum Ende der Existenz, Garantie für Infrastruktur, Spekulationsbauten im Vorfeld der Umsiedlung	erheblich, durch Lage im Bergbauschutzgebiet über Jahrzehnte Beeinträchtigungen mittelbar und unmittelbar folgende Überbaggerung
Erfahrungen mit Umsiedlungen	– individuelle Bewältigung	Probleme lösbar, keine Existenzbedrohung, keine „Umsiedlungskatastrophen" erfahren	negativ, Angst und Mißtrauen, „Umsiedlungskatastrophen" in Nachbarkommune erlebt, ebenso Umsiedlung ohne nachfolgende Überbaggerung
	– Umsiedlungsangebote in Vergangenheit	gemeinsame Umsiedlung nach Bürgerentscheid, im Rahmen des Bundesberggesetzes mit Ausschöpfung Kulanzrahmen und Härteausgleich	Angebote in städtischen Neubaugebieten – nur vereinzelt „Naturalersatz", keine Bsp. für gemeinsame Umsiedlung, kein vorzeigbares Umsiedlungsmodell
	– Umsiedlungsangebote heute	siehe oben	durch Verträge zugunsten der Betroffenen im Bereich des Grundsatzes „neu für alt", gemeinsame Umsiedlung nach Bürgerentscheid möglich, Mißtrauen bleibt, da bisher keine gelungene Umsiedlungsmodelle
Rolle von Politik und Verwaltung		stabile kommunalpolitische Strukturen, Verflechtung Bergbau und Politik, in jüngster Vergangenheit öffentlicher Widerstand (Garzweiler II)	Politikverdrossenheit, Vertrauensverlust, Vernutzung regionaler Akteure und Hoffnungsträger aus der Wendezeit
Verhältnis zum Bergbautreibenden		gewachsen, Verflechtungen, Sponsoring, viele Engagementfelder (Kultur, soziale Bereiche)	partnerschaftliches Verhältnis vs. verhärtete Fronten, Vertrauen und Mißtrauen

artikulieren und vertreten. Sind sie Befürworter, weil sie die Chancen für ihre Kommune durch eine gemeinsame Umsiedlung erkannt haben, dann werden sie sich als Partner neben den weiteren Verantwortungsträgern seitens des Bergbautreibenden und den regionalen und lokalen Akteuren für eine vollständige Umsetzung ihres Umsiedlungsmodells einsetzen. Sind diese Leitfiguren allerdings Gegner der Umsiedlung, dann gelingt es nicht, ein gemeinsam getragenes Umsiedlungsmodell zu erarbeiten und umzusetzen. Das gesamte Umsiedlungsvorhaben wird außerordentlich erschwert, zeitlich hinausgezögert und von internen Auseinandersetzungen innerhalb der Dorfgemeinschaft begleitet. Während im ersten Fall die Dorfgemeinschaft durch die gemeinsam zu gestaltende Umsiedlung weiter zusammenwachsen kann, besteht im zweiten Fall die Gefahr, daß die Dorfgemeinschaft auseinanderbricht. Es gibt keine Garantie dafür, daß der ursprünglich bekundete Zusammenhalt mit zunehmender Dauer der Auseinandersetzungen Bestand haben wird.

Dennoch muß vor der Bewertung die jeweilige Ausgangssituation der betroffenen Kommunen beachtet werden. Ein dominanter Anteil von Wohneigentum mit privater Verantwortung für dessen relativ guten baulichen Zustand trägt wesentlich zum differenzierten Erscheinungsbild im Vergleich zu Kommunen bei, in denen der Mietwohnungsbestand erheblich und zudem qualitativ schlecht ist. Somit sind die Ausgangsprämissen unterschiedlich. Während Bewohner qualitativ minderwertiger Wohnungen durch die Umsiedlung nur gewinnen können, befürchten Bewohner von selbst errichteten, guten Wohnungen Verluste. Daraus ergibt sich das dringende Erfordernis einer genauen Bestandsaufnahme der existierenden Wohnbedingungen einschließlich der Anerkennung der Leistungen der Eigentümer qualitativ hochwertiger Wohnungen. Diese Faktoren erlangen besondere Wichtigkeit für die Anerkennung der Interessen und Ängste der Betroffenen im Umsiedlungsprozeß. Werden diese durch die auswärtigen Entscheidungsträger unterschätzt, dann fühlen sich die Betroffenen mißachtet, was zu eingeschränkter Kooperationsbereitschaft führt. Statt einer sachlichen Auseinandersetzung unter den Beteiligten schalten sich nun Medien und Außenstehende ein, was einer Lösungsfindung nicht dienlich ist.

Zusammenfassend ist zu betonen, daß die jeweiligen Umsiedlungsvorhaben jeweils spezifische Fälle sind, die einer Unikatlösung bedürfen. Die Biographien und Ausgangsbedingungen sind differenziert. Selbst wenn eine Reihe von Ähnlichkeiten vorliegt, wie in den o.g. Fallbeispielen beschrieben, sind dennoch gegensätzliche Positionen im Prozeß um eine bergbaubedingte Umsiedlung möglich.

Tabelle 3: Vergleich der Umsiedlungsfälle Großgrimma, Landkreis Weißenfels (Sachsen-Anhalt), und Heuersdorf, Landkreis Leipziger Land (Sachsen)

Kriterien	Großgrimma (28 km², 850 EW 6 Ortsteile)	Heuersdorf (8 km², 310 EW, 1 Ort mit 2 Ortskernen)
Lage im Bergbauschutzgebiet	seit ca. 30 Jahren	seit ca. 30 Jahren
bergbaubedingter Umsiedlungszeitraum	2010, durch Bürgerentscheid gewählte vorzeitige Umsiedlung 1996/1997	2005
blockierte Kohlevorräte	96 Mio. t	49 Mio.t direkt, 45 Mio.t indirekt
Kohleabnehmer	KW Schkopau, Industrie-KW-Wählitz, Kleinverbraucher	Neubau KW Lippendorf geplant
Bergbau als Arbeitgeber	von Bedeutung, Bergarbeiter wohnen im Ort, kaum Arbeitsmarktalternativen	ehemalige Bergleute entlassen, keine Arbeitsmarktalternativen
Umsiedlungserfahrungen	Umsiedlungsfälle in Nachbarschaft liegen ca. 10 Jahre zurück	unmittelbares Erlebnis der Umsiedlungskatastrophe Breunsdorf 1987-95
Umsiedlungsangebot	Kommunalvertrag Großgrimma-Hohenmölsen, Gesamtvolumen ca. 200 Mio. DM	Heuersdorf-Vertrag zugunsten Dritter, Gesamtvolumen 100 Mio. DM, kostenneutrale Umsiedlung
Umsiedlungsstandort	Hohenmölsen-Süd, 1. Spatenstich erfolgt	kein zielorientierter Dialog bei 2-3 geeigneten Varianten
Konkurrenz zu anderen Schutzgütern (Abbauvarianten)	keine	Orte Pödelwitz, Obertitz und Schnauderaue
Verhältnis zum Bergbautreibenden	Kooperation, auf gegenseitiger Achtung basierend	Abbruch der Kontakte, Klage gegen Entscheidung für Braunkohleplan angekündigt, Nachweis der wirtschaftlichen Notwendigkeit für Überbaggerung von Heuersdorf gefordert
Akzeptanz der Umsiedlung	hoch, Befürwortung der gemeinsamen, vorzeitigen Umsiedlung, Chance für Ort, insbesondere für Infrastrukturerneuerung, EXPO 2000 – Förderung	sehr gering, Ablehnung, Furcht vor Verschuldung und Auflösung sozialer Netze, keine Vorteile erkannt
Relation: Wohneigentum zu Mietwohnungen	Anteil der Mietwohnungen relativ hoch, bergbaueigene Mietwohnungen, durch Umsiedlung Chance, Wohneigentum zu erwerben	privates Grundstückseigentum dominiert absolut, 90%
Leitfiguren	Bürgermeisterin, arbeitet für Umsiedlung	Bürgermeister, Pfarrer, einzelne Bürger lehnen Umsiedlung strikt ab
Rolle der Landesregierung	frühzeitige und eindeutige Positionierung für Tagebau Profen	erst mit Kabinettsbeschluß 1994 eindeutige Positionierung
Medienecho	relativ gering, um objektive Berichterstattung bemüht	relativ groß, kritische Beiträge zum Gesamtvorhaben überwiegen
Einflüsse von außen	unbedeutend, da Beteiligte zusammenarbeiten	massive Einflüsse der Braunkohlegegner, besonders in Wahlvorbereitung

4. Versuch eines Fazits

Die beschriebenen Beispiele verdeutlichen die Vielschichtigkeit der Problematik. In den neuen Bundesländern gibt es bisher kein Beispiel dafür, das überzeugend für eine gelungene, sozialverträgliche Umsiedlung steht. Mit der kleinen Siedlung Schwerzau ist 1992–94 erstmals eine gemeinsame Umsiedlung an einen neuen Standort vorgenommen worden. Da dieser Ort aber nur 38 Einwohner umfaßt, kann hier nur von einem ersten Versuch eines Modells gesprochen werden.

Faktisch waren bisher alle Umsiedlungen Ortsauflösungen im eigentlichen Sinne des Terminus Devastierung. Eine gemeinsame Umsiedlung der Mehrheit der Einwohner einer Gemeinde an einen Standort, der durch diese geprägt wird und in dem Symbole an den verlassenen Heimatort erinnern, existiert bisher nicht. Die Erfahrungen von Umsiedlungsbetroffenen besagen, daß sie vor 1990 keinen öffentlichen Disput über die Notwendigkeit einer Umsiedlung erfahren haben. Ihre Gemeinden wurden durch die Einordnung in Bergbauschutzgebiete langfristig über die mögliche Devastierung informiert und zugleich mit den damit verbundenen Konsequenzen konfrontiert. Die dazu gehörende Verweigerung ohnehin knapper Investitionen führte zu einem baulichen Verfall der Wohnsubstanz, der weiteren Gebäude und der Infrastruktur. Im wesentlichen konnten nur private Investitionen zur Bewahrung einer gewissen Lebensqualität eingesetzt werden. Damit war allerdings die Erhaltung, Erneuerung und Erweiterung der Bausubstanz, des Straßennetzes, des Wasser- und Abwassersystems oder der Telefonversorgung unmöglich. Wenn dann der konkrete Zeitpunkt der Devastierung herangekommen war, standen die Verhandlungen über die Abwicklung der Umsiedlung, den Umsiedlungszielort und die finanziellen Entschädigungen der Umzusiedelnden im Mittelpunkt. War dann die Umsiedlung abgeschlossen, orientierte man sich auf das neue Lebensumfeld. Trauer um die verlorene Heimat wurde im Stillen ausgetragen. Die Sorge um die Regelung des täglichen Lebens bestimmte den Alltag. Offene Protestaktionen gegen die Umsiedlungen wurden weder vorher noch im Nachhinein registriert.

Im Rheinischen Braunkohlerevier beschränkte sich die Auseinandersetzung um den weiteren Braunkohleabbau und mögliche Ortsverlagerungen bislang nur auf regional begrenzte Debatten. Die langjährige enge Verschränkung von Bergbauunternehmen und regionaler wie kommunaler Politik bis hin zur Förderung von Kultur oder sozialen Einrichtungen ist sicher eine Ursache dafür, daß das Problem Ortsverlagerung mit seinen vielschichtigen Facetten nicht in stärkerem Maße thematisiert wurde. Außerdem wurde und wird in NRW der Bergbau durch den Steinkohlebergbau dominiert, so daß Konflikte um die Braunkohle dahinter verborgen werden konnten. Erst in jüngster Vergangenheit ist im Zuge der Zustimmung der Landesregierung NRW zum Tagebauaufschluß Garzweiler II eine verstärkte öffentliche Debatte entstanden. In diesem zur Disposition stehenden 48 km^2 großen Areal liegen 13 Dörfer. Insgesamt 7.000 Menschen wären von bergbaubedingten Ortsumsiedlungen betroffen (FAZ 4.7.1995). Hiermit werden neue Dimensionen beschritten, deren Auswirkungen in starkem Maße soziale Belange betreffen.

Die skizzierten Unterschiede zwischen alten und neuen Bundesländern erfordern ein sehr differenziertes Herangehen an die Problemlösung im Rahmen bergbaubedingter Ortsumsiedlungen. Muster der Entscheidungfindung und Problemlösungen, die sich in den alten Bundesländern bewährt haben, sind auf die neuen nicht übertragbar. Sie dienen als eine Orientierungsmarke, sind aber nicht hinreichend. Die bisherigen Erfahrungen zeigen, daß eine Unikatlösung für jedes einzelne Vorhaben notwendig ist, da jede bergbaubedingt zu verlegende Kommune über eine eigene bauliche, wirtschaftliche, soziale und historische Spezifik verfügt.

Wird im Zuge von Braunkohlebergbauvorhaben die Umsiedlung von Ortschaften unvermeidlich, dann sind unter dem Anspruch von Sozialverträglichkeit folgende Kriterien zu beachten:

1. Eine überzeugende Darlegung der Gründe für eine unumgängliche bergbaubedingte Inanspruchnahme der Gemeinde (Transparenz der Entscheidungsfindung) ist eine Voraussetzung für die Akzeptanz der Betroffenen.
2. Es muß von einem möglichst frühen Zeitpunkt an die Betroffenenmitwirkung gesichert sein, einschließlich der Artikulierung und Respektierung ihrer Vorschläge, Ängste und Probleme.
3. Laufende und verbindliche Informationsgebung ist zu gewährleisten (z.B. Bürgerzeitung, kompetente und vertrauenswürdige Beratung).
4. Realistische Wohnalternativen und Bewältigungsstrategien, insbesondere finanzielle, müssen für alle Einkommensgruppen aufgezeigt werden.
5. Das Umsiedlungsmodell sollte ein soziales Anforderungsprofil enthalten, welches von den Umzusiedelnden selbst erarbeitet wird.

Werden diese Kriterien beachtet, dann ist die Chance für eine konsensgetragene Ortsumsiedlung gegeben. In welchem Maße sie realisiert werden kann, hängt von den Aushandlungsergebnissen ab. Die aufgezeigten Fallbeispiele zeigen eindringlich, daß es zu konfliktarmen Lösungen wie im Fall von Großgrimma kommen kann. Das Streben nach konfliktfreien Beziehungen ist unrealistisch, da das Vorhaben an sich problembeladen ist.

Deshalb soll abschließend darauf verwiesen werden, daß das Bemühen um sozialverträgliche Lösungen durch diskursive Strategien nicht erst an einem Punkt raumplanerischer Entscheidungen einsetzen darf, an dem es nur noch um die Ausführung einer Entscheidung unter möglichst geringen Reibungsverlusten geht. In einem sehr frühen Planungsstadium ist die Prüfung eines Vorhabens auf Sozialverträglichkeit erforderlich. Bereits auf der Ebene von Plänen und Programmen könnte eine Sozialverträglichkeitsprüfung als Instrument Anwendung finden.

Literatur:

Berkner, A. (1995): Der Braunkohlenbergbau in Mitteldeutschland. In: Erdkundeunterricht 47, H. 4, S. 151–162.

Frankfurter Allgemeine Zeitung vom 4.7.1995

Sächsische Staatskanzlei (Hg.) (1994): Verordnung der Sächsischen Staatsregierung über den Landesentwicklungsplan Sachsen. In: Sächsisches Gesetz- und Verordnungsblatt vom 16.8.1994, S. 1489–1524.

Zlonicky, P. u.a. (1990): Sozialverträglichkeit von Umsiedlungen im Rheinischen Braunkohlerevier. = ILS Schriften 48. Dortmund.

DISKURSIVE ERARBEITUNG EINES REGIONALEN ENTWICKLUNGS-KONZEPTES FÜR DIE GEMEINSAME LANDESPLANUNG BREMEN-NIEDERSACHSEN

Rainer Krüger, Oldenburg

Der Raum der Gemeinsamen Landesplanung Bremen-Niedersachsen (GLP; Abb. 1) stellt in besonderer Weise Anforderungen an eine Regionalisierungspolitik, die sich sowohl um eine strukturelle Belebung der Wirtschaft und Verbesserung der Lebensbedingungen als auch um eine raumordnerisch akzeptable Zukunftsgestaltung bemüht. Denn der Raum der GLP umfaßt im wesentlichen die Verflechtungsräume der drei Oberzentren Bremen, Bremerhaven und Oldenburg (die Stadt Wilhelmshaven und ihr Umland sind 1995 hinzugekommen). Die kooperative Bewältigung der vielfältigen planerischen Aufgaben in diesem Raum wird durch die Aufteilung der planerischen und politischen Zuständigkeit auf die beiden Bundesländer Bremen und Niedersachsen, auf drei niedersächsische Regierungsbezirke, vier größere Städte in Bremen und Niedersachsen, neun niedersächsische Landkreise, über neunzig Gemeinden sowie eine Vielzahl strukturpolitisch relevanter Kammern, Gewerkschaften und Verbände, deren Bezugsräume selten übereinstimmen, sehr erschwert. Ein besonderes Problem ist zudem, daß die Grenzen der Oberzentren Bremen und Bremerhaven zugleich Landesgrenzen sind, was die Erfüllung vieler oberzentraler Funktionen be- oder verhindert. Außerdem weist der Planungsraum äußerst heterogene wirtschaftliche, soziokulturelle und ökologische Strukturen auf (vgl. dazu Krüger 1995).

Die Gemeinsame Landesplanung versuchte ab 1992, trotz der kontroversen Interessenslagen und unterschiedlichen planungspolitischen Zuständigkeiten im Gesamtraum eine Intensivierung der Zusammenarbeit zu forcieren, indem in einer ersten Stufe Kern und Umfang inhaltlicher Gemeinsamkeiten für die Zukunftsentwicklung ausgelotet und verbindlich gemacht werden sollten. Als geeigneter Verfahrensweg wurde die Erarbeitung eines Regionalen Entwicklungskonzepts (REK) angesehen. Nach Beschluß der beteiligten Landesbehörden wurde den Arbeitsgremien der GLP ein externer Moderator zur Seite gestellt. Ihm sollte es obliegen, durch vorsichtiges „Hineinhorchen" in die Region, durch Aktivierung kooperationsbereiter Akteure im staatlichen und kommunalen Bereich, aber auch aus gesellschaftlichen Institutionen und Interessensgruppen des Raumes mögliche „Konsensinseln" für den zukünftigen Kurs der Regionalentwicklung aufzuspüren. Die Erarbeitung des REK sollte somit eine doppelte Aufgabe erfüllen: ein Leitbild als Produkt mit weiterführender innovativer Orientierung für verschiedene Handlungsfelder zu formulieren und dabei schrittweise ein Netz kooperierender Institutionen/Akteure entstehen zu lassen, das über den formalen Gremienaufbau der GLP hinaus längerfristig eine wirksame Regionalentwicklung trägt, die nach innen materiell und mental konsolidierend, nach außen im internationalen Wettbewerb der Region profilierend wirken kann.

Abbildung 1

Das „Forschungsinstitut Region und Umwelt an der Carl von Ossietzky Universität, Oldenburg (FORUM) GmbH" ist seit Ende 1992 mit der angesprochenen Moderationsaufgabe betraut. Im folgenden soll skizziert werden, wie das Verfahren zur Erarbeitung des REK bislang verlaufen ist und welche Stärken und Schwächen sich in diesem Prozeß herausgestellt haben (vgl. Danielzyk/Krüger/ Priebs 1995).

Aufgrund unterschiedlicher sozioökonomischer Entwicklungen und raumstruktureller Situationen in Teilräumen ergeben sich Gegensätze zwischen oberzentraler Verdichtung, suburbaner Attraktivität sowie ländlichen Teilräumen mit unterschiedlichen Entwicklungsperspektiven (Abb. 2). Eine solche „Gemengelage" territorialer, ökonomischer und soziokultureller Heterogenität schafft eine Ausgangslage an politischem Eigensinn bzw. Kooperationsunwillen nicht nur auf niedersächsischer Seite, sondern auch in Bremen, wobei dort die eigenständigen Interessen verschiedener Senatsressorts und die Konkurrenzen zwischen Bremen und Bremerhaven hinzu kommen.

1. Verfahrensschritte einer REK-Erarbeitung: Szenarien – Leitbild – Handlungsrahmen – Projekte

Das REK besteht aus dem Leitbild, dem Orientierungsrahmen und dem Handlungsrahmen mit Projektvorschlägen. Demgemäß enthält der Teil 1 des REK drei Hauptkapitel, nämlich (A.) Ausgangsbedingungen und Potentiale, (B.) das Leitbild und (C.) den Orientierungsrahmen; Teil 2, der Handlungsrahmen, enthält die Projektbeschreibungen.

Das Leitbild als akzeptierter und kompromißfähiger Entwicklungsrahmen für den Unterweserraum hatte eine umfangreiche Bestandsaufnahme regionaler Potentiale und Gestaltungsvorstellungen wie auch die Integration der von Fachgremien (den Ad-hoc-Arbeitskreisen der GLP) erarbeiteten Leitbildbausteine zur Voraussetzung. In diese Phase eines „in die Region Hineinhorchens" war die Präsentation von drei Szenarien eingeschoben (vgl. FORUM 1993). Sie sollten durch die Pointierung verschiedener Entwicklungslogiken das Bewußtsein für unterschiedliche politische und/oder teilräumliche Interessen schärfen. Die Auflistungen (Abb. 3) zeigen die wesentlichen Gestaltungsmerkmale der jeweiligen Entwicklungsoption: Das erste Szenario „Natürlicher Lebensraum Unterweser" thematisierte einen kontinuierlichen ökologischen Umbau des Raumes, das zweite Szenario „Standort Unterweser" eine selektive Standortbewertung und -optimierung nur wettbewerbsfähiger Teilräume und das dritte Sze-nario „Effiziente Bestandsmodernisierung" eine wirtschaftliche Modernisierung unter aktiver infrastruktureller und sozialer Inanspruchnahme des Staates. Die offene „dissensbewußte" Diskussion sollte den Weg zum Leitbildkompromiß ebnen.

Das Leitbild selbst wird von einem „Zieldreieck" bestimmt, das die gleichgewichtige Beachtung von Ökonomie, Ökologie und Lebensqualität bei der Konkretisierung der Zielformulierungen symbolisieren soll (vgl. FORUM 1994). Die drei Leitzielgedanken sind sodann im Leitbild und im Orientierungsrahmen konkreter und zum Teil teilräumlich ausformuliert.

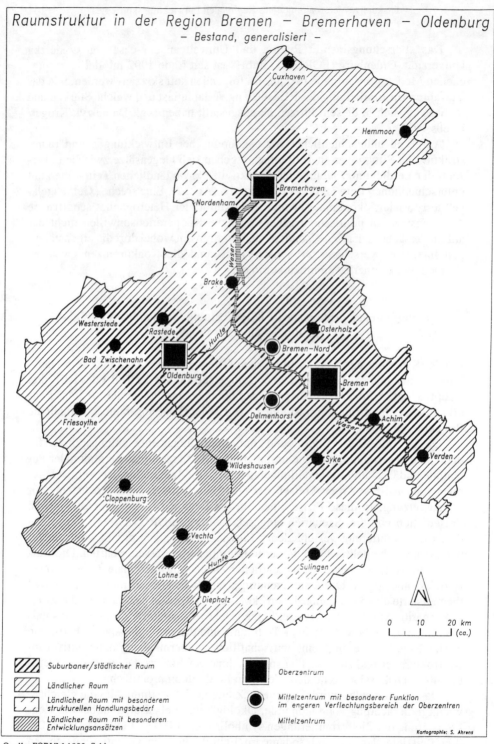

Abbildung 2

Szenario I:

"Natürlicher Lebensraum Unterweser"

- Abschied von bisher gültigen Wachstumszielen,

  ökologischen Umbau der Wirtschaft fördern

- Ausbau der FuE-Infrastruktur im Bereich der "sanften" Technologien

- dezentrales Siedlungsnetz

- vom Trend der Verkehrsentwicklung abkoppeln

- großflächige Vorranggebiete für den Naturschutz,

  Ökologisierung der Landwirtschaft

- Abfallvermeidung durch Veränderung der Produktionsverfahren und

  Produkte,

  dezentrale Abfallentsorgung

FORUM 1993

Szenario II:

"Standort Unterweser"

- Rahmenbedingungen zur Verbesserung der Standort-Attraktivität verändern

- Förderung der Zusammenarbeit zwischen Wissenschaft und Wirtschaft

- Stärkung der Oberzentren, insbesondere der "Metropole Bremen"

- überregionale Anbindung verbessern,

  Verkehrsfluß optimieren

- Nutzungsintensivierung in wirtschaftlich bedeutsamen Teilräumen

  (Unterweser, Südoldenburg)

- Verbesserung der Entsorgungsstrukturen, u.a. Aufbau

  gemeinsamer Müllverbrennungsanlagen

FORUM 1993

Szenario III:

"Effiziente Bestandsmodernisierung"

- aktive Strukturpolitik zur Weiterentwicklung der endogenen Potentiale

- Ausbau der FuE-Infrastruktur mit breiter Anwendungsmöglichkeit,

  Verknüpfung mit Qualifizierungspolitik

- arbeitsteilige tripolare Region

- Verlagerung von Wirtschaftsverkehren,

  Aufbau eines regionalen ÖV-Netzes

- regionales Siedlungs- und Freiflächenkonzept,

  technische Optimierung des Umweltschutzes

- Optimierung der Abfallverwertung,

  Einsatz von Spitzentechonologien zur Reduzierung der Umweltbelastung

FORUM 1993

Abbildung 3

Während der Prozeß der Leitbilderarbeitung mit Workshops zur Diskussion des Leitbildentwurfes und mehreren Runden von Stellungnahmen von Ende 1992 bis Ende 1994 dauerte, läuft seit Anfang 1995 der bis Mitte 1996 terminierte Verfahrensschritt, zu einem Handlungsrahmen und Projektvorschlägen zu kommen. Der Handlungsrahmen vermittelt die für regionale Kooperation vordringlichen Handlungsbereiche (z.B. ÖPNV, Siedlungsstrukturkonzept, innovative Wirtschaftsverbundkomplexe). Die Projekte sollen konkrete, regional bedeutsame, exemplarische und innovative Kooperationsmöglichkeiten auf den Weg bringen (vgl. FORUM 1995a).

In einer Projektmatrix sind bislang über 270 Vorschläge erfaßt und nach ihrer Bedeutsamkeit gestaffelt in Leitprojekte, Projekte und sonstige Projekte. Die derzeit laufende Bewertungsphase der Projektvorschläge in den Arbeitsgremien der GLP ist die Nagelprobe dafür, ob die im Leitbild eingefangenen Kompromißlinien auch in der Auseinandersetzung um inhaltlich konkrete Prioritätensetzungen und mögliche Finanzierungsvorteile tragfähig bleiben oder ob politische und/oder teilräumliche Partikularinteressen wieder durchbrechen. In jedem Fall ist auf dieser Ebene konkreten Aushandelns das „regionaldiplomatische Geschick" des moderierenden Instituts besonders gefragt.

2. Bilanzierung: Stärken und Defizite diskursiver REK-Entwicklung

Fragt man nach Erfolg oder Mißerfolg einer solchen diskursiven Erarbeitung eines Regionalen Entwicklungskonzepts, hat die Antwort vielschichtig auszufallen. Hier können jedoch nur einige wesentliche Facetten einer Gesamtbilanzierung angesprochen werden.

a) Innovatives Denken und seine Grenzen

Ein Versuch, die Offenheit planerischen Denkens zu wecken, waren die Szenarien, bei deren Entwicklung der wissenschaftliche Sachverstand gepaart mit regionalem Wissen zu einem „Aufmischen" des Diskurses um die Zukunftsfähigkeit des Unterweserraumes führen sollte. Dem Vorhaben war nicht der erhoffte Durchbruch zu „innovativem Denken" beschieden. Zu ungewohnt für planerisches Verwaltungshandeln war der inhaltlich normative und methodisch offene Vorstellungshorizont der Szenarien, vielleicht auch politisch zu herausfordernd. [1]

Abgesehen von Impulsen, die vereinzelt auf der Arbeitsebene der Fachplanungen oder in themenbezogenen Gesprächen und Workshops mit Experten entstehen, ist es vor allem der wissenschaftliche Input durch Gutachten und Moderation, der dem regionalen Diskurs innovative Sichtweisen vermittelt.

---

1 Um szenarische Darstellungen aus der Sicht der Raumplanung anschaulicher zu machen, arbeiten wir bei der Präsentation von Entwicklungsszenarien für den Großraum Hannover neben der textlichen Fassung mit „szenarischen Karten". In ihnen werden die raumstrukturellen Grundaussagen einer jeweiligen Leitbildoption kartographisch in Flächen- und Zeichensignaturen ausgedrückt (FORUM 1995b).

b) Partizipation am regionalen Diskurs und seine Grenzen

Impulse zur Innovationsfähigkeit im Prozeß der Leitbilderarbeitung dürften vor allem eine Frage der Partizipationsmöglichkeiten im Rahmen der Regionalisierung sein: gerade strukturpolitisch relevante Akteure, nämlich aus Wirtschaftsverbänden und Gewerkschaften sowie – noch wichtiger – aus den Unternehmen, d.h. direkt aus der Arbeits- und Betriebswelt, aus Dienstleistungen und Kultur sind kaum in die Erarbeitung des REK einbezogen. Allemal besitzen sie im formalen Entscheidungsablauf keine Stimme, da hier lediglich die Obersten Landesplanungsbehörden entscheidungsbefugt sind.

Selbst die betroffenen Landkreise, bei denen in Niedersachsen die Kompetenz für die Regionalplanung liegt, sind ohne Stimmrecht im Planungsrat und Lenkungsausschuß der GLP. De facto kommt jedoch der Kreisebene ein besonderes Gewicht zu, dies in Form der Regionalen Arbeitsgemeinschaft (RAG), d.h. der Hauptverwaltungsbeamten auf niedersächsischer Seite und Vertreter der beiden bremischen Stadtgemeinden. Ohne deren Einvernehmen fällt keine Entscheidung zu Inhalt und Procedere der REK-Erarbeitung. So dürfte es konsequent sein, daß die obersten Planungsbehörden in Zukunft der RAG die Koordinierung der Arbeit der GLP – inklusive einer kleinen Geschäftsstelle – überlassen wollen (ausführlicher hierzu: Fürst/Müller/Schefold 1995). Dieser „weiche Weg" unterhalb der Etablierung eines „Raumordnungsverbandes" ist somit das Pendant zur „unverbindlichen Verbindlichkeit", die das REK lediglich gegenüber den Regionalen Raumordnungsprogrammen entfalten kann.

Positiv jenseits formal verbindlicher Partizipation im Regionalisierungsprozeß ist die Tatsache zu vermerken, daß im Verlauf dieses Verfahrens zahlreiche „personelle Netzwerke" angebahnt werden konnten, die als sozusagen unbeabsichtigte Nebenfolgen auch inhaltlich wirkungsvoll sind und sich zunehmend bei den vielfältigen Diskussionen um konkrete Projektvorschläge bewähren.

c) Integrative versus sektorale Regionalisierung

Die in zweifacher Weise partikularen Orientierungen in der regionalen Kooperation - nämlich ressortorientierte und teilräumlich/lokal egoistische – dürften durch die Erarbeitung des REK aufgelockert werden. Dies zeigt sich vor allem im Zuge der Konkretisierung des Regionalen Entwicklungskonzepts in Form der Projektmatrix. Die begonnenen Aushandlungsprozesse finden unter engagierter Beteiligung fast aller Gebietskörperschaften statt und lassen weitere Annäherungen der fachlich unterschiedlichen Ansprüche – beispielsweise von Wirtschaft, Naturschutz und Kultur – erwarten. Hilfreich hierfür dürfte die Logik eines REK sein, im dialektischen Sinn sowohl integrativ wirken zu müssen – „mit einer regionalen Stimme zu sprechen" – und gleichzeitig den regionalen Besonderheiten eines heterogenen Planungsraumes entgegenzukommen, sprich, auch teilräumlich interessante Lösungen als gesamtregional bedeutsam anzuerkennen.

Zum Schluß sei gesagt, daß die Gemeinsame Landesplanung mit der Inanspruchnahme eines externen Moderators ein Instrument sachkundiger „Regionaldiplomatie" gewählt hat. Der regionale Moderator, der als Institution Symbol eines integrativen Planungsansatzes ist, kann zwischen regionalem Geschehen und Landespolitik vermitteln, „Blitzableiter" bei Akzeptanzproblemen sein, „Transporteur" von Innovationen, die andere nicht auszusprechen wagen, und „außerhalb des Dienstweges" innovatives Denken und Handeln befördern.

Literatur:

Danielzyk, R., R. Krüger u. A. Priebs (1995): Das Regionale Entwicklungskonzept als diskursiver Planungsansatz für den Raum Bremen/Bremerhaven/Oldenburg – Anspruch, Verfahren, Zwischenbilanz. In: Krüger 1995, S. 111–136.
FORUM – Forschungsinstitut Region und Umwelt an der Carl von Ossietzky Universität Oldenburg (1993): Regionales Entwicklungskonzept für den Raum Bremen/Bremerhaven/ Oldenburg. Band 1: Werkstattbericht. Oldenburg.
Dass. (1994): Regionales Entwicklungskonzept für den Raum Bremen/Bremerhaven/Oldenburg. Teil 1: Entwurf (überarbeitet). Oldenburg.
Dass. (1995a): Projektbeschreibungen Handlungsrahmen (Entwurf 17.10. 1995). Oldenburg.
Dass. (1995b): Szenarien für ein gesamträumliches Leitbild der Hannover Region. Werkstattbericht. Oldenburg.
Fürst, D., B. Müller u. D. Schefold (1995): Ansätze zur institutionellen Weiterentwicklung der Gemeinsamen Landesplanung Bremen/Niedersachsen. In: Krüger 1995, S. 57–78.
Krüger, R. (Hg.) (1995): Der Unterweserraum: Strukturen und Entwicklungsperspektiven. = Wahrnehmungsgeographische Studien zur Regionalentwicklung 14. Oldenburg.
Selle, K. (1994): Was ist bloß mit der Planung los? Erkundungen auf dem Weg zum kooperativen Handeln. Ein Werkbuch. = Dortmunder Beiträge zur Raumplanung 69. Dortmund.

DORF- UND LANDENTWICKLUNG IN BAYERN UND SACHSEN
Zur Umsetzung von Leitprojekten durch neue soziale Netzwerke und Prozeßmoderation

Ulrich Klingshirn, Kamenz und Franz Schaffer, Augsburg

1. Einleitung

Am Lehrstuhl für Sozial- und Wirtschaftsgeographie der Universität Augsburg werden in einem langfristig konzipierten empirischen Forschungsprogramm die sozialgeographischen Komponenten der Umsetzung von Projekten der Dorf- und Landentwicklung untersucht. Dies geschieht in enger Zusammenarbeit mit den Direktionen für Ländliche Entwicklung in Oberbayern und Schwaben sowie mit dem Staatlichen Amt für Ländliche Neuordnung Kamenz in Sachsen. Die erforderliche Begleitforschung erfolgt an konkreten Projekten in freien Planungsbüros. Aus dieser Forschungs-Praxis-Kooperation werden drei Beispiele skizziert:

- *Beachtung von neuen sozialen Netzwerken bei der Umsetzung von Maßnahmen des Naturschutzes.* Ergebnisse dazu wurden von Lothar Zettler vorgelegt. Sie resultieren aus seiner langjährigen Praxis als freischaffender Landschaftsplaner und systematischen sozialgeographischen Begleituntersuchungen bei der Verwirklichung von Projekten des Biotopverbundes, z.B. in den Gemeinden des Naturparks Altmühltal, im Hopfenanbaugebiet der Hallertau, in den Ackerbau- und Grünlandgemeinden des Lechfeldes und im Unterallgäu (Zettler 1996).
- *Organisation und Aufgaben einer besonderen „Umsetzungs-Institution".* Es handelt sich um die *Schule für Dorf- und Landentwicklung (SDL) in Thierhaupten.* Die verschiedenen Veranstaltungen dieser Schule, insbesondere die dort entwickelte Methodik der Prozeßmoderation konnten während der Fachsitzung in Potsdam in einer Ausstellung ausführlich dokumentiert und in einer Broschüre zum Jahresprogramm 1996 näher erläutert werden (vgl. Bschor/Schaffer 1995, SDL-Thierhaupten 1996).
- *Moderation der Bürgermitwirkung in Sachsen bei Maßnahmen der Dorferneuerung.* Ulrich Klingshirn, Dorfentwicklungsreferent im Staatlichen Amt für Ländliche Neuordnung Kamenz, untersucht dabei die veränderte Ausgangslage in den neuen Bundesländern, insbesondere das Spannungsverhältnis zwischen der Schaffung neuer Arbeitsplätze und der Partizipation (Klingshirn 1995).

2. Umsetzung als Herausforderung

Um die Ziele der Landschaftspflege und Freiraumvernetzung zu erreichen, hat man in Bayern eine differenzierte Planungshierarchie aufgebaut. Das wichtigste

Instrumentarium stellt seit 1976 der kommunale Landschaftsplan dar. Auf der Ebene der Gemeinden formuliert er Ziele und Maßnahmen zu Schutz und Entwicklung der Ressourcen. Dies geschieht seit 20 Jahren, doch mit welchem Erfolg? In fast 50% aller Gemeinden sind diese Pläne erstellt oder in Vorbereitung. Doch die Erfahrung zeigt, daß die Umsetzung der wichtigsten Ziele und Maßnahmen in der Praxis in ganz großem Umfang hinterher hinkt. Woran liegt das? Wohl offensichtlich an der fehlenden Akzeptanz bei den jeweiligen Grundstückseigentümern, Landwirten, Bürgermeistern und der Bevölkerung selbst. Für die Umsetzung von Naturschutzstrategien ist von besonderer Bedeutung, unter welchen Voraussetzungen die Grundeigentümer bzw. Landnutzer sich bereit erklären, – ohne oder auch mit Entschädigungszahlungen – eine umweltverträgliche Nutzung zuzulassen oder durchzuführen. Aus den vorliegenden empirischen Befunden wird auf vier Zusammenhänge hingewiesen. Sie werden aus Komponenten der Innovationstheorie interpretiert (Schaffer 1993a).

Veranschaulicht werden die Aussagen an einem konkreten Beispiel der Biotopvernetzung im Unterallgäu, am Projekt in Klosterwald (Zettler 1992, 1996). Das Untersuchungsgebiet liegt auf der Iller-Lech-Platte unweit des Marktes Ottobeuren und gliedert sich in das Tal der Westlichen Günz, Hangbereiche mit zahlreichen Seitentälern und die bewaldete Hochfläche. Bei vorherrschender Grünlandnutzung ist die Flur stark parzelliert in mittlere und kleinere Schlaggrößen mit günstiger Voraussetzung für Vernetzungsmaßnahmen.

Agrarstruktureller Wandel: Die freiwillige Flächenbereitstellung hängt deutlich von der Eigentumsverschiebung durch kontinuierliche Hofaufgaben ab. Mit dem fortschreitenden Generationswechsel bei den zunehmend außerlandwirtschaftlichen Grundstückseigentümern wächst nicht nur die psychologische Distanz, sondern auch der räumliche Abstand zu den eigenen Grundstücken. Die Distanzierung wird von Generation zu Generation größer. Es gibt immer mehr Eigentümer, die ihre Flächen nicht selbst kennen und lediglich wissen, daß ihr Grund und Boden in der einen oder anderen Gemeinde liegt. Betriebsleiter, die aus Weilern stammen, in denen eine große Anzahl von Höfen im Vollerwerb auf der Grundlage der Pacht weiter existiert, verhalten sich deutlich reservierter als die Betriebsleiter aus jenen Weilern, wo der Strukturwandel schon viele Höfe aufgelöst hat.

Persönlichkeitsstruktur und soziales Umfeld: Bei genauerem Hinsehen läßt sich aber erkennen, daß die agrarstrukturelle Entwicklung die Bereitschaft zur Abgabe von Grundstücken jedoch nur tendenziell beeinflußte. Vielmehr zeigen sich eklatante Unterschiede, bedingt durch die jeweilige Persönlichkeitsstruktur der Pächter und Grundstückseigentümer.

Die Begleitforschung zur Umsetzung muß hier mit der Individual- und Gruppenpsychologie zusammenarbeiten. Lothar Zettler entwickelt für seine Projekte eine Persönlichkeitstypologie, verknüpft mit Entscheidungsdispositionen, deren genaue Kenntnis letztlich zum Erfolg in der Umsetzung der Einzelmaßnahmen führte. Eine ebenso wichtige Rolle spielen das soziale Umfeld des Betriebsleiters und die sozialen Netze im persönlich-familiären Bereich: So ließ sich in Klosterwald nachweisen, daß Betriebsleiter, deren Frauen aus der Landwirtschaft stammen und sich jetzt sehr stark um den Hof kümmern, in der Verhandlungsführung eher zurückhaltend agierten oder sich gar verweigerten, obwohl sie der Sache an sich äußerst aufgeschlossen gegenüber standen.

Innovatives regionales Milieu: Die Umsetzung von ökologisch erwünschten Landnutzungsformen erfordert die Aktivierung von „endogenen Potentialen", insbesondere die Einbindung der Betroffenen und „regionalen Akteure" in neue soziale und informelle Netzwerke. Der sich beschleunigende agrarsoziale Wandel hat den Existenzkampf der kleinen Familienbetriebe kräftig verschärft. Dadurch sind die persönlichen Lebensläufe noch unsicherer und weit weniger kalkulierbar geworden. Die regionale Zukunftsexploration ist deshalb sehr eng mit der Biographie der Menschen vor Ort zu verknüpfen. Es geht um die Herausarbeitung wünschbarer Handlungsanstöße. So kann die Beschäftigung mit den eigenen Chancen und Problemen die Grundeigentümer zur Einsicht führen, daß „Zukunft" nicht nur in weit entfernter Zeit beschlossen, sondern in der Regel im Gestern und Heute vorentschieden wird.

Raumorientierte Szenarien – z.B. der Landnutzung – sind deshalb gezielt als „Zukunftsbearbeitung" durch die unmittelbar Betroffenen zu verstehen. Der Weg von der „Vision" zur „Realität" kann aber nur dann gelingen, wenn jeder Einzelne „Innovationsfähigkeit" besitzt, gleichberechtigt mitwirken kann, aber auch zum Konsens bereit ist. Es geht um eine Balance von Distanz und Nähe zwischen den Akteuren, die Vertrauen und Zusammenarbeit fördert. Aus seiner Berufspraxis mit der Umsetzung von Landschaftsplänen verweist Lothar Zettler auf die besondere Bedeutung „emotionaler Visionen", die es mit den regionalen Akteuren zu entwerfen gilt. Solche gefühlsbetonten Visionen sollen vor allem drei Kriterien erfüllen: Antwort auf die heute anstehenden Probleme geben; Lösungswege aufzeigen, die in den Köpfen und Emotionen der Bürger nachvollzogen werden und die von einigen „lokalen Akteuren" möglichst rasch verwirklicht werden. So muß gerade bei einer umsetzungsorientierten Forschung und Planung der Mensch mit seinen Schwächen, Ängsten und Gefühlen besonders berücksichtigt und angesprochen werden. Ehrlichkeit und Vertrauen werden zu schonungslosen Erfolgskriterien der Planung und Umsetzung.

Wer „endogene Potentiale" mobilisieren, wer die Akteure motivieren und zur Mitarbeit ermuntern will, der muß an der Bildung neuer sozialer und informeller Netzwerke bereits in der Projektorganisation interessiert sein. Planer und Begleitforschung können das endogene Kräftefeld am besten dadurch aktivieren, daß sie sich zeitlich befristet in das Netzwerk der Akteure integrieren. Sie erarbeiten mit den Grundstückseigentümern und Politikern vor Ort ihre gemeinsamen Vorstellungen und Visionen von der Landnutzung. Dies geschieht z.B. durch Gruppenarbeit oder Beratung von Arbeitskreisen durch Moderation und neue Formen der sozialen Interaktion.

Ein solches Vernetzungsprinzip von Akteuren und Institutionen wurde im Pilotprojekt Klosterwald/Unterallgäu gezielt genutzt. Bei der Erarbeitung einer abgestimmten Strategie ist für den Planer zusätzlich von Bedeutung, welche Schritte konkret aufeinander folgen, und wie die sozial wirksamen Kräfte in diese Vorgehenweise einbezogen werden. Die Praxis eines strategischen Kommunalmanagements (Zepf 1993) führte über folgende Stationen: z.B. durch

- Kennzeichnung der Situation der betroffenen Höfe im agrarsozialen Wandel,
- parzellenscharfe Darstellung der möglichen Naturschutz- und Verbundmaßnahmen in einfach lesbaren Karten,
- Aufzeigen der Flächenverfügbarkeit und künftigen Besitzverhältnisse,
- Berücksichtigung der Persönlichkeitsstruktur und familiären Situation der Eigentümer,
- besondere Beachtung der Mitsprache der Ehefrauen,
- Aufzeigen des Zeitrahmens für die Umsetzung,
- klare Festlegung der Zuschüsse und Ausgleichszahlungen durch den auftraggebenden Landkreis,
- Organisation der konkreten Arbeiten durch Vertreter des Jungbauern- und Jägerverbandes, des Naturschutzes und des Technischen Hilfswerkes,
- Sicherung einer kontinuierlichen Öffentlichkeitsarbeit durch das Engagement von Schülerinnen der benachbarten Klosterwald-Realschule,
- Darstellung der Erfolge durch regelmäßige Berichte in den lokalen und regionalen Medien.

Resultat: Innerhalb von nur vier Jahren konnten mehr als 90% der Biotopverbundmaßnahmen umgesetzt werden.

3. Schule der Dorf- und Landentwicklung

Die zügige Umsetzung von Pilotprojekten wie in Klosterwald kann nur dann gelingen, wenn die Betroffenen und regionalen Akteure zu eigenem Engagement auf Dauer gewonnen werden. Das geschieht jedoch nicht mit fest vorgegebenen Programmen und Verordnungen seitens der Behörden, sondern nur durch die Mobilisierung lokaler Kräfte. Aus solchen Überlegungen sind Anfang der 90er Jahre in Bayern die Schulen der Dorf- und Landentwicklung entstanden (Schaffer 1993b, Magel 1994). Bewußt wird davon ausgegangen, daß bei der Implementation von Plänen Betroffenheit oder gar Proteste alleine nicht zu kompetenten Problemlösungen für das eigene Dorf führen können. Ganz bewußt werden jene Persönlichkeiten im Dorf und in der Region angesprochen, die bereit sind, Konflikte auszutragen, um dadurch zu tragfähigen Lösungen aktiv beitragen zu können.

Die Schule im schwäbischen Thierhaupten, an deren Gründung und Konzeption die Autoren mitwirken konnten, versteht sich als Begegnungsstätte für jene, die ein Verfahren für Dorf- und Landentwicklung beginnen, durchführen oder abgeschlossen haben. Dazu gehören in erster Linie die Planer mit ihren Arbeitskreisen, die Bürgermeister mit ihren Gemeinderäten, die Vorstände von sogenannten Teilnehmergemeinschaften. Aus dem frühen Dialog von Experten, Politikern und Dorfbürgern, dem wertbezogenen und interdisziplinären Informationsaustausch, sollen einerseits die Fachleute in ortsbezogene Lernprozesse eingebunden und andererseits die Aufmerksamkeit für die erarbeiteten Planungskonzepte bei der Bevölkerung vor Ort, insbesondere für die Umsetzung von konkreten Projekten vorbereitet werden. Mit neuen Kommunikationsformen, wie der Moderation, sollen sich dafür im wechselseitigen Erfahrungsaustausch Phantasie, Kreativität aber auch Kompetenz für Problemlösungen herausbilden.

Schule der Dorf- und Landentwicklung (SDL)
Thierhaupten e.V.

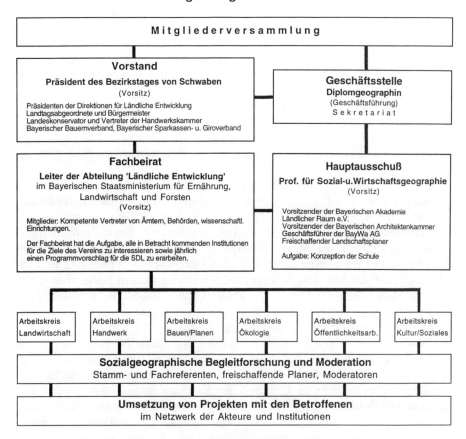

Abbildung 1: Projektmanagement in neuen Netzwerken

Im Organigramm der Schule spiegelt sich ein verändertes Verwaltungshandeln wider (vgl. Abb. 1). Bei der Umsetzung von Projekten kann sehr flexibel und zeitlich befristet zum Beispiel mit den betroffenen Grundstückseigentümern, je nach zu lösenden Problemen, ein „Netzwerk" zu den ausschlaggebenden Akteuren und Institutionen geknüpft werden. Vertreten sind z.B. Bezirkstagspräsident, Landtagsabgeordnete, Landräte und Bürgermeister, Gemeindetag, Bauernverband, Handwerks- und Architektenkammer, Fachleute aus Universitäten, Verlagen und Vertreter der Medien, Banken, Sparkassen und Giroverband, das landwirtschaftliche Genossenschaftswesen der Baywa AG.

Die Moderation zwischen Bürgern, Planern und Politikern wird von Stamm- und Fachreferenten in den Schulen oder vor Ort in den Dörfern durchgeführt. In den drei bayerischen Schulen (Thierhaupten, Plankstetten, Klosterlangheim) sind etwa 50 Referenten als Moderatoren tätig:

– Fast jeder zweite kommt aus den Direktionen für Ländliche Entwicklung, als Bauingenieure und Geodäten sind sie fast durchwegs mit der Dorferneuerung direkt befaßt.
– Fast jeder vierte stammt aus freien Planungsbüros, ist als Architekt, Stadt-, Dorf- und Landschaftsplaner unmittelbar vor Ort in der Dorferneuerung engagiert.
– Etwa ein Fünftel kommt aus anderen Fachdisziplinen und freien Berufen, ist Journalist, Bildhauer, Volkskundlerin, Historiker, Biologe oder Geograph.
– Ein kleiner Rest, vor allem in Plankstetten, setzt sich aus Bürgermeistern, einem Benediktinerpater, Landpfarrern und Hauswirtschaftslehrerinnen zusammen.

Die Dorf- und Landentwicklung ist zum Arbeitsgebiet einer immer größer werdenden Zahl von Fachdisziplinen und Institutionen geworden. Historiker, Volkskundler, Theologen, Sozial- und Kulturwissenschaftler, Geographen und Wirtschaftsexperten wollen ebenso gehört werden wie die traditionell damit befaßten Disziplinen der Bodenordnung, Landschaftspflege und Ökologie, des Handwerks, der Baustoffindustrie, der Architektur, der Denkmal- und Heimatpflege. Diese Fachleute sind ihrerseits auf den Dialog mit den Bürgern angewiesen. Die Mitwirkung der Dorfbürger an der Leitbilddiskussion, wichtiger noch die Umsetzung solcher Konzepte durch die Eigeninitiative setzen ein Grundwissen über wichtige Problemzusammenhänge voraus.

Dabei geht es weniger um die Anhäufung von spezialisiertem Fachwissen, sondern vielmehr um das Aufzeigen von Wertvorstellungen, wie ökologisch-landschaftliche, baulich-denkmalpflegerische, wirtschaftlich-verkehrstechnische, sozial-kulturelle Belange im Dorf von den Experten eingeschätzt werden. Das ganzheitliche Denken soll die Bürger und die von der Planung Betroffenen dazu motivieren, die wichtigsten Lebenszusammenhänge der Dorfheimat erkennen und für die eigene Zukunft bewerten zu können. Es geht um ein kritisches Überprüfen solcher Wertungen, die meist unausgesprochen über die beteiligten Fachleute in die Diskussion getragen werden. Ohne Schulung bleibt hier in den verschiedenen Formen der Bürgerbeteiligung vieles dem Zufall oder der persönlichen Spontaneität überlassen. Keinesfalls aber darf durch die Schulen die Bürgermitarbeit aus den Dörfern herausgenommen werden; sie soll jedoch durch spezifische Impulse aus den Schulen eine Verstärkung erfahren.

Die Schulen der Dorf- und Landentwicklung (SDL) in Bayern haben mit dieser Zielsetzung ihre Arbeit aufgenommen und im vergangenen Jahr (1994) mit

den „Thierhauptener Thesen" ihren Aufgabenbereich und ihr Selbstverständnis wie folgt umrissen (vgl. Bschor/Schaffer 1995):
– Ländliche Entwicklung in Dorf und Flur ist eine komplexe Aufgabe. Das Netzwerk der beteiligten Disziplinen und Institutionen ist bereits beachtlich groß und sollte noch dichter geflochten werden.
– Immer komplexer werdende Planungs- und Entscheidungprozesse sind für den Bürger schwer zu durchschauen und nachvollziehbar; sie müssen transparenter und anschaulicher werden.
– Der Dialog zwischen externen Experten und der Dorfbevölkerung ist oft schwierig, mißverständlich und muß dringend verbessert und erleichtert werden.
– Anspruchs- und Besitzstandsdenken verstellen häufig den Blick für Lösungen zum Wohle der Allgemeinheit. Bereitschaft für solidarisches Handeln und Gemeinsinn muß wieder wachsen und gefördert werden.
– Die SDL zeigen neue Wege im Denken und Handeln auf. Bürger wollen mitwirken, wenn sie die Möglichkeit dazu besitzen und über entsprechendes Können verfügen.
– Dazu fördern die SDL die Motivation zu mehr Mitbestimmung und Mitgestaltung, die Fach- und Sozialkompetenz, ganzheitliches Denken und die Einbindung der externen Experten.
– Die SDL fördern Gemeinsinn und den Blick für den Platz in der Gemeinschaft (getreu dem Spruch von Cusanus: „Was alle betrifft, muß von allen getragen werden").
– Die SDL streben eine fruchtbare und vertrauensvolle Zusammenarbeit mit anderen ländlichen Bildungseinrichtungen an.
– Die SDL brauchen das Vertrauen und die Akzeptanz der Medien. Erfolgreiche Öffentlichkeitsarbeit schafft Anerkennung und Zustimmung in Gesellschaft, Politik und Verwaltung.
– Die SDL leisten auf regionaler Ebene und vor Ort ihren Beitrag zu einer lebendigen Kultur auf dem Lande. Hierzu brauchen die SDL eine langfristig gesicherte finanzielle Ausstattung.

4. Bürgermitwirkung in Sachsen – erste Erfolge

Die Anwendung von diskursiven Planungsverfahren, wie sie in den Schulen für Dorf- und Landentwicklung praktiziert werden, gewinnt in den neuen Bundesländern für die Dorferneuerung zunehmend an Bedeutung. Hier stellt sich die Ausgangslage wie folgt dar: Der starke Arbeitsplatzabbau zwang viele Menschen zu einer beruflichen Neuorientierung. Heute besteht eine große Kluft zwischen denjenigen, die sehr intensiv in den Arbeitsprozeß eingebunden sind und am wirtschaftlichen Aufschwung partizipieren können, sowie denjenigen, die weitgehend vom Arbeitsmarkt ausgegrenzt bleiben. Feste Dorfgemeinschaften mit ihren Institutionen lösten sich auf, ohne daß sie durch gleichwertige soziale Netzwerke, z.B. Vereine oder Clubs kompensiert wurden. Die umfangreiche finanzielle Förderung des ländlichen Raumes in den neuen Bundesländern war in der Anfangsphase mit einer Planungseuphorie verbunden. Es zeigt sich jedoch, daß die einzelnen Vorhaben kaum aufeinander abgestimmt sind und nur in Bruchstücken umgesetzt wurden.

Das Sächsische Staatsministerium für Landwirtschaft, Ernährung und Forsten beginnt sich in der Förderpraxis für den ländlichen Raum auf diese Probleme einzustellen. Bei der finanziellen Unterstützung sehr unterschiedlicher Bereiche – wie Umnutzung alter Gebäude, Schaffung von Arbeitsplätzen oder kulturelle Projekte im Dorf – werden integrative Perspektiven sehr wichtig. Nach einem ganzheitlichen Ansatz werden begleitend Moderations-Seminare angeboten. Sie zielen auf die Stärkung des Bürgerengagements bei allen Fragen der Dorfentwicklung. Vor allem werden die Teilnehmer dazu motiviert, ihre eigenen Vorstellungen und Initiativen für ihre Gemeinde einzubringen. Ein wichtiges Ergebnis der Moderation ist die Festlegung von Arbeitskreisen, die sich mit verschiedenen Problemlösungen im Dorf befassen. Die Arbeitskreise verstehen sich als beratende Gremien zur Dorfentwicklung. Sie werden zumindest in der Anfangsphase gezielt von außen betreut. Die Vorgehensweise wird an den Gemeinden Rietschen und Schwarzkollm erläutert (vgl. Klingshirn 1995).

Rietschen gehört mit den Dörfern Hammerstadt, Daubnitz und Teicha aufgrund der Nähe zur polnischen Grenze zu den strukturschwächsten Gemeinden in Sachsen. Nach der Wende verlor die Gemeinde über 80% der Arbeitsplätze im Produzierenden Gewerbe und im Bergbau. Die Dörfer waren in ihrer Entwicklung lange Zeit durch den Braunkohlenabbau beeinträchtigt. Dennoch oder gerade deswegen ist das Engagement für die Dorfentwicklung sehr groß. Durch Moderations-Seminare wurden interessierte Bürger aus Hammerstadt veranlaßt, ihren Dorfentwicklungsplan selbst zu erstellen und sehr detaillierte Vorschläge für die Platz- und Freiraumgestaltung einzubringen. Die erarbeiteten Vorgaben wurden vom zuständigen Architekten aufgegriffen und in einer Bürgerversammlung weiterführend diskutiert. Entsprechend den Wünschen der Bevölkerung wird der ursprünglich geplante Jugendtreff als Festplatz realisiert, die Diskothek als Vereinshaus mit Musikveranstaltungen für die Jugend genutzt etc..

Aktivitäten, die über die eigentliche Dorfentwicklung hinausreichen, entstanden in Schwarzkollm, einer sorbisch geprägten Gemeinde im Landkreis Hoyerswerda. Auf Initiative eines Lehrers entstand dort aus einem Dorfgremium ein überaus aktiver Heimatverein, der sich besonders um die Nutzung des bestehenden Kulturhauses bemüht. Weitere Aktivitäten sind eine Fraueninitiative, ein Arbeitskreis Ökologie sowie die Einbindung von Jugendlichen in die Dorfentwicklung. In Projektarbeiten werden Schüler dazu angeregt, die Geschichte ihrer Heimatgemeinde über Videoaufnahmen selbst zu dokumentieren. In verschiedenen Arbeitskreisen sind 40–50 Personen tätig.

Die Erfahrungen aus der Dorfentwicklung wurden beispielhaft auf die Agrarstrukturelle Vorplanung übertragen. Bei entsprechenden Konzepten in den Landkreisen Hoyerswerda und Bautzen bildeten sich frühzeitig Arbeitskreise, die sich aus Funktionsträgern der Region zusammensetzten. Nach einer Festlegung in Moderations-Veranstaltungen beschäftigten sie sich mit Fragen der Direktvermarktung in der Landwirtschaft, dem Erhalt und der Wiederherstellung der ländlichen Kulturlandschaft sowie der Heimatpflege und der Dorfgestaltung. Im Raum Hoyerswerda wird ein Heimatkalender erarbeitet, der die Region touristisch präsentiert. Ein Wasser-Boden-Zweckverband steht kurz vor der Gründung.

Der Wirkungsgrad der Bürgerbeteiligung in den einzelnen Gemeinden ist sehr unterschiedlich. In den meisten Fällen leisten die Arbeitsgruppen Zuarbeit für die Planung und bringen Ideen für die weitere Entwicklung ihrer Gemeinde ein. Das ist ein nicht zu unterschätzender Faktor für die spätere Akzeptanz der Planung. In anderen Fällen dagegen entwickeln sich im Verlauf der Bürgerarbeit konkrete Projekte. Es werden Probleme angesprochen, die wegen der weit spektakuläreren Diskussion zu überhöhten Abwassergebühren und Erschließungskosten meist in den Hintergrund treten. Es handelt sich um die Sorge für die Kinder und Jugendlichen im Dorf, z.B. um den Wunsch nach einem Gemeinschaftsraum für die entstehenden Vereine.

5. Ausblick

Die Erfahrungen aus verschiedenen Dorferneuerungsverfahren im Freistaat Sachsen sollen in einigen Thesen mit Blick auf die neuen Bundesländer zusammengefaßt werden:

- Bürgermitwirkung in den neuen Bundesländern ist primär an konkreten Projekten zu orientieren. Sie muß im Anfangsstadium (abweichend zur Situation in den alten Bundesländern) immer maßnahmenbezogen sein.
- Bürgermitwirkung setzt eine umfassende Beratungstätigkeit zu Fragen der Dorf- und Regionalentwicklung voraus. Reine Moderationsveranstaltungen führen alleine nicht zum Erfolg.
- Bürgermitwirkung und ganzheitlicher Planungsansatz sind untrennbar miteinander verbunden und als Vorleistung für den gezielten Einsatz von Fördermitteln über das Fachressort hinaus anzusehen.
- Bürgermitwirkung ist die Voraussetzung zur Innovation im Dorf und in der Region.
- Bürgermitwirkung gewährleistet in den neuen Bundesländern den effektivsten Einsatz von Fördermitteln.
- Bürgermitwirkung fördert die Diskussions- und Streitkultur. Sie garantiert das kulturelle, soziale und wirtschaftliche Engagement für den Heimatraum. Kleine, überschaubare Lebensräume sind ein wesentliches Qualitätsmerkmal.
- Bürgermitwirkung sensibilisiert die Meinungsbildung und ermutigt die Betroffenen vor Ort, die Verantwortung zu übernehmen. Politisch aktive Bürger sind das wichtigste Potential für die Zukunft der Dörfer und Regionen.

Literatur:

Bschor, G. u. F. Schaffer (1995): Schule der Dorf- und Landentwicklung Thierhaupten (SDL). Führung durch die Ausstellung. Manuskriptdruck. Potsdam u. Thierhaupten (Dokumentation der Texte der Ausstellung).

Klingshirn, U. (1995): Gemeinde Rietschen. Dorfentwicklung und Bürgermitwirkung. Manuskriptdruck. Potsdam u. Kamenz.

Magel, H. (1994): Neue Strategien und Instrumente der ländlichen Entwicklung. In: Politische Studien, Hanns-Seidel-Stiftung. S. 40–58. München.

Schaffer, F. (Hg.) (1993a): Innovative Regionalentwicklung. Von der Planungsphilosophie zur Umsetzung. = Sonderband der Beiträge zur Angewandten Sozialgeographie. Augsburg.

Ders. (1993b): Zum Bildungsauftrag der Schulen für Dorf- und Landentwicklung. In: Magel, H. u. A. Winter (Hg.): Zukunftsperspektiven ländlicher Kulturarbeit. Salzburg.

SDL-Thierhaupten (Hg.) (1996): Schule der Dorf- und Landentwicklung Thierhaupten, Bildungsstätte für den Ländlichen Raum, Information-Bildung-Motiviation, Jahresprogramm 1996. Thierhaupten.

Zepf, E. (1993): Neue Wege zum erfolgreichen Kommunalmanagement. München.

Zettler, L. (1992): Naturschutz und seine Umsetzung in der Kulturlandschaft – ein Forschungsfeld der Angewandten Sozialgeographie. In: Social Geography in Theory and Practice. = Geographica Slovenica 23, S. 487–502.

Ders. (1996): Naturschutzstrategien in kommunaler Verantwortung. Sozialgeographische Aspekte der Umsetzung von Biotopverbundkonzepten mit Fallbeispielen. = Beiträge zur Angewandten Sozialgeographie 36. Augsburg.

SOZIALVERTRÄGLICHE ENTWICKLUNG IN OSTDEUTSCHLAND: REALITÄT – VISION – UTOPIE?
Zusammenfassung der Podiumsdiskussion im Rahmen der Fachsitzung „Handlungsorientierte Ansätze in der Raumplanung: Sozialverträgliche Entwicklung durch diskursive Strategien?"

Bernhard Müller, Dresden und Rainer Danielzyk, Oldenburg

mit Beiträgen von Andreas Berkner (Leipzig), Michael Bräuer (Rostock), Jörg Maier (Bayreuth), Axel Priebs (Berlin) und Klaus Selle (Hannover)[1]

Die Diskussion um die Herstellung gleichwertiger Lebensverhältnisse in der Bundesrepublik Deutschland hat seit der Wende im Osten und der Herstellung der deutschen Einheit erheblich an Dynamik und inhaltlicher Differenzierung gewonnen. Gleichzeitig haben sich in den vergangenen fünf Jahren die Kontroversen über den Stand der Lebensqualität und die Wege zu ihrer Angleichung verschärft. Die Öffentlichkeit verfolgt mit großem Interesse die im Rahmen wissenschaftlicher Untersuchungen gewonnenen Erkenntnisse zur Lebensqualität in Ost und West und die darauf basierenden unterschiedlichen Situationsbeschreibungen der Medien.

Die einen sehen dabei deutliche Anzeichen für einschneidende Verbesserungen: „Die Angleichung der Lebensverhältnisse gegenüber dem Westen ist weit vorangeschritten" – so lautet das Fazit einer im Auftrag des SPIEGEL erstellten, breit angelegten Studie des Instituts für Wirtschaftsforschung Halle (IWH) über die Lebensverhältnisse in Ostdeutschland (DER SPIEGEL 36/1995, S. 118–139). Zwar seien die Nachwirkungen des abrupten Systemwechsels noch spürbar, und viele Lücken zwischen Ost und West würden auf absehbare Zeit nicht geschlossen, indes sei der Osten in einigen Bereichen dem Westen sogar voraus.

Die anderen weisen mit Nachdruck auf den immer noch bestehenden Nachholbedarf hin. Einem – vom Magazin FOCUS (40/1995, S. 198-224) kürzlich aufgegriffenen – „Lebensqualität-Atlas" zufolge befinden sich unter den ersten 100 auf einer Skala der Lebensqualität verzeichneten kreisfreien Städten und Landkreisen in der Bundesrepublik Deutschland lediglich 3 Städte aus den „neuen" Bundesländern. Als Gründe hierfür werden vor allem die hohe Arbeitslosigkeit, gravierende Strukturdefizite sowie erhebliche Umweltprobleme genannt.

In eine ähnliche Richtung weist das jüngste „Regionalbarometer neue Länder" der Bundesforschungsanstalt für Landeskunde und Raumordnung (BfLR 1995, S. 7): Hier wird immer noch eine insgesamt deutlich niedrigere Lebenszufriedenheit im Osten konstatiert. Nur etwa ein Drittel der Befragten in den „neuen" Ländern sind den Untersuchungen zufolge mit ihrem gegenwärtigen

---

[1] Die Beiträge zur Podiumsdiskussion wurden von den Teilnehmern in Arbeitspapieren zusammengefaßt und – teilweise in leicht veränderter bzw. gekürzter Form – in die vorliegende Zusammenfassung integriert. Die Heterogenität der Auseinandersetzung der Diskussionsteilnehmer mit der Thematik wurde bei der Darstellung bewußt beibehalten.

Leben eindeutig zufrieden (West: 60%), relativ viele (14%) eindeutig unzufrieden (West: 6 %).

Die „Lebenszufriedenheit" im Osten korreliert in hohem Maße mit der wirtschaftlichen Lage der Befragten. Während Entfaltungsmöglichkeiten großen Ausmaßes neue Chancen bieten, ist der gesellschaftliche Transformationsprozeß für viele Menschen bisher mit einem rapiden sozialen Abstieg verbunden gewesen. Das gesellschaftliche Netz ist löchrig geworden, die Unsicherheiten hinsichtlich der Zukunftsgestaltung sind gewachsen. Eine sozialverträgliche Entwicklung ist daher insbesondere in Ostdeutschland ein Gebot der Stunde, gleichwohl ist sie bisher lediglich aus der Sicht derer, die von den Veränderungen profitieren konnten bzw. zumindest keine erheblichen Nachteile hinzunehmen hatten, bereits zur Realität geworden.

Raumplanung und Regionalpolitik sind für die Herstellung gleichwertiger Lebensbedingungen und die damit verbundene Bewältigung von Problemen des ökonomischen und sozialen Wandels von großer Bedeutung. Insbesondere in Ostdeutschland kommt ihnen angesichts der dortigen Problemlage (vgl. Müller 1995) eine besondere Rolle zu. Es ist allerdings fraglich, ob die „traditionellen" Ansätze und Formen der räumlichen Planung auf staatlicher und kommunaler Ebene den aktuellen Anforderungen einer sozialverträglichen Entwicklung an Leistungsfähigkeit und Flexibilität sowie der Einbindung von Betroffenen in Planungs- und Entscheidungsprozesse gerecht werden können.

Dabei ist zu berücksichtigen, daß die räumliche Planung in den ostdeutschen Ländern von Ausgangsvoraussetzungen gekennzeichnet ist, die ein günstiges Umfeld für konkrete und handlungsorientierte raumplanerische Ansätze bieten, allerdings auch eine gewisse Skepsis und Zurückhaltung gegenüber diskursiven Verfahren begünstigen (Müller 1996).

- Bei vielen Menschen löst die Tätigkeit von Planern vor dem Hintergrund jahrzehntelanger Erfahrungen in einem planwirtschaftlichen System negative Assoziationen aus. Raumplanung wird dabei einerseits häufig mit regulativen und ordnungspolitischen Aufgaben überfrachtet und gerät andererseits – nicht zuletzt als Folge dieser Überfrachtung – in Gefahr, als Fortsetzung der als unwirksam erachteten Planwirtschaft stigmatisiert zu werden.
- Hinzu kommt die Skepsis gegenüber Leitbildern und allgemeinen Entwicklungskonzepten: In der DDR existierte eine Vielzahl von Leitbildern, die heute bedeutungslos geworden sind oder an Kraft verloren haben. Angebote neuer Leitbilder und allgemeine Entwicklungskonzepte ohne unmittelbare Wirksamkeit werden in dieser Situation nicht selten als Scheinleitbilder empfunden bzw. für die konkrete Bewältigung anstehender Probleme als wenig hilfreich angesehen.

Durch diese Situation – wie auch durch die Tatsache, daß im Osten aufgrund der Verwaltungshilfe aus dem Westen und der Vorbildfunktion westlicher Planungsmodelle unterschiedliche Planungssysteme aufeinander getroffen sind - ist in den ostdeutschen Ländern eine differenzierte „Gemengelage" von planungspolitischen und -methodischen Vorstellungen entstanden, die zu einem kräftezehrenden und zeitraubenden Ringen um den jeweils als „adäquat" angesehenen Planungsansatz geführt haben. Dies gilt sowohl unter institutionellen als auch unter methodischen und inhaltlichen Gesichtspunkten und hat unter Planern dazu geführt, daß bisher eher Strategien räumlicher Koordination als Ansätze zu regionaler Kooperation verfolgt werden. Diskursive Elemente besitzen im Osten (noch) nicht den Reiz, den sie unter Planern im Westen genießen.

Vor diesem Hintergrund ist im Hinblick auf die Sozialverträglichkeit räumlicher Entwicklungsprozesse in Ostdeutschland, die Rolle handlungsorientierter Ansätze in der Raumplanung und die Bedeutung diskursiver Strategien zu fragen,

1. welche Faktoren bei der sozialverträglichen Gestaltung von gesellschaftlichen Transformationsprozessen besonders bedeutsam sind und wie die aktuelle Situation und die gegenwärtig verfolgten Strategien in den ostdeutschen Ländern beurteilt werden können;
2. welche Hauptgruppen von Akteuren auf den einzelnen Planungs- und Handlungsebenen im Hinblick auf die genannten Probleme eine Rolle spielen, welche Interessen sie verfolgen, welche Konflikte daraus entstehen und welche Konsequenzen dies für die räumliche Entwicklung hat;
3. wie mögliche Problemlösungsansätze aussehen und welche Merkmale sie unter Beachtung der aktuellen Lage in Ostdeutschland sowie der Verhaltensmuster und Erwartungen der Beteiligten aufweisen sollten;
4. welche Rolle einer handlungsorientierten Raumplanung bei der Gestaltung sozialverträglicher Transformationsprozesse zukommt, welche Komponenten auf den jeweiligen Planungs- und Handlungsebenen besonders hervorgehoben werden sollten, ob und inwieweit die Raumplanung diesen Anforderungen in Ostdeutschland derzeit gerecht wird, welche Anpassungserfordernisse bestehen und welche Veränderungspotentiale es gibt;
5. welche Rolle diskursive Planungsstrategien spielen, ob diskursive Strategien angesichts eines vielerorts in Ostdeutschland feststellbaren Trends zur Individualisierung des Handelns und zum „Rückzug ins Privatleben" erfolgreich umsetzbar sind oder ob diskursive Strategien nicht Gefahr laufen, vor dem Hintergrund akuter Handlungserfordernisse als verhältnismäßig langwierig und für die aktuelle Problembewältigung wenig effizient angesehen zu werden;
6. ob sich Erfahrungen mit dem Einsatz diskursiver Strategien in den westdeutschen Ländern auf Ostdeutschland übertragen lassen, welche Aspekte vor dem Hintergrund eines über Jahrzehnte hinweg entwickelten unterschiedlichen Planungsverständnisses und unterschiedlicher Planungserfahrungen in Ost und West besonders zu beachten sind, und was dies für den (erfolgreichen) Einsatz diskursiver Strategien bedeutet;
7. welche Handlungsnotwendigkeiten bestehen, wo die entscheidenden Handlungsebenen liegen, wer zu den wichtigen Akteuren gehört und welche Anforderungen an die Weiterentwicklung sich daraus für die räumliche Planung sowie für die Anwendung diskursiver Strategien in Ostdeutschland insgesamt ergeben.

Die Podiumsdiskussion hatte nicht zum Ziel, umfassende und erschöpfende Antworten auf einen oder alle oben genannten Fragenkomplexe zu finden. Vielmehr sollte sie den Rahmen dafür bieten, aus unterschiedlichen Perspektiven heraus, der Sicht von Planungspraktikern wie von Wissenschaftlern, die Problematik der Gestaltung sozialverträglicher Transformationsprozesse mit Hilfe von handlungsorientierter Raumplanung und diskursiven Strategien zu beleuchten und auszudifferenzieren.

Erfahrungen mit Bemühungen um die Gestaltung sozialverträglicher Entwicklungsprozesse in Ostdeutschland – vor allem von *Michael Bräuer* und *Andreas Berkner*, zum einen unter historischen Gesichtspunkten, zum anderen am Beispiel der aktuellen Braunkohleproblematik aufgegriffen – dienten der Diskussion als empirischer Hintergrund.

In seinen Thesen ging *Michael Bräuer* [2] auf die Entwicklung der Raumplanung in Ostdeutschland nach der Wende ein:

1. Die Volkskammer der DDR – so eine erste These – beschloß im Juli 1990 die Überleitung des Raumordnungsgesetzes der Bundesrepublik im Bewußtsein, daß dem Vorgehen der Staatlichen Plankommission, die bis zur Wende das Geschehen in der DDR diktierte, und der ihr unterstellten Büros für Territorialplanung in den Bezirken ein neues raumplanerisches Instrumentarium auf der Basis demokratischer Entscheidungsprozesse und eines wirksamen Gegenstromprinzips entgegengesetzt werden mußte.
2. Die im Zuge der Herstellung der Einheit Deutschlands kurzzeitig diskutierte Absicht der Errichtung eines Aufbau- und Strategieministeriums für die östlichen Länder hätte eine Chance sein können, den Problemen der Raumordnung und Landesplanung bei der Neukonstituierung der Länder die ihr gebührende Stellung im Bewußtsein der Landespolitik zu verschaffen.
3. Durch die Entscheidung der Bundesregierung im September 1990, für den beitretenden Osten Deutschlands keine Sonderregelungen einzuführen, blieb der scheidenden DDR-Regierung nur noch die Möglichkeit, einen Appell an die Landessprecher der künftigen Länder zu richten: Im Bewußtsein, daß bei einer über längere Zeit andauernden „Abwesenheit von Planung" problematische Entwicklungen eintreten würden, wurde ihnen der Musterentwurf eines Landesplanungsgesetzes übergeben, um zur Beschleunigung des Aufbaus der Raumplanung beizutragen. Darüberhinaus wurde empfohlen, Raumordnung und Landesplanung zur Chefsache der Ministerpräsidenten zu machen und institutionell in den Staatskanzleien zu verankern.
4. Diese Empfehlungen wurden jedoch in keinem der ostdeutschen Länder aufgegriffen. Komplizierte Mehrheitsverhältnisse und Kompetenzgerangel bei der Regierungsbildung führten dazu, daß die Entscheidungskompetenzen

---

2   *Michael Bräuer* war während der Modrow-Regierung als Staatssekretär für Fragen der räumlichen Planung in der DDR zuständig. Er ist heute als Architekt und Planer (BDA und SRL) in Rostock tätig. Als Verbandssekretär nimmt er im Auftrag des Regionalen Planungsverbandes Mittleres Mecklenburg/Rostock gegenwärtig Moderationsfunktionen in der Regionalplanung wahr.

anders als empfohlen verteilt wurden. Vorwiegend liberale Wirtschaftsminister verhinderten den Einsatz schnell wirksamer Regulationsinstrumente. All dies bereitete einen fruchtbaren Boden für die nachfolgenden Fehlentwicklungen. Entgegen vieler warnender Stimmen sei die Bundesrepublik in diese Situation „sehenden Auges" hineingeschlittert. Heutiges Bedauern könne man nur als „Krokodilstränen" abtun.

5. Die Planungsregion Mittleres Mecklenburg/Rostock, die als Beispiel einer Region in Ostdeutschland angeführt werden kann, in der diskursive Strategien und handlungsorientierte raumplanerische Ansätze einen hohen Stellenwert haben, hat sehr schnell nach der Verabschiedung des Landesplanungsgesetzes Mecklenburg-Vorpommern im März 1992 und aufbauend auf dem im Juli 1993 in Kraft gesetzten Landesraumordnungsprogramm in einem breit angelegten Beteiligungsverfahren, in das auch alle Kommunen in der Planungsregion eingebunden waren, ein Regionales Raumordnungsprogramm aufgestellt. Es wurde im Oktober 1994 – als erstes Programm seiner Art in den neuen Ländern – durch das Landeskabinett für verbindlich erklärt.

6. Bei der Aufstellung, Diskussion und Verabschiedung des Regionalen Raumordnungsprogramms wurde – u.a. durch einen vom Regionalen Planungsverband beauftragten Regionalmoderator unterstützt – erstmals ein intensiver Diskurs in der Region geführt. Die dabei verfolgte Vorgehensweise habe sich bewährt und erheblich dazu beigetragen, bei den Akteuren Verständnis dafür zu wecken, daß nur „regional orientiertes Denken und Handeln" den „selbstmörderischen" Konkurrenzkampf der Kommunen in ein ruhiges und erfolgversprechendes Agieren überführen könne.

7. Nach der frühzeitigen Fertigstellung des Regionalen Raumordnungsprogramms verfolgt der Planungsverband heute vorwiegend handlungsorientierte Ansätze: Themen wie ein Konzept zur Wohnungsversorgung, die Neuorganisation des ÖPNV (einschließlich eines Organisations- und Finanzierungsmodells), ein gemeinsam zu bewirtschaftendes System zur Siedlungsabfallbeseitigung, der landschafts- und naturverträgliche Umgang mit bergbaulichen Rohstoffen sowie die möglichst konfliktfreie regionale Auswahl von Standorten für Windkraftanlagen im regionalen Konsens werden durch die Gremien des Verbandes bearbeitet und zur Entscheidung gebracht. Die Verwendung diskursiver Ansätze erhöht dabei die Akzeptanz bei den Betroffenen.

8. Die Sozialverträglichkeit der Entwicklung wird jedoch trotz handlungsorientierter raumplanerischer Ansätze und des Einsatzes diskursiver Strategien in den östlichen Bundesländern noch lange Zeit eine Angelegenheit der Sozialverwaltung und der Bundesanstalt für Arbeit bleiben. Diskursive Planungsstrategien könnten allerdings eine entscheidende Hilfestellung bei der Entscheidungsfindung und der Auslotung von Entwicklungspotentialen darstellen. Diskurs impliziere immer auch Beteiligungsmöglichkeiten. Gleichwohl dürfe schnelles und zügiges Handeln bei aller notwendigen Diskussion nicht in den Hintergrund treten. Die Probleme lägen offen, Fachleute könnten sie der handelnden Politik vermitteln.

Andreas Berkner[3] vertiefte die angesprochenen Aspekte am Beispiel der Braunkohleproblematik in Ostdeutschland. Er griff dabei insbesondere die Ausführungen zu bergbaubedingten Ortsumsiedlungen im Rahmen des während der Fachsitzung gehaltenen Vortrages (vgl. den Beitrag Kabisch/Berkner in diesem Band) auf und ergänzte sie thesenartig:

1. Siedlungsverlegungen bilden aufgrund der Tiefe der Einschnitte in Lebensplanung, Eigentumsverhältnisse und psycho-soziale Belange außerordentlich problematische Konfliktfälle bei der aktuellen Raumentwicklung. Sie treten insbesondere im Zusammenhang mit Verkehrsbauten, der Anlage von Talsperren, militärischen Übungsgebieten und dem Braunkohlebergbau auf. Letzterer ist zwar nur für etwa 20 % aller Fälle im Bundesgebiet verantwortlich, aufgrund der in der Regel vorhandenen Betroffenheit ganzer Dörfer und der Einwirkungen über Jahrzehnte auf historisch gewachsene Siedlungsgebiete steht er aber besonders im Blickpunkt. Umsiedlungsfälle beginnen lange vor der eigentlichen Ortsverlagerung (spezifische Entwicklungsnachteile, „Leerlaufen" der Dörfer) und enden mit der Integration am neuen Standort oft lange nach dem Abschluß des Umzugs.
2. Erste Kernfrage bei den von Umsiedlungen Betroffenen ist die Frage nach der alternativlosen Notwendigkeit von Ortsverlagerungen. Trotz umfassender gutachterlicher Prüfungen ist es in der Regel nicht möglich, bei Jahrzehnten umfassenden Prognosehorizonten etwa zur Entwicklung von Energie- oder Trinkwasserbedarf alle Unsicherheiten auszuräumen. Entscheidend ist es, aus der Sicht heutiger Wertmaßstäbe verantwortbare, demokratisch legitimierte Planungsentscheidungen zu treffen.
3. Zweite Kernfrage ist die nach den materiellen Bedingungen im Umsiedlungsfall, wobei die negativen Erfahrungen aus der Zeit bis 1989 („Umsiedlungskatastrophen") beim Braunkohlebergbau die Situation bis heute belasten. Die gesetzlichen Regelungen (Bundesberggesetz – Verkehrswertentschädigung) reichen in den neuen Bundesländern zumeist nicht aus, um ein neues Anwesen schuldenfrei zu schaffen. Deshalb wurden bislang in einigen Fällen Verträge abgeschlossen, die nach dem Grundsatz „Neu für Alt" verfahren und damit spezifischen sozio-ökonomischen Problemen (Überalterung, Bergbauschutzgebiete) Rechnung tragen.
4. Eine allgemeine Sozialverträglichkeit ist kaum zu definieren. Jeder Umsiedlungsfall bildet ein Unikat. Materielle Regelungen und Wege der Kommunikation, die sich in einzelnen Fällen bewährt haben, führen in anderen Fällen nicht zum Erfolg. Insofern sind Lösungen weder revierübergreifend noch revierintern übertragbar. Allerdings haben die in den neuen Bundesländern abgeschlossenen Verträge Maßstäbe auch für das Rheinische Braunkohlenre-

---

3 *Andreas Berkner* ist in der Region Westsachsen bei der Regionalen Planungsstelle (beim Staatlichen Umweltfachamt Leipzig) für Braunkohleplanung zuständig. Im Rahmen der Akademie für Raumforschung und Landesplanung leitet er eine Arbeitsgruppe, in der sich die Braunkohlenplaner von Nordrhein-Westfalen, Brandenburg, Sachsen und Sachsen-Anhalt u.a. über Mindestinhalte sozialverträglicher Umsiedlungen als Maßstab gegenüber Verursachern und Betroffenen verständigen.

vier gesetzt, weil sie sowohl hinsichtlich ihrer materiellen Substanz als auch bezüglich der Übernahme politischer Verantwortung durch die jeweiligen Landesregierungen eine neue Qualität bilden.

5. Die Art und Weise der Diskussion zwischen den Beteiligten zum Thema reicht vom ergebnisorientierten und vorurteilsfreien Dialog über einen Scheindialog ohne echte Konsenssuche bis hin zu einer Totalverweigerung jeglicher Gespräche. Schlüsselpersonen in den Dörfern sind in der Regel Bürgermeister und Kirchenvertreter. Unsensible Vertreter von Bergbautreibenden und Landesregierung haben wiederholt für „Neuverkrampfungen" der Situation gesorgt. Die Meinungsbilder der Dorfbewohner sind selbst bei klar postulierter Umsiedlungsablehnung meist unübersichtlich.

6. Im Umsiedlungsfall sind die an sich unvereinbaren Belange von sozialen und Eigentumsgerechtigkeiten zu einem Kompromiß zu führen. Dabei müssen soziale Härtefälle, die letztlich den Maßstab für soziale Verträglichkeiten bilden, ebenso gelöst werden, wie es erforderlich ist, eine Gleichmacherei zu umgehen. Interessenkonflikte (Verhalten der „sozialen Oberschicht" – in der Regel „Umsiedlungsgewinner") belasten Dorfgemeinschaften erheblich. Vor diesem Hintergrund müssen alle Schritte unterlassen werden, die zu einem Zerreißen der Gemeinschaft führen. Die dörfliche Solidargemeinschaft bildet eine wichtige Voraussetzung für die individuelle Konfliktbewältigung bei Umsiedlungen. Das Problem des „Sozialneides" erfordert die Einbeziehung des neuen kommunalen Partners im Sinne gemeinschaftlicher Vorteile in die Umsiedlungsüberlegungen.

7. Auffällig ist, daß es eindeutige Korrelationen zwischen Immobilienbesitz und Umsiedlungsbereitschaft gibt. Daraus ist die Frage abzuleiten, ob die Besitzverhältnisse zu einem differenzierten Herangehen an das Problem Umsiedlung berechtigen. Außerdem gibt es in den meisten „Kohledörfern" Menschen, die vom Umsiedlungsschicksal (kriegs- oder bergbaubedingt) schon betroffen waren. Der Anteil der aktiven Bergleute im Ort beeinflußt das Umsiedlungsgeschehen ebenso wie das Vorherrschen aus dem Erwerbsleben ausgeschiedener Kumpel in der Siedlungsgemeinschaft oder das Vordringen des Tagebaus in bislang nicht berührte Regionen.

8. Im Konsensfall wird die Entwicklung relativ schnell durch Kommunen und betroffene Bürger in die Hände genommen. Das Zwischenschalten von Vermittlern zwischen Bergbautreibendem und Bürger ist teilweise zu beobachten, jedoch nicht zwangsläufig erforderlich. In der Regel ist der moralische Druck auf den Bergbautreibenden, „positive Beispiele" zu schaffen, ein äußerst wirksames Regulativ. Problematisch sind hingegen „gute Berater" in Form von Hausanbietern und windigen Finanzierungsspezialisten, teilweise auch von Rechtsberatern, die ungebeten kommen und nur selten ihr Geld wert sind.

9. Im Konfliktfall wird vor dem Hintergrund möglicher gerichtlicher Auseinandersetzungen eine Sachdebatte extrem erschwert. Im Hinblick auf Konfliktlösungen werden Mediationsverfahren oder der Einsatz eines „Ombudsmannes", der das Vertrauen aller beteiligten Seiten genießen soll, in Erwägung

gezogen. Bei einem „Mittelsmann" sind Vertrauen und Einfühlungsvermögen in die konkrete Situation wichtiger als ein smartes Moderatorentum ohne wirkliche Lösungskompetenz. Vermittlungsversuche müssen dabei ergebnisoffen angegangen werden.

Axel Priebs[4] setzte sich in seinen Diskussionsbeiträgen einerseits mit allgemeinen Aspekten einer handlungsorientierten Regionalplanung und andererseits mit der Flächenproblematik und den regionalplanerischen Handlungserfordernissen vor dem Hintergrund von Erfahrungen im Raum Berlin-Brandenburg auseinander:

Seit einigen Jahren sehe sich die Raumordnung einer Reihe neuer Erwartungen ausgesetzt. Durch die gestiegenen Nutzungsansprüche an den Raum und die daraus resultierende Verknappung der Ressource Fläche verschärften sich die Konkurrenzen und Konflikte sowohl zwischen raumwirksamen Fachplanungen und Siedlungstätigkeit als auch zwischen den einzelnen Fachplanungen. Dadurch steige – insbesondere auf regionaler Ebene – die Nachfrage nach einer überfachlichen Koordinierung sowie einer neutralen und kompetenten Moderation, wie sie im deutschen Verwaltungsaufbau nur die Regionalplanung leisten könne.

Gleichzeitig erfordere die gestiegene politische Bedeutung der Regionen im nationalen und internationalen Maßstab eine intensive regionale Vernetzung der Institutionen und Planungsträger, um von einem Neben- und Gegeneinander der Akteure zu einem Miteinander, d.h. zu einer Bündelung aller regionalen Kräfte zu kommen. Auch dieser Integrationsbedarf in den Regionen könne ohne zusätzliche Institutionalisierung am besten von einer effizienten Regionalplanung erfüllt werden.

Es sei unbestritten, daß es sich bei dem langfristig wirksamen Regionalplan auch in Zukunft um ein unverzichtbares Instrument des Planungssystems handle, mit dem die Regionalplanung u.a. auf die Anpassung der kommunalen Bauleitplanung an regionale Ordnungskonzeptionen hinzuwirken habe. Allerdings spiele die Umsetzungsorientierung der Regionalplanung eine zunehmende Rolle. Es werde deswegen diskutiert, den „traditionellen" Regionalplan durch ein separates, kurz- bis mittelfristig angelegtes und entsprechend häufiger zu aktualisierendes regionalpolitisches Handlungs- bzw. Aktionsprogramm zu ergänzen.

Schließlich sei die Erkenntnis gewachsen, daß weder eine Steuerung der Raumentwicklung und erst recht nicht eine Motivation der regionalen Akteure ausschließlich über Planwerke und Programme zu erreichen sei. Die Regionalplanung engagiere sich daher zunehmend für die Durchführung von Demonstrations- und Pilotprojekten, um neue Prozesse regionaler Entwicklung zu initiieren. Dies gelte insbesondere für neue Problemfelder, für die etablierte Planungs- und Managementstrukturen nicht vorhanden seien (z.B. Konversion, regionalisierter ÖPNV).

Dieses Aufgabenprofil gehe allerdings deutlich über das frühere, eher normativ argumentierende Aufgabenverständnis der Regionalplanung hinaus und setze eine verstärkte Politikorientierung voraus. Dies werfe auch die Frage auf, ob die

---

4   *Axel Priebs* war bis Ende 1995 Leiter der Gemeinsamen Arbeitsstelle Berlin-Brandenburg und ist nun Fachbereichsleiter für Planung beim Kommunalverband Großraum Hannover.

Regionalplanung derart unterschiedlichen Anforderungen überhaupt gerecht werden könne. Zu fragen sei insbesondere, ob und inwieweit sich der eher normative, in Teilen notwendigerweise auch restriktive Ansatz klassischer Regionalplanung mit der angestrebten Handlungsorientierung vertrage. Zu prüfen sei außerdem, ob die zunehmende Aktions- und Handlungsorientierung mit einer neutralen, moderierenden Rolle der Regionalplanung vereinbar sei.

Bezogen auf die Situation in Ostdeutschland wies *Priebs* darauf hin, daß aus seiner Sicht eine der zentralen Begleiterscheinungen des gesellschaftlichen Transformationsprozesses ein veränderter Umgang mit Grund und Boden bzw. der „Ressource Fläche" sei. Er nannte in diesem Zusammenhang den regional zwar differenziert, in der Summe jedoch mit aller Deutlichkeit aufgetretenen Siedlungsdruck insbesondere am Rande der Städte. Unterstelle man einen gesellschaftlichen Konsens darüber, daß eine diffuse Zersiedlung der Landschaft mit all ihren ökologischen (aber auch ökonomischen!) Folgen zu unterbinden sei, stehe eine raumordnerische Steuerung der Siedlungsentwicklung (sowohl für Wohnungsbau als auch für Gewerbe) an oberster Stelle der gesellschaftlichen Agenda.

Insofern habe die Schaffung eines Rahmens für die Siedlungs- und Freiraumentwicklung (mit klaren Restriktionen, aber auch ausreichenden Angeboten) oberste Priorität. Ein solcher Rahmen könne in verbindlicher und legitimierter Form nur durch die gesetzlich vorgesehenen Raumordnungspläne auf Landes- und Regionalebene geschaffen werden. Angesichts der in den letzten Jahren nicht zuletzt wegen des Fehlens dieser Plandokumente zu beklagenden Fehlentwicklungen sollte deren Schaffung so lange wichtigste Aufgabe der Raumordnung sein, bis flächendeckend in den neuen Ländern Regionalpläne vorlägen.

Ein Blick auf die Situation der Regionalplanung im Land Brandenburg offenbare deutliche Defizite: Zum einen sei die Regionalplanung hier sehr widerwillig und spät eingeführt worden mit der Folge, daß die regionalen Planungsstellen erst seit gut einem Jahr arbeitsfähig seien. Zum anderen seien diese Stellen finanziell und personell sehr schlecht ausgestattet (ca. 5 Personen je Planungsregion), besäßen wenig Kompetenzen und seien der Konkurrenz durch die (zwar unverbindliche und gesetzlich nicht vorgeschriebene, personell aber deutlich besser ausgerüstete) Kreisentwicklungsplanung ausgesetzt. Auch die Unterstützung des Landes könne deutlich verbessert werden. So dürfe es nicht verwundern, daß es bisher in Brandenburg keinen einzigen Regionalplan gebe.

In Westdeutschland, wo fast flächendeckend Regionalpläne vorlägen, seien in den letzten Jahren neben die sich vor allem durch die Planerstellung und -sicherung ausdrückende „ordnungspolitische" Funktion verstärkt „weiche Instrumente" getreten. Die regionale Konsensfindung und die diskursive Leitbildfindung gehörten zu den zentralen Aufgaben einer zukunftsorientierten Regionalplanung, die sich immer mehr auch als „Regionaldiplomatie" verstehe. Dabei gelte jedoch die Prämisse, daß die gesetzlichen Pflichtaufgaben der Regionalplanung weiterhin bewältigt werden müßten.

Priebs wies darauf hin, daß in der derzeitigen gesellschaftlichen Umbruchphase in Ostdeutschland ein gesellschaftlicher Diskurs erforderlich ist. Allerdings dürfte der – im Vergleich zu den konkreten Existenzproblemen vieler Menschen – verhältnismäßig abstrakte Diskurs zu räumlichen Leitbildern noch schwieriger zu gestalten sein als die ohnehin schon schwierige Diskussion zu allgemeinen gesellschaftspolitischen Themen. Trotzdem sei es zu pauschal, wenn man von einem „Rückzug ins Privatleben" spreche. Es gebe durchaus Beispiele für das starke Interesse an der Gestaltung des eigenen Lebensumfeldes, wie z.B. die Debatte um die Standorte eines neuen Großflughafens Berlin/Brandenburg zeige, die von einem interessanten Mediationsverfahren begleitet werde.

Insgesamt wäre es wünschenwert – so *Priebs* in seinen abschließenden Ausführungen – wenn es trotz der aktuell noch im Vordergrund stehenden Schaffung verbindlicher Plandokumente auch in den ostdeutschen Ländern zukünftig zu einer stärkeren Parallelität von „Planen und Handeln" käme. Hier sei der Weg über Regionalkonferenzen, die Formulierung regionaler Leitbilder und daraus abgeleiteter Schlüsselprojekte wohl der richtige.

In diesem Zusammenhang sei auch anzumerken, daß das Gegenstromprinzip als Kernbestand unseres räumlichen Planungssystems in den ostdeutschen Ländern noch zu wenig Eingang gefunden habe. So seien auf der einen Seite auf den höheren Planungsebenen zu häufig einseitige top-down-Ansätze, auf der anderen Seite bei den Kommunen eine weitgehende Ablehnung übergeordneter Planungsvorgaben mit dem pauschalen Verweis auf Artikel 28 des Grundgesetzes zu beobachten. Hier sei in der Zukunft eine starke Bewußtseinsbildung erforderlich.

In Brandenburg werde zwar zunehmend erkannt, daß die Moderation regionaler Entwicklungsprozesse eigentlich nur in den Händen der Regionalen Planungsgemeinschaften liegen könne. Vor der Tatsache, daß hierzu aber auch eine entsprechende stellenmäßige Ausstattung mit qualifiziertem Personal gehört, würden jedoch sowohl das Land als auch die Kommunen als Mitglieder der Regionalen Planungsgemeinschaften noch weitgehend die Augen verschließen.

Jörg Maier [5] ging in seinen Statements insbesondere auf die Rolle diskursiver Strategien in der Stadt- und Regionalplanung in ländlichen Räumen ein. Seine Ausführungen bezogen sich auf nun 20 Jahre Erfahrung in der Regionalplanung ländlicher Räume, bei der bürgernahe Partizipation im Vergleich zur Stadtplanung (siehe die zeitlich lange Erfahrung bei Projekten der Stadterneuerung) weit schwieriger zu gestalten und bei einer nach einzelnen Planungsstufen bzw. -schritten agierenden Planungsstrategie anders zu organisieren sei als bei einer kleinräumigen Ebene (z.B. Stadtteil-Konzepten).

Dabei lägen in der Regionalplanung ländlicher Räume seit dem Auf- und Ausbau der Teilraumgutachten in Bayern seit 1987 (oder der seit 1994 eingeführten regionalen Entwicklungskonzepte in Thüringen) Erkenntnisse über diskursive Strategien vor. Diskursives Vorgehen gehe auf Überlegungen der Regionalplanung in Österreich (z.B. im Waldviertel oder in verschiedenen Teilen der Steiermark) und in der Schweiz (vgl. etwa die Wirkungsweise der Regionalsekretäre) zurück und. Vor diesem Hintergrund müsse man festhalten, daß diskursive

---

5 *Jörg Maier* ist als Professor an der Universität Bayreuth tätig. Er leitet dort den Lehrstuhl für Wirtschaftgeographie und Regionalplanung.

Strategien nicht nur bei der Vorbereitung von Planungskonzepten und -maßnahmen, sondern – auch wenn bislang wenig ausgeübt – gerade bei der Umsetzung der Planung von Bedeutung seien. Hier sei auch, sehe man von den positiven Ansätzen der Flurbereinigung und Dorferneuerung sowie den Erfahrungen mit regionalen Entwicklungsgesellschaften bzw. -agenturen in Nordrhein-Westfalen ab, noch der größte Nachholbedarf.

Aus den Erfahrungen in Österreich und der Schweiz sowie auch den eigenen im nordbayerischen Raum müsse man ebenso festhalten, daß in den diskursiven Strategien nicht nur eine wohlgemeinte demokratische Grundhaltung und emanzipatorisches Denken zum Ausdruck komme, sondern es gehe auch um die Rolle des Planers selbst. Er/Sie sei nicht mehr der/die in Distanz zum Planungsobjekt vorhandene neutrale Wissenschaftler/in, sondern stehe als Mediator in der Mitte zwischen den Konfliktparteien. Nur in wenigen Fällen sei der Planer der „Held des Ausgleichs", weit häufiger sei er der Prügelknabe beider Seiten.

Dabei zeige sich auch ein Problem diskursiver Techniken, die als Voraussetzung eine Bereitschaft zur Diskussion und zum Konsens bei den Konfliktparteien notwendig machten. Der Planer als Mediator benötige nicht nur hohes Ansehen und umfassendes Wissen, sondern auch eine Teilabgabe von Kompetenzen vorhandener politischer, planungsverantwortlicher Institutionen. Dies erfolge, wenn überhaupt, nur zeitlich befristet, sei schwerlich formalisierbar und setze Persönlichkeitsprofile voraus, wie sie in klassischen Verwaltungssystemen nicht so häufig anzutreffen seien.

Hinzu komme ein weiteres Problem: Rein zeitlich gesehen verfüge ein Planer, der als Mediator oder als Regionalmanager tätig werde, nicht über einen geregelten 8-Stundentag. Seine Aktivitäten konzentrierten sich auf Netzwerk-Bildungen zwischen Verwaltungen, der Kommunalpolitik und der Wirtschaft sowie des Natur- und Umweltschutzes, äußerten sich im Regionalmarketing und in Image-Kampagnen sowie in der Organisation und Auswertung von Regionalkonferenzen. Hinzu komme die Begleitung der Arbeit meist abendlicher Arbeitskreise. Insgesamt erfordere dies eine enorme zeitliche Flexibilität und die Bereitschaft und Fähigkeit, private Interessen so zu organisieren, daß sie mit all diesen Aufgaben möglichst nicht in Konflikt gerieten.

„Wie, wenn nicht so?" nannte schließlich *Klaus Selle* [6] seine fünf Bemerkungen zum Wandel im Planungsverständnis (vgl. auch Selle 1994), in denen er die eingangs genannten Fragenkomplexe explizit aufgriff:

(1) Transfer: Die Leitfragen (insbesondere Nummer 6) sind auf Erfahrungstransfer ausgerichtet. Sinngemäß heißt es etwa „Lassen sich Erfahrungen von X nach Y übertragen?" Wer solche Fragen beantworten will, sollte dreierlei bedenken:
- Der Transferprozeß ist immer wechselseitig. Es kann also nicht darum gehen, z.B. nur etwas von Ost nach West zu übertragen.

---

6   *Klaus Selle* ist Raumplaner und als Professor am Institut für Freiraumentwicklung und Planungsbezogene Soziologie der Universität Hannover tätig.

- Wer Erfahrungen nutzen will, muß sie trans*ferieren*, also andernorts gewonnene Einsichten auf den eigenen Handlungsbereich eigenständig übertragen. Das Ergebnis dieser Transportarbeit wird und muß am Ort Y immer anders aussehen als am Ort X.
- Wer Erfahrungen vermitteln will, tut also gut daran, nicht in Rezeptform zu sprechen. Denn Komplettlösungen sind nicht übertragbar, wohl aber einzelne Elemente, Fragmente. Sie können im besten Fall zu „Bausteinen" taugen, die andernorts auf ortstypische Weise neu zusammengesetzt, mit anderen kombiniert oder in nicht wenigen Fällen auch verworfen werden.

(2) Gegenstand und Rolle: Die Leitfragen 4 und 7 zielen u.a. auf die Rolle der räumlichen Planung im Prozeß der Entwicklung von Quartier, Stadt und Region. Dazu wäre viel zu sagen, jedoch sollen hier nur zwei Aspekte hervorgehoben werden:

- Wir sollten jeweils deutlich machen, ob wir von „Planung" oder von „räumlicher Entwicklung" reden. Allzuoft wird Planung mit, wie Wollmann das einmal nannte, „gehabtem Vollzug" gleichgesetzt. Aber zwischen Plan und Realität klaffen Welten. Weil das so ist, können Diskussionen übers Planen so leicht in Beliebigkeiten münden. Wenn man hingegen „räumliche Entwicklung" als Bezugsebene wählt, ergeben sich manche sinnvollen Relativierungen. Zum Beispiel: Kooperation. Über das „Ob" und „Warum" von kooperativen Strategien mag man planungsimmanent trefflich streiten. Betrachtet man aber die Realität räumlicher Entwicklung, wird sichtbar, daß eine Planung, die auf räumliche Wirkung zielt (und nicht nur aufs Plänemachen), ohne Kooperation nicht denkbar ist.
- Räumliche Entwicklung vollzieht sich im Spannungsfeld von Märkten, politisch-administrativem System und Gesellschaft. Raumbezogene öffentliche Planung ist lediglich ein Akteur unter anderen. Sie *gestaltet* nicht die Entwicklung. Sie gestaltet *mit* – bestenfalls. Aktionsorientierte Planung heißt also immer auch: Handeln mit anderen.

(3) Ergänzung: Dies zum Ausgangspunkt nehmend ergeben sich manche Folgerungen. Die erste: Wenn wir über neue Planungsstrategien, über Handlungsorientierung und Diskurs sprechen, dann geht es dabei nicht um Alternativen zum bisherigen Planungsverständnis, sondern um Ergänzungen des traditionellen Rollen- und Instrumenten-Repertoires. Blickt man zurück auf die Entwicklung der Planung (im Westen Deutschlands und in anderen westeuropäischen Ländern), dann stellt sich dies als Überlagerung verschiedener Schichten dar (vgl. Abb. 1).

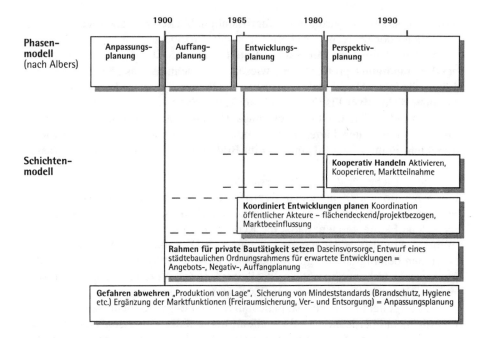

Abbildung 1: Entwicklung der Planung in der Bundesrepublik Deutschland

Die ersten Stufen bzw. Schichten beinhalten im wesentlichen hoheitliche Rahmensetzungen für den Prozeß der Bodennutzung. Ob und wann dieser Rahmen ausgefüllt wird, entzieht sich – etwa im Kontext der Bauleitplanung – weitestgehend dem öffentlichen Einfluß. Es ist daher auch zutreffend von Angebotsplanung gesprochen worden.

Schon früh finden sich Versuche, dieses Instrumentarium durch Elemente der aktiven Mitgestaltung zu ergänzen. Verschiedene Arten der Kooperation sind hier ebenso zu nennen wie marktförmige Steuerungs- und Organisationsformen. Planung beginnt – salopp formuliert – das Handeln zu lernen. Das allerdings erzeugt Mißverständnisse. Das Mißverständnis, um das es hier geht, lautet: Kooperation, Mediation, Projektentwicklung seien die „moderneren" Formen, sie könnten die alten, insbesondere hoheitlich-regulativen Muster der Planung ersetzen. Das ist mitnichten so. Denn woher sollte die öffentliche Seite Verhandlungsmacht und Kooperationspotential beziehen, wenn nicht aus Planvorbehalt und ordnungsbehördlichen Kontroll- und Eingriffsmöglichkeiten?

Was für Konflikte um Altlasten, Deponien und Müllverbrennungsanlagen gesagt wird, gilt ohne Abstriche auch für Planungsaufgaben. Das Potential hoheitlichen Handelns ist auch hier vielfach eine Ressource, ein notwendiger Hintergrund für die Gestaltung kooperativer Verfahren. Wer also im Zuge der vielfältigen Deregulierungsbemühungen Hand an das traditionelle Instrumentarium legt, muß sich klar machen, daß es hier Grenzen gibt. Werden sie überschritten, werden Aufsichts-, Kontroll- und Eingriffsmöglichkeiten zu stark abgebaut, wird damit auch kooperativen Verfahren der Boden entzogen.

(4) Sahnehäubchen: Mit Blick auf die Leitfrage 5 ist auf ein zweites mögliches Verständigungsproblem hingewiesen. *Selle* nennt es das „Sahnehäubchen-Mißverständnis". Manchmal erscheint es so, als seien die neuen Formen kooperativer oder diskursiver Planung gleichsam kleine Sahnehäubchen auf dem ansonsten recht faden Teig des Planungsalltags. Daraus wird dann gelegentlich gefolgert: wenn die Zeiten härter würden, müsse man halt auf diesen süßen Zierat verzichten. Planung wird dann – um im Bild zu bleiben – auf Brot und Wasser gesetzt.

Eine Ursache für dieses Mißverständnis steckt in den häufig wolkig-positiven Assoziationen, die mit einem Begriff wie „Diskurs" verbunden werden. Wer die Ingredienzien der Habermasschen Diskursethik betrachtet, kann leicht auf eine solche Fährte geraten: da ist die Rede vom vorurteilslosen, nicht persuasiv geführten, kognitiv adäquaten und machtfreien Diskurs, an dem alle relevanten Individuen beteiligt sind (vgl. Bohnet/Frey 1994, S. 455). Wo finden wir in der Planungswelt schon eine solche Idealkonstruktion? Vergleichbare Bilder sind mit Begriffen wie Kooperation oder Partizipation verbunden.

Was folgt daraus? Zunächst: man muß mit den Begriffen behutsam umgehen, sollte sie nicht überdehnen. Und vor allem: stets auf die Voraussetzungen verweisen, auf die sie in der Planungspraxis stoßen. Denn hier wird aus den vermeintlich positiv-reinen Konzepten in der Regel eine recht widersprüchliche, zumindest aber ambivalente Realität.

Vermeidbar werden aber diese Mißverständnisse auch durch eine Umkehrung der Betrachtung: Veränderungen der Planungsstrategien sind dann nicht Dreingaben für gute Tage, sondern aus der Not geborene Entwicklungsschritte. Traditionelle Verfahren erreichen ihre Grenzen, weisen Mängel auf. Wer diese vermeiden und jene überschreiten will, sucht nach neuen Wegen. Das war so, als die Planungspartizipation eingeführt wurde, das ist auch so bei den kooperativen Planungsverfahren – heißen sie nun Public-Private-Partnership, Planungsgesellschaft IBA Emscher Park oder Stadtforum.

Ein Beispiel hierzu: Traditionelle Planung ist durch das Korridorverfahren gekennzeichnet: ein Vorgang wird von einer Dienststelle zur anderen weitergereicht und nach Aktenlage behandelt, Stellungnahmen eingeholt etc. Man versucht vielerorts nun, dieses lineare Prozedere durch Formen der direkten Kommunikation zwischen allen Beteiligten (Foren, Planungswerkstätten, runde Tische etc.) zu ergänzen, nicht weil das chic und zeitgemäß wäre, sondern weil das traditionelle Verfahren häßliche Mängel hat: Es ist extrem langsam. Es führt zur Formulierung von Maximalpositionen. Es verhindert gemeinsame, problemorientierte Lernprozesse. Nicht daß die neuen Formen nun diese Mängel mit einem Schlag beseitigen würden. Sie sind kein Zaubermittel, aber häufig der einzige Weg, der etwas weiter zu führen verspricht als bisherige Verfahrensweisen.

Daraus folgt unter anderem: man muß auch wissen, wozu man eigentlich die traditionellen Verfahren ändern, nach neuen greifen will.

(5) Was denn sonst? - so leitet *Selle* seine letzte Bemerkung ein, die sich vor allem auf die vielen skeptischen Töne in Leitfrage 5 bezieht. Marktvermittelte Prozesse der Raumnutzung führen nicht selten zu ökologisch oder sozial problematischen Ergebnissen. Das regulative Planungsinstrumentarium allein vermag daran wenig zu ändern. Das hat rechtliche und politische Gründe. Wer auf diese Grenzen stößt, wird nach neuen Wegen suchen. Und die bestehen – eingedenk der Tatsache, daß öffentliche Planung bestenfalls *mit*gestaltet – im Bemühen, Kooperation zu finden.

Auch hier wieder nur ein Beispiel in aller Kürze: in vielen europäischen Großstädten gibt es benachteiligte Stadtquartiere. Die Stabilisierung dieser Stadtteile und die Verbesserung der Lebenslage ihrer Bewohnerinnen und Bewohner ist durch das traditionelle baulich-räumliche Instrumentarium ganz offensichtlich kaum zu bewirken. Strategien für benachteiligte Quartiere müssen wirtschaftliche, soziale, kulturelle und gegebenenfalls baulich-räumliche Maßnahmen umfassen. Alles das kann die raumbezogene Planung keinesfalls leisten. Hier hilft nur gemeinsames Handeln.

Partnerschaften zwischen Akteuren aus Märkten, gesellschaftlichen Gruppen und Initiativen sowie aus den unterschiedlichsten Handlungsfeldern des öffentlichen Sektors sind ein möglicher Weg. Er wird inzwischen in vielen Städten gegangen. Er ist steinig, ganz sicher kein Königsweg, aber – statt im Nicht-Handeln zu verharren – des Versuchs wert. Um ihn gehen zu können, müssen vor allem die öffentlichen Akteure viel lernen, viel – bei sich selbst – verändern.

In diesem Sinne ist jede Skepsis gegenüber den neuen Planungsstrategien angemessen. Man kann sich ihrer Grenzen und Ambivalenzen nicht genug bewußt sein. Und wird doch, nach allen Bedenken, bei der schlichten Frage enden: Was sonst? Wie denn, wenn nicht auf diesem Wege, kommen wir voran?

Die Diskussion zeigte auf, daß eine sozialverträgliche Entwicklung in Ostdeutschland sicherlich (noch) nicht allgegenwärtige Realität ist, eher schon – wie einzelne Beispiele zeigen – Vision oder konkrete Zielsetzung des Handelns einer zunehmenden Zahl raumwirksamer Akteure. Und unter Rückgriff auf die letzte Formulierung von *Klaus Selle* könnte man fragen: Wie denn, wenn nicht auf dem Wege über Handlungsorientierung und diskursive Strategien kann die Raumplanung dazu beitragen zu verhindern, daß eine sozialverträgliche Entwicklung in Ostdeutschland unerreichbare Utopie bleibt?

Versteht man dies als ein Fazit der Diskussion, so lassen sich hieraus Schlußfolgerungen für die Weiterentwicklung der Planungsdisziplinen und insbesondere auch der anwendungsorientierten Geographie ableiten: Wenn Handlungsorientierung und diskursive Strategien in der Raumplanung auf breiter Front an Boden gewinnen, so muß der angehende Planer bereits in seiner Ausbildung auf die sich wandelnden Anforderungen seines Metiers vorbereitet werden. Dies bedeutet: Nicht mehr allein die inhaltlichen und methodischen Fähigkeiten entscheiden über Erfolg oder Mißerfolg von Planern. Vielmehr hängen Erfolg und Mißerfolg in zunehmendem Maße auch vom Geschick des Planers ab, sich zum richtigen Moment mit den richtigen Argumenten an den richtigen Stellen einzubringen.

Strategisches Denken, organisatorisches Geschick und kommunikative Fähigkeiten sind immer mehr gefragt und verdienen eine entsprechend größere Beachtung in der Ausbildung als bisher.

Literatur:

Bundesforschungsanstalt für Landeskunde und Raumordnung (Hg.) (1995): Regionalbarometer neue Länder. Zweiter zusammenfassender Bericht. Bonn.

Bundesministerium für Raumordnung, Bauwesen und Städtebau (Hg.) (1994): Raumordnungsbericht 1993. Bonn.

Bohnet, I. u. B.S. Frey (1994): Kooperation, Kommunikation, Kommunitarismus. Eine experimentelle Analyse. In: Kölner Zeitschrift für Soziologie und Sozialpsychologie 46, H. 3, S. 453–463.

Gaßner, H., B. Holznagel u. U. Lahl (1992): Mediation: Verhandlungen als Mittel der Konsensfindung bei Umweltstreitigkeiten. Bonn.

Müller, B. (1995): Strategien räumlicher Ordnung in den ostdeutschen Ländern: Hindernis oder Unterstützung für die kommunale Entwicklung? In: Keim, K.-D. (Hg.): Aufbruch der Städte. Räumliche Ordnung und kommunale Entwicklung in den ostdeutschen Bundesländern. Berlin.

Ders. (1996): Impulse aus dem Osten? Erfahrungen und Perspektiven der Regionalplanung in den ostdeutschen Ländern. In: ARL (Hg.): Wissenschaftliche Plenarsitzung 1995 in Chemnitz. Hannover.

Selle, K. (1994): Was ist bloß mit der Planung los? Erkundungen auf dem Weg zum kooperativen Handeln. Ein Werkbuch. = Dortmunder Beiträge zur Raumplanung 69. Dortmund.

INHALT DES 1. BANDES

Vorwort (G. Heinritz, R. Wießner)

RAUMENTWICKLUNG UND UMWELTVERTRÄGLICHKEIT

Fachsitzung 1:
Landschaftsgestaltung

Landschaftsplanung in Ostdeutschland – methodische Erfahrungen mit dem Modellprojekt Sachsen (O. Bastian)
Bergbaufolgelandschaft in der Niederlausitz – Ziele – Strategien – Visionen (K. Häge)
Standortfindung für den Flughafen Berlin Brandenburg International. Fachlicher und methodischer Abriß der Planungs- und Entscheidungsprozesse (R. Söllner)
Kartierung und Bewertung von Landschaften im Potsdamer Raum (D. Knothe)
Die Landwirtschaft als Teilnehmer an einer umweltschonenden und wertschöpfenden Landnutzung, dargestellt an einem Fallbeispiel aus dem Land Brandenburg (R. Friedel)

Fachsitzung 2:
Landschaftshaushalt: Erfassung und Modellierung

Einleitung (C. Dalchow, H.-R. Bork)
Zu Fragen des Evolutionsprozesses hemerober Geosysteme des Jungpleistozäns und seine Relevanz für die Analyse und Modellierung ihrer Dynamik (O. Blumenstein, H. Schachtzabel)
Einbeziehung von Aspekten der Skalenbetrachtung in der Bodenerosion im Konsens zum Landschaftsstoffhaushalt (M. Frielinghaus, D. Deumlich, K. Helming, R. Funk)
Schutzmaßnahmen gegen die Bodenerosion durch Wind als Instrument biotopfreundlicher Umgestaltung der Großflächen-Agrarlandschaft (W. Hassenpflug)
Bodenversauerung und Mineralveränderungen in unterschiedlichen Naturlandschaften Ostbayerns unter besonderer Berücksichtigung der Bestockungsart (J. Völkel)
Biosphärenreservate in Deutschland. Modellandschaften einer dauerhaft umweltgerechten Entwicklung (K.-H. Erdmann)
Rückzug der Landwirtschaft aus der Fläche? Risiken und Chancen veränderter Flächennutzungsstrukturen (F. Dosch)

Fachsitzung 3:
Landschaftsschutz

Einleitung (H. Barsch)
Landschaftsschutz – ein Leitbild in urbanen Landschaften (J. Breuste)
Schadstoffe in Böden und Substraten des Rieselfeldgebietes südlich Berlin (K. Grunewald, W. Bechmann, H. Bukowsky)
Landschaft als Schutzgut – Erfahrungen bei der Vorbereitung des Raumordnungsverfahrens für den Flughafen Berlin Brandenburg International (R. Reher)
Untersuchung und Sanierung der Muldeaue zwischen Bitterfeld und Dessau (R. Ruske, G. Villwock)
Nutzung von Geoinformationssystemen als Instrument der Bodenschutzplanung (J. Schmidt)
Schlußbemerkungen (G. Gerold)

Fachsitzung 4:
Hydrologische und wasserwirtschaftliche Probleme in den neuen Bundesländern
Einleitung (E. Jungfer, K.-H. Pörtge)
Eutrophierung von rückgestauten Fließgewässern – Ökosystemantwort brandenburgischer Fluß-
  systeme auf Nährstoffeinträge (L. Kalbe)
Erfassung und Bewertung anthropogen bedingter Änderungen des Landschaftswasserhaushaltes
  im Westlausitzer Hügelland (M. Röder)
Untersuchungen zur Herkunft und Schwermetallkontamination von Schlämmen in Neben-
  vorflutern der Halleschen Saaleaue (F. Winde)
Auswirkungen des Kupferschieferbergbaus in Sachsen-Anhalt auf Landschaft und Gewässer in
  den letzten 100 Jahren (K. D. Aurada)

Schlußwort (H.-R. Bork)

INHALT DES 3. BANDES

Vorwort (G. Heinritz, R. Wießner)

RAUMENTWICKLUNG UND WETTBEWERBSFÄHIGKEIT

Einführung (E. Kulke)

Fachsitzung 1:
Wettbewerbsfähige Unternehmensstrukturen

Einleitung (W. Gaebe, J. Schmude)
Über ‚blühende Landschaften' zu ‚gesunden Wäldern'. Eine betriebsökologische Betrachtung der Transformation des Unternehmensbestandes in Ostdeutschland (M. Fritsch)
Förderung innovativer Unternehmen durch Technologie- und Gründerzentren in Ostdeutschland. Konzeption und Wirkungen (Ch. Tamásy)
Der Strukturwandel in der ostdeutschen Schienenfahrzeugindustrie. Entwicklung einer Branche unter neuen Markt- und Wettbewerbsbedingungen (M. Heß)
Der mittelständische Einzelhandel in den neuen Ländern. Räumliche Strukturen und Entwicklungsperspektiven (M. Achen)

Fachsitzung 2:
Arbeitsmarktstrukturen und Mobilität

Einleitung (G. Braun)
Wirtschafts- und arbeitsmarktpolitische Implikationen der Entwicklung wettbewerbsfähiger Unternehmensstrukturen in Brandenburg (P. Egenter)
Die neuen Länder der Bundesrepublik Deutschland im europäischen Wettbewerb (W. Görmar)
Regionale Arbeitsplatzdynamik in den neuen Bundesländern (U. Lehmann)
Arbeitsmarktdynamik und Regionalentwicklung in Sachsen-Anhalt (K. Crow)
Qualifikation als Kapital in einer Semiperipherie des Weltsystems: Das Beispiel Mexiko (M. Fuchs)

Fachsitzung 3:
Netzwerkansätze und Regionalentwicklung

Einleitung (J. Pohl)
Netzwerke in regionalpolitischen Konzeptionen der EU am Beispiel ausgewählter Grenzregionen (M. Miosga)
Der Produktionsfaktor Wissen im Transformationsprozeß in Ostdeutschland. Räumliche Aspekte der Wissensakquisition von Betrieben in Süd-Brandenburg (Ch. Ellger)
Organisation versus Selbstorganisation des regionalen Wissens- und Informationstransfers. Die Beratungsbeziehung kleiner und mittlerer Unternehmen im regionalen Kontext von Baden-Württemberg und Rhône-Alpes (S. Strambach)
Interkommunale Zusammenarbeit als „vernetzte" Strategie der Regionalentwicklung (K. Mensing)
Zusammenfassung und Ausblick (G. v. Rohr)

Fachsitzung 4:
Globalisierung ökonomischer Aktivitäten und Transformationsprozesse im Osten

Einleitung (J. Oßenbrügge, L. Schätzl)
Endogene und exogene Faktoren regionaler Transformationsprozesse in der Tschechischen Republik (H.-J. Bürkner)
Industrieller Strukturwandel und regionalwirtschaftliche Auswirkungen im Transformationsprozeß Vietnams (J. Revilla Diez)

INHALT DES 4. BANDES

Vorwort (G. Heinritz, R. Wießner)

Ansprachen und Festvorträge am 50. Deutschen Geographentag 1995 in Potsdam

Eröffnung des 50. Deutschen Geographentags (H. Brunner)
Geographie im Aufschwung (G. Heinritz)
Entwicklung neuer Strukturen in Brandenburg (M. Stolpe)
Rußland – Faktor der Entwicklung im Osten (H. Klüter)
Schlußansprache (G. Heinritz)

DER WEG DER DEUTSCHEN GEOGRAPHIE. RÜCKBLICK UND AUSBLICK

Fachsitzung 1:
Die Geographie in der Moderne. Ein wissenschaftshistorischer Rückblick

Einleitung (U. Wardenga)
Heimat als „geistiges Wurzelgefühl". Zur Ideologisierung und Instrumentalisierung der Heimat im Erdkundeunterricht (H. Schrand)
Zur Bedeutung von ‚Volk' und ‚Nation' in der Siedlungsgeographie nach 1945 (G. Maurer)
Die Geographie in der Moderne: eine antimoderne Wissenschaft? (H.-D. Schultz)

Fachsitzung 2:
Die deutsche Landeskunde – Wege zur anwendungsbezogenen Landesforschung

Einleitung (K. Wolf)
Frühe Ansätze anwendungsbezogener Landschaftsbeschreibung in der deutschen Geographie (D. Denecke)
Von der Landeskunde zur „Landeskunde" (U. Wardenga)
Ziele einer modernen geographischen Landeskunde als gesellschaftsbezogene Aufgabe (H. Popp)

Fachsitzung 3:
Herausforderungen an die zukünftige Geographie:
Selbstverständnis des Faches als Hemmnis und Herausforderung

Einleitung (W. Endlicher)
Naturschutz – welchen Beitrag leistet die Geographie? (E. Jedicke)
„Innerdisziplinäre Interdisziplinarität" und „Geographie für Alle" – Elemente einer normativ orientierten Geographie (J. Frey, G. Glasze, R. Pütz, H. Schürmann)
Kollidieren – ignorieren – kooperieren. Überlegungen zu einer stärkeren Integration von Physischer und Kulturgeographie (M. Meurer)
Wie betreibt man Geographie am Ende der Geschichte? (D. Reichert)
Geographische Problemlösungen für die Praxis – marktfähig für die Zukunft? (T. Mosimann)
Die Geographie und das Fremde – Herausforderungen einer multikulturellen Gesellschaft und einer multikulturellen Wissenschaft für Forschung und Lehre (H. Dürr)

PUBLIKATIONSNACHWEISE VARIA-FACHSITZUNGEN

Am 50. Deutschen Geographentag in Potsdam wurden neben den Fachsitzungen zu den Leitthemen des Kongresses die im folgenden aufgeführten wissenschaftlichen Varia-Fachsitzungen abgehalten. Deren Vorträge werden nicht in den Berichtsbänden abgedruckt. Sofern eine Publikation an anderer Stelle erfolgt, sind entsprechende Publikationsnachweise angegeben.

- Fachsitzung „Umweltverträgliche Abfallwirtschaft – Herausforderung an die Geographie"
  Sitzungsleitung: Hans-Dieter Haas und Thomas J. Mager
  Die Umweltverträglichkeitsprüfung (UVP) als kommunale Aufgabe. = Kommunalpolitische Texte der Arbeitsgruppe Kommunalpolitik der Friedrich-Ebert-Stiftung. Bonn 1996 (Vorträge Knauer und Hebestreit).
  Standort – Zeitschrift für Angewandte Geographie, 1996 (Vortrag Hopfinger).

- Fachsitzung „Kulturlandschaftspflege"
  Sitzungsleitung: Hans Heinrich Blotevogel und Dietrich Denecke
  Berichte zur deutschen Landeskunde, 1996.

- Fachsitzung „Integriertes Küstenzonenmanagement: Eine Aufgabe für Geographen?"
  Sitzungsleitung: Jacobus L.A. Hofstede und Hans Buchholz
  Eine gemeinsame Publikation der Beiträge ist nicht vorgesehen.

- Fachsitzung „Nationalitäten und Minderheiten in Mittel- und Osteuropa"
  Sitzungsleitung: Frauke Kraas und Jörg Stadelbauer
  Kraas, Frauke und Jörg Stadelbauer (Hg.): Nationalitäten und Minderheiten in Mittel- und Osteuropa. = Bonner Geographische Abhandlungen oder Colloquium Geographicum. Bonn 1996.

- Fachsitzung „Die Revitalisierung der ostdeutschen Städte als Voraussetzung für die Entwicklung in den neuen Bundesländern"
  Sitzungsleitung: Arnulf Marquardt-Kuron und Claus-Christian Wiegandt
  Berichte zur deutschen Landeskunde, 1996.

- Fachsitzung „Märkte in Bewegung - Immobilienmarkt, Arbeitsmarkt, Wohnungsmarkt (Polen, Tschechien, Slowakei, Ungarn)"
  Sitzungsleitung: Elisabeth Lichtenberger und Heinz Faßmann
  Faßmann, Heinz (Hg.): Immobilien-, Wohnungs- und Kapitalmärkte in Ostmitteleuropa. Beiträge zur regionalen Transformationsforschung. = ISR-Forschungsberichte, Heft 14. Wien 1995.

- Fachsitzung „Physiogeographische Forschungen in ariden Gebieten"
  Sitzungsleitung: Klaus Heine und Hartmut Leser
  Eine gemeinsame Publikation der Beiträge ist nicht vorgesehen.

- Fachsitzung „Geomorphodynamik in Polargebieten"
  Sitzungsleitung: Jürgen Hagedorn und Wolf Dieter Blümel
  Teilveröffentlichung in Petermanns Geographische Mitteilungen.

- Fachsitzung „Themen und Perspektiven der Grenzraumforschung"
  Sitzungsleitung: Hans-Joachim Bürkner und Hartmut Kowalke
  Praxis Kultur-Sozialgeographie, Heft 14, 1996.

- Fachsitzung „Nachhaltige Regionalentwicklung durch Tourismus"
  Sitzungsleitung: Christoph Becker und Gabriele Saupe
  Becker, Christoph (Hg.): Nachhaltige Regionalentwicklung durch Tourismus. = Berichte und Materialien des Instituts für Tourismus der FU Berlin, Heft 14. Berlin 1995.

- Fachsitzung „Objektorientierte Geographische Informationssysteme"
  Sitzungsleitung: Gerd Peyke
  Peyke, Gerd und Matthias Werner (Hg.): Karlsruher Geoinformatik Report, Band 1/1996. Karlsruhe.
  On-line-Dokumente zu den Vorträgen können im Internet unter der Seitenadresse „http://www.bio-geo.uni-karlsruhe.de/AKGIS" abgerufen werden.

- Fachsitzung „Nutzung und Bewahrung der Erde – Gegenstand des Geographieunterrichts"
  Sitzungsleitung: Hartwig Haubrich und Reinhard Hoffmann
  Geographie heute, Heft März 1996.

- Fachsitzung „Politischer Wandel im Osten Europas und seine Darstellung im Geographieunterricht"
  Sitzungsleitung: Notburga Protze und Margret Buder
  Publikation stand zum Redaktionsschluß noch nicht endgültig fest.

- Fachsitzung „Einbeziehung moderner fachwissenschaftlicher Erkenntnisse in den Geographieunterricht"
  Sitzungsleitung: Helmut Schrettenbrunner und Martina Flath
  Geographie und ihre Didaktik, 1996.

- Fachsitzung „Degradierte Landschaften"
  Sitzungsleitung: Roland Mäusbacher und Johannes Preuß
  Degradierte Landschaften. = Jenaer Geographische Schriften, Heft 5. Jena 1996.

VERZEICHNIS DER AUTOREN UND HERAUSGEBER

Dr. Andreas Berkner
Regionale Planungsstelle beim
Staatlichen Umweltfachamt Leipzig
Postfach 1415
04332 Leipzig

Dr. Jochen Blaschke
Institut für Vergleichende Sozialforschung
e.V.
Schliemannstr. 23
10437 Berlin

Dr. Hansjörg Bucher
Bundesforschungsanstalt für Landeskunde
und Raumordnung
Postfach 200130
53131 Bonn

Dipl.-Geogr. Rainer Danielzyk
Universität Oldenburg
FB 3 Geographie
Postfach 2503
26111 Oldenburg

Prof. Dr. Rainer Dinkel
Universität Bamberg
FB Bevölkerungswissenschaften
Postfach 1549
96045 Bamberg

Werner Dybowski
Mitglied des Vorstands
GAGFAH-Hauptverwaltung
Huyssenallee 36 - 38
45128 Essen

Dipl.-Geogr. Peter Foißner
Stadtplanungsamt der Hansestadt
Stralsund
Badenstr. 17
18408 Stralsund

Prof. Dr. Paul Gans
PH Erfurt
Institut für Geographie
Postfach 307
99006 Erfurt

Prof. Dr. Günter Heinritz
Technische Universität München
Geographisches Institut
80290 München

Dr. Ilse Helbrecht
The University of British Columbia
Department of Geography
#217-1984 West Mall
Vancouver, B.C. Canada V6T 1Z2

Prof. Dr. Wilfried Heller
Universität Potsdam
Institut für Geographie und Geoökologie
Postfach 601553
14415 Potsdam

Dr. Uta Hohn
G.-Mercator-Universität-GH Duisburg
FB 6 - Fach Geographie
Lotharstr. 1
47048 Duisburg

Prof. Dr. Everhard Holtmann
Universität Halle-Wittenberg
Institut für Politische Wissenschaften
06108 Halle/Saale

Dr. Sigrun Kabisch
UFZ-Umweltforschungszentrum
Leipzig-Halle GmbH
Permoserstr. 15
04318 Leipzig

Prof. Dr. Franz-Josef Kemper
Humboldt-Universität Berlin
Geographisches Institut
Sitz: Chausseestr. 86
Unter den Linden 6
10099 Berlin

Prof. Dr. Winfried Killisch
Technische Universität Dresden
Institut für Geographie
Mommsenstr. 13
01062 Dresden

Dr. Heiderose Kilper
Institut Arbeit und Technik
Munscheidstr. 14
45886 Gelsenkirchen

Dr. Ulrich Klingshirn
Staatliches Amt für Ländliche
Neuordnung Kamenz
Macherstr. 31
01917 Kamenz

Dr. Klaus Kost
Ostpreußenstr. 108
45259 Essen

Prof. Dr. Rainer Krüger
Universität Oldenburg
FB 3 Forschungsinstitut
Region und Umwelt (Forum) GmbH
Postfach 2503
26111 Oldenburg

Dipl.-Geogr. Uwe Lebok
Universität Bamberg
FB Bevölkerungswissenschaften
Postfach 1549
96045 Bamberg

Prof. Dr. Bernhard Müller
Technische Universität Dresden
Institut für Geographie
Lehrstuhl für Raumordnung
Mommsenstr. 13
01062 Dresden

Prof. Dr. Jürgen Oßenbrügge
Universität Hamburg
Geographisches Institut
Bundesstr. 55
20146 Hamburg

Carl Gottfried Rischke
Vorsitzender des Vorstandes der LBS
Ostdeutsche Landesbausparkasse AG
Am Luftschiffhafen 1
14471 Potsdam

Prof. Dr. Franz Schaffer
Universität Augsburg
Lst. für Sozial- und Wirtschaftsgeographie
Universitätstr. 10
86135 Augsburg

Prof. Dr. Marlies Schulz
Humboldt-Universität Berlin
Geographisches Institut
Sitz: Chausseestr. 86
Unter den Linden 6
10099 Berlin

PD Dr. Reinhard Wießner
Technische Universität München
Geographisches Institut
80290 München